BALANCE SHEET RECESSION

资产负债表衰退

日本在经济学未知领域的探索及其对全球的启示

辜朝明（Richard C. Koo）著

刘元春 等译

上海财经大学出版社
上海学术·经济学出版中心

图书在版编目(CIP)数据

资产负债表衰退:日本在经济学未知领域的探索及其对全球的启示/(美)辜朝明(Richard C. Koo)著;刘元春等译.—上海:上海财经大学出版社,2024.5

书名原文:Balance Sheet Recession:Japan's Struggle with Uncharted Economics and its Global Implications

ISBN 978-7-5642-4300-5/F•4300

Ⅰ.①资… Ⅱ.①辜…②刘… Ⅲ.①资金平衡表-研究-日本 Ⅳ.①F231.1

中国国家版本馆CIP数据核字(2023)第236020号

□ 策　　划　陈　佶
□ 责任编辑　黄　荟
□ 书籍设计　桃　夭

资产负债表衰退
——日本在经济学未知领域的探索及其对全球的启示

辜朝明　　　著
(Richard C. Koo)

刘元春　　等译

上海财经大学出版社出版发行
(上海市中山北一路369号　邮编200083)
网　　址:http://www.sufep.com
电子邮箱:webmaster@sufep.com
全国新华书店经销
苏州市越洋印刷有限公司印刷装订
2024年5月第1版　2024年6月第2次印刷

787mm×1092mm　1/16　22.75印张(插页:3)　334千字
印数:5 001—10 000　定价:118.00元

作者简介

辜朝明 野村综合研究所(Nomura Research Institute)的首席经济学家,曾入选日本资本和金融市场人士评选的"最受信任的经济学家之一"。

辜朝明先生最为人所知的,是他提出的资产负债表衰退理论。在过去30年里,辜朝明向日本历届首相,就如何应对日本经济与银行问题,提供咨询和政策建言;在过去10年里,关于如何更好地解决泡沫后经济和银行问题,他向西方国家政府和中央银行提出了大量的建议。在1984年加入野村证券之前,辜朝明先生作为经济学家,就职于纽约联邦储备银行,并获得美国联邦储备委员会理事会博士会员的荣誉。除了作为第一位非日籍人士参与制订日本的五年经济计划外,辜朝明还作为访问教授任教于东京早稻田大学。目前,他还是位于华盛顿特区的战略和国际研究中心的高级顾问。

译者简介

刘元春 中国人民大学经济学博士毕业,教授、博士生导师,著名经济学家,主要从事开放宏观经济学、世界经济学等方面的研究。原中国人民大学副校长;现任上海财经大学校长、党委副书记。

刘元春教授在治学过程中,先后获得"全国优秀博士论文奖"、2002年和2009年"北京市哲学社会科学优秀成果奖"、第十届和十一届"孙冶方经济科学奖"、"北京市哲学社会科学优秀成果一等奖"、"第十届霍英东青年基金奖"、"吴玉章社会科学奖优秀奖"、教育部第六届高等学校科学研究优秀成果奖、国家"三个一百"图书奖;先后入选"国家新世纪人才"、北京市社科理论人才"百人工程"、"首都教育先锋科技创新标兵";在《中国社会科学》、《经济研究》等学术刊物发表200余篇论文,出版专著10余本。2023年1月,入选《中国新闻周刊》"年度影响力人物"2022年度经济学家。

图字:09-2023-1124 号

Balance Sheet Recession

Japan's Struggle with Uncharted Economics and its Global Implications

Richard C. Koo

Copyright © 2003 by John Wiley & Sons (Asia) Pte Ltd.

All Rights Reserved. Authorized Translation from English language edition published by John Wiley & Sons Singapore Pte. Ltd.

No part of this publication may be reproduced, stored in a retrieval system or transmitted in any form or by any means, electronic, mechanical, photocopying, recording, scanning or otherwise, except as expressly permitted by law, without either the prior written permission of the Publisher, or authorization through payment of the appropriate photocopy fee to the Copyright Clearance Center.

Copies of this book sold without a Wiley sticker on the cover are unauthorized and illegal.

本书简体中文字版专有翻译出版权由 John Wiley & Sons Singapore Pte. Ltd. 公司授予上海财经大学出版社。未经许可,不得以任何手段和形式复制或抄袭本书内容。

本书封底贴有 Wiley 防伪标签,无标签者不得销售。

2024 年中文版专有出版权属上海财经大学出版社

版权所有　翻版必究

献给我的母亲

蔡国仪女士

致　谢

若无众人相助，本书的出版就有如空中楼阁。特别是世界各地的一些机构投资者和野村证券的客户，是他们使我对日本经济的问题进行了深刻和认真的思考，在形塑我的想法的过程中，予以莫大的惠助。他们在日本葆有投资的这一事实，意味着他们绝无可能让我的研究离题万里。我也感谢来自日本各行各业的人士——从高级政治领袖到一家经营业余爱好之品的小商店的店主，他们信任我，并与我分享他们的想法和关切。

我也受益于同村山昇作先生和罗伯特·麦考利先生的无数次讨论。村山昇作先生曾是日本央行研究部门的负责人，现在则是帝国制药株式会社的总裁；罗伯特·麦考利曾是我在纽约联邦储备银行的同事，现于国际清算银行工作。我还必须感谢我在纽约联邦储备银行的前雇主爱德华·弗莱德尔先生，他创造了"资产负债表衰退"一词。当然，书中的任何错误均由我负责。

在本书实际准备的过程中，我极大地受益于野村证券中国香港公司的吉泽德安先生，以及野村综合研究所的矢部敬先生和野村证券前主席田渊节也先生的鼓励。

我的秘书寺户裕子女士帮助我准备了手稿的文本，而我的助手清水孝章先生则制作了图表并配置了数据。为使本书如期付梓，他们的工作均费时颇多。我对他们的努力感激不尽。同时，我也对本书最初日文版的出版商——德间书店——表示感谢。

最后，我要感谢我的妻子千美和我的孩子们——嘉玲和政贤，感谢他们在无数的周末和节假日里容忍我无法伴其左右，我确实欠负他们甚多。

辜朝明
2003 年 2 月于东京

目 录

中文版序 / 001

前言 / 001

第一章　陷入资产负债表衰退中的日本经济 / 001
　　　　所有的经济指标，均迥异于20年前的英美等国 / 003
　　　　银行业问题是不是经济增长的制约因素？ / 004
　　　　在两个驱动经济的关键车轮中，日本丢失了其中的一个 / 005
　　　　处在"合成谬误"中的日本经济 / 008
　　　　过去10年个人消费没有任何变化 / 009
　　　　企业对资金需求的消失 / 011
　　　　企业努力修复其资产负债表 / 011
　　　　没有一本经济学教科书涵盖了日本的现状 / 012
　　　　资产负债表衰退引致大萧条 / 014
　　　　日本经济与20世纪30年代的美国有着惊人的相似之处 / 015

第二章　财政刺激，是克服资产负债表衰退的关键 / 019
　　　　日本的零增长，全拜财政刺激所赐 / 021

认为财政刺激属"强心针疗法"是误读 / 023
一方的负债，就是另外一方的资产 / 025
低乘数效应源于错误的模型 / 026
罗斯福在 1937 年也犯了同样的错误 / 028
削减财政刺激将进一步增加预算赤字 / 029
财政政策的积极主动，胜过滞后迟缓 / 031
财政刺激会导致市场崩盘吗？/ 032
积极有为的财政政策提升了 200 万亿日元市值 / 033
安德鲁·梅隆与竹中平藏 / 034
正确的政策，错误的承诺 / 036
李嘉图等价定理在日本并不成立 / 039
仍需追加 5 万亿～10 万亿日元填补缺口 / 040
低增长带来的另一次资产负债表调整 / 041
健康资产负债表的再定义 / 042
资产负债表衰退何时才会结束？/ 043
日本正在进行一场历史性的试验 / 045

第三章　当今日本的货币政策失效 / 049

针对银行的量化宽松无法改善经济状况 / 051
史上最低利率也不能刺激企业的融资需求 / 052
日本的瓶颈在资金的需求端而非供给端 / 053
供给因素导致了 1997—1998 年放贷意愿的减少 / 055
主要的货币政策传导机制受阻 / 057
资金需求不足时，通胀目标制即是镜花水月 / 058
克鲁格曼教授忽略了什么？/ 060
只有存在不负责任的借款人，才能使通胀目标制实现 / 061
日本皇宫的土地价值与整个加州相当？/ 063
量化宽松政策的有效性，依赖于不道德的银行家 / 064

资产负债表衰退期间财政政策决定货币供给 / 066
量化宽松政策并没有使私营部门变得富有 / 067
"直升机撒钱"只会雪上加霜 / 069
错误的治疗比疾病本身更为糟糕 / 070
信任或不信任，只能二选一 / 071
可以在内华达州沙漠尝试"疯狂的试验"，而不应在日本 / 072
市场参与者也抛弃了货币主义 / 073
格林斯潘指出了货币政策的局限性 / 074
弱势货币政策，并非贸易盈余国家的选项 / 075
关于强势日元的分析 / 077
首先必须得到美国国会和贸易代表的同意 / 079
必须避免竞争性贬值 / 081

第四章　复苏之路 / 083

财政刺激政策必须持续 / 085
基础设施建设迎来历史性机遇 / 087
日本政府债券认购情况良好 / 088
担忧日本政府债券的发售是杞人忧天 / 090
评级机构不是上帝 / 091
来自债券市场的教训 / 092
政府债券：一种非常优良的投资工具 / 094
债券市场是经济的保护者 / 095
全球化与实际利率 / 097
两种类型的通缩 / 099
1996年来自纽约的资产拆卖者涌入东京酒店 / 101
开启良性循环的条件 / 103
缩短实现目标的时间 / 104
战争——谁将受益？ / 105

过去 12 年间，政府的支出始终过于谨慎 / 106
秦朝给我们的启示 / 107
通过工期减半创造需求 / 108
最危险又最有前途的经济 / 110
投资者开始意识到，日本经济下行的风险微乎其微 / 111
资产价格的上涨，显示经济即将步入良性循环 / 112
重蹈覆辙 / 113
这可能是世界市场唯一的锚定点 / 113
大藏省的存在"依赖于"预算平衡 / 115
削减开支而不是增加税收 / 117

第五章　宏观经济学中缺失的一环 / 119

"看不见的手"有损经济发展 / 121
资产负债表问题：凯恩斯主义和货币主义的共同盲点 / 122
日本"实验"失败 / 124
凯恩斯主义理论没有讨论资产负债表问题 / 126
作为资产负债表现象的流动性陷阱 / 127
通货紧缩是资产负债表衰退的表征，而非其原因 / 129
费雪的债务通缩与资产负债表衰退 / 130
IS-LM 框架下的资产负债表衰退 / 133
预算赤字并非收入的代际转移 / 134
将一个健康的经济传递给下一代更为重要 / 136
"一个糟糕的预算赤字"挤出私营部门投资 / 138
资产负债表衰退期间"好的预算赤字" / 139

第六章　仓促处置不良贷款绝非明智之举 / 143

清理不良贷款问题无助于经济恢复 / 145
即便银行运转正常也于事无补 / 147

日本不应仿效美国解决储贷危机的方案 / 148
迅速处置不良贷款只会毁灭其价值 / 150
日本的情况与1982年的拉美债务危机相似 / 151
不要给银行逃避责任的借口 / 153
日本应以拉美债务危机的处理经验为镜鉴 / 154
沃尔克担心日美对危机的认知存在差距 / 156
国外对日本的看法将会发生改变 / 158
经济将会受益于债转股或债务减免 / 160
总需求不足时，企业的清算会使经济更加萎靡 / 161
日本缺乏风险投资 / 163
韩国成功并非源自银行系统的改革 / 164
政策应当与初始条件相匹配 / 165

第七章　了解误区：一个真实的故事 / 169

银行的数量并不是关键问题 / 171
没有保障措施就不能披露信息 / 172
1997年10月之前，民众没有感受到切肤之痛 / 174
注资遭到了海外的强烈反对 / 176
面对两难的困境，政策工具只能择其一 / 178
无人申请注资 / 180
关于普通的银行危机与系统性银行危机的甄别 / 181
北海道拓殖银行的破产，几乎压垮了借款人 / 181
那些海外买家有多可靠？ / 184
绝不能牺牲宏观经济的稳定性 / 186
政府态度发生了180度大转变 / 188
银行需要增加资本金 / 191
严苛的注资标准会适得其反 / 193

第八章　四类银行危机及存款全额担保的作用 / 197

美国也曾无条件救助它的所有银行 / 199

美国和日本银行危机的区别 / 202

四种类型的银行危机 / 203

除了"不良贷款"之外,还有大量的"问题贷款" / 206

在系统性危机中互相诿责毫无意义 / 207

监管方面的不足使危机更加恶化 / 209

竹中平藏的建议有害无益 / 211

取消存款全额担保的时机尚未成熟 / 214

关于存款担保的争论,已经对日本经济造成了损害 / 216

当局应对金融恐慌的时间窗口极为有限 / 220

没有任何外国金融机构抱怨推迟取消存款全额担保制度 / 221

为完全修复银行系统,需要制定一项为期10年的规划 / 222

第九章　亚洲经济面临的真正挑战 / 227

亚洲货币危机的本质 / 229

受益于强势日元的亚洲国家 / 231

欧洲取代日本,成为资本的提供方 / 232

将亚洲和欧洲连接起来的一场国际会议 / 235

伴随资本流入而诞生的亚洲繁荣 / 237

亚洲货币危机的爆发 / 238

顶级投行的悲惨状况 / 240

为什么要投资于发展中国家? / 242

尽管"华盛顿共识"发出了警告,但亚洲经济还是在复苏 / 243

国内的资产负债表衰退和中国面临的挑战 / 244

市场总是正确的吗? / 247

迫使国际投资者做好功课 / 248

经济学未曾涉及资本流动自由化的课题 / 251

国际资本流动拯救了日本 / 253

亚洲货币危机的经验教训 / 256

第十章　美国经济，从日本的经历中可资借鉴的经验教训 / 259

美国企业部门已经处于资产负债表修复模式之中 / 261

只要货币政策开始放松，房地产价格就会上涨 / 263

重建企业信心并非易事 / 266

美国的合成谬误更为严重 / 267

美国家庭部门提高了储蓄率 / 269

贸易赤字可能会限制政策选择 / 271

美国有更好的政治领导者？ / 275

仅靠减税不足以应对资产负债表衰退 / 276

承认货币政策的局限性 / 277

在资产负债表衰退中，欧洲最容易受到伤害 / 279

凯恩斯与国际货币基金组织的重生 / 280

美联储的反对可以扭转乾坤 / 281

第十一章　日本面临的真正挑战 / 283

债务抵触综合征 / 285

美国债务抵触综合征的经历 / 286

今天的日本与20世纪30年代美国的比较 / 288

结构性改革的真正作用 / 289

增加个人消费，以平衡日本经济 / 290

储蓄不再是一种美德 / 291

需要通过劝诫来降低储蓄率 / 292

需要采取刺激措施来改变人们的观念和行为 / 294

日本人的生活方式早就应当改变了 / 295

假期问题的合成谬误 / 298

日本度假胜地成本高昂 / 299
土地使用效率低下 / 299
善待房屋就是一种储蓄 / 303
实施住房和假期倍增计划 / 304
民众的"自我中心意识"扼杀了日本经济 / 305
战后的民意反弹矫枉过正 / 306
建筑承包商是唯一应该受到谴责的一方吗？/ 308
完全就业：建筑承包商取消的重要前提 / 309
缺少改革也是导致汇率不稳定的原因 / 311
贸易摩擦推动日元的升值 / 313
创造有吸引力的投资机会，有助于减少汇率的不稳定性 / 315
"肺炎"和"糖尿病"需要因症施药 / 316

附录1　资产负债表衰退概述 / 321

附录2　重新审视货币供应、高能货币和货币乘数 / 331

出版后记 / 336

中文版序

我很荣幸受邀为《资产负债表衰退》(Balance Sheet Recession)的中文版撰写一篇最新的序言。该书于 20 年前(确切地说,是 2003 年)首次以英文出版。这本书在我心中有着特殊的地位,不仅因为它是第一本向英语世界介绍资产负债表衰退概念的书籍,而且也是我第一本用英语出版的图书作品。不过,在这本书出版时,因为我当时在日本以外的经济学界还不知名,所以,这本书对发达国家的政策辩论没有产生太大影响。

5 年后的 2009 年,一位中国知名经济学家告诉我,这本书对中国政府 2008 年 11 月宣布的 4 万亿元人民币财政刺激方案的制订产生了很大的影响,这本书实际上业经中国关键的政策制定者翻译和阅读。我欣闻该书有助于防止世界第二大经济体陷入资产负债表衰退。2008 年末,随着国内资产价格下跌,全球经济在雷曼(Lehman)危机后崩溃,当时中国确实有可能陷入这样一场衰退的泥潭。但我无法知道他告诉我的这一消息是否属实。现在,这本书被翻译出来以供中国的普通读者阅读,我对此甚感欣慰。

然而,如果上面的消息是真的,那么,我就对中国 2008 年 11 月的财政计划负有部分责任。该计划现在被批评导致了房地产价格失控和债务激增。我对这种批评的回应是,诚如 2008 年 11 月那般,当时整个世界都在崩塌,中国的股价从 2007 年 10 月的峰值下跌了 70%,无人确知稳定经济所需的刺激计划的确切规模。由于存在如此多的不确定性,规模过大的一揽子计划要远优于规模过小的方案,尤其是在经济可能陷入资产负债表衰退的危险面前。

当中国政府宣布经济刺激计划,并将保持8%的经济增长率时,全世界都为之哑然失笑,认为实现如此增长率的可能性几如镜花水月。一年后,中国录得12%的经济增长,此时,世界为之肃然。这一成就提高了政府的信誉,让人们相信,即使在世界其他地区的经济陷入崩溃的情况下,中国仍能维持经济增长。这也增加了私营部门对政府和经济的信心,从而进一步推动了GDP的增长。

不幸的是,这一成功的政策维持了太长时间,导致后来出现了许多过度的问题。但今天那些批评一揽子计划的人似乎认为,即使没有一揽子计划,中国经济也会表现良好。然而,我的理解是,如果没有一揽子计划,中国经济可能会一落千丈。美国、欧洲和日本经济都因规模较小的刺激计划而经历了10年或更长时间的缓慢增长或彻底衰退。这一事实表明,中国在2008年11月做出了正确的选择。

我撰写本书的主要目的是警示世人,自1990年泡沫破灭以来困扰日本的经济病症,可能会侵袭任何国家。我之所以不得不如此的原因,是因为当时的西方评论家都认为日本正遭受着其特有的结构性问题。言下之意是,日本出了问题,而(更理性的)西方则可以免遭此劫。但作为在日本最大的投资银行工作的前美联储经济学家,我可以说,在债务融资泡沫破灭后,日本发生的事情可能会在任何国家重演。而在写作本书时,北美和欧洲都出现了巨大的房地产泡沫。

写作本书的另一个原因是,在我之前没有经济学家考虑过资产负债表衰退的可能性。结果,当日本陷入其中时,人们对这种病症一无所知,更遑论如何救治。在经济学专业领域,甚至未能对这一类型的衰退予以命名。结果,日本浪掷了诸多宝贵的岁月,尝试以各种并不恰当的救治办法来对抗经济衰退。如果日本人知道他们的经济正遭受资产负债表衰退,就会从一开始实施迅速、充分和持续的财政刺激。这将有助于缩短经济复苏所需的时间。考虑到日本1990年之前泡沫的巨大规模,因此,即使从一开始就实施最佳的政策,日本经济也需要至少10年的时间才能得以复苏;但其康复并不需要超过20年的时间。

此外,如果日本人知道这样的经济修复需要10年的时间,他们在选择有助于未来增长的公共工程项目时,就会更加谨慎。但由于他们不知道自己正遭受长达10年的资产负债表衰退,因此,他们选择了任何可以上手的项目来刺激经济。可是,在私营部门的资产负债表得到修复之前,通常的凯恩斯式的经济刺激不会奏效。结果,政府年复一年地将钱投资在构思拙劣的项目上。这使政府受到了在无用项目上浪费资金的批评。尽管这些(在无用项目上的)支出使经济免于崩溃,但这些批评,尤其是来自国际货币基金组织和经合组织的批评,使日本政府难以维系推进经济所需的财政刺激。1997年,政府过早地退出财政刺激政策摧毁了经济,并将衰退期延长了至少10年。

2008年之后,美国和欧洲也发生了同样的事情。当这些国家的房地产泡沫在2008年破灭、经济开始崩溃时,没有人对所谓的"资产负债表衰退"这一经济病症有所了解,各国政府抗击衰退的不当政策浪费了宝贵的时间。但对美国来说,幸运的是,美联储的本·伯南克(Ben Bernanke)和白宫的劳伦斯·萨默斯(Lawrence Summers)都了解我的研究,并意识到美国实际上正遭受资产负债表衰退。随后,两人都大力推行财政刺激,使美国经济免于遭受最严重的资产负债表衰退。事实上,尽管它是次贷引发的全球金融危机的中心,但它的复苏速度比欧洲和日本都要快(但逊于中国)。

欧洲就没那么幸运了。尽管我在本书(中文版第279页)中强烈警告说,如果欧元区陷入资产负债表衰退,它将比其他任何经济体遭受更大的损失,但2008年后的欧洲政策制定者拒绝承认他们正遭受这样的衰退。相反,他们坚持认为需要的是结构性改革。结果,正如我在本书中所预测的那样,欧洲经济遭受了近十年可怕的蹂躏,西班牙的失业率一度达到25%。

这并不是否认结构性改革的重要性。几乎每个国家都有一些需要解决的结构性问题。但正如我在本书(中文版第316—319页)中指出的那样,经济增长的结构性障碍就像"糖尿病",它逐渐地使事情变得更糟,也需要很长时间才能治愈;另一方面,资产负债表衰退就像"肺炎",如果不及时采取适当的救治措施,它可能会迅速地窒息经济。一个人可能同时罹患这两种疾病,而治疗这两种疾病的方法往往相互矛盾。治疗糖尿病需要减少营养的摄入,而治疗肺炎则需要摄入大量的营养。但是,当患者同时患有这两种疾病时,医生必须先治疗肺炎,因为糖尿病的治疗可以假以时日。当经济同时遭受资产负债表和结构性问题时,类似的排序也至关重要。

当下的中国与此前世界其他地方的关键区别在于,如此之多的中国人已经对这一被称为"资产负债表衰退"的经济病症及其治疗方案有着充分的认知。如果中国充分利用这一优势,中国社会可能会免于经历其他国家遭受的资产负债表衰退的痛苦。如果本书的新译本有助于迅速实施必要的财政措施,中国和全球经济都将会柳暗花明。

辜朝明

2023年11月于东京

前　言

与人们普遍的看法相反，在过去 10 年间，日本经济疲软的根本原因，更多的是与企业层面的资产负债表问题有关，而非整体经济内部缺乏结构性改革所致。如今，70%～80% 的日本企业即便在零利率的情况下还在偿还债务。因此，日本的企业部门现在是银行和资本市场的净资金供应方，提供了约 20 万亿日元的资金规模——约为日本每年 GDP 的 4%。而且，偿债的行为在数年前日本仍处于通货膨胀的时候就已经开始了。

这种情况不同于以往任何一本经济学或商业教科书中所描述的。毕竟公司之所以存在，是因为人们普遍认为公司能比普通公众更好地利用公众的资金。而在零利率的环境下，如此多的企业竞相偿债的事实完全违背了企业的传统观念。事实上，对于今天的日本绝大多数企业来说，当前的首要经营目标不再是大多数经济学家所假设的利润最大化，而是通过债务最小化来修复其资产负债表。随着如此多的公司试图同时修复其资产负债表，日本经济的停滞不前就不足为奇了。

虽然大多数经济学家擅长分析工业生产、通胀率、货币供应等宏观经济指标，但很少有人习惯于解读企业资产负债表等微观指标。以至于几乎没有一个经济学家熟悉这样一个世界——大多数企业不再追求利润最大化而是负债最小化。

此外，来自企业部门的公司管理层，并无动机向公众披露自身的资产负债表问题，特别是当他们已经处于或接近于资不抵债的情况下。同样，借钱给这些企业的银行也会回避这些问题。

正如禅宗格言所道："知者不言，言者不知。"资产负债表问题所带来的衰退通常是以一种让人无从探知的方式存在着。确实，一位著名的日本企业高管将当前的资产负债表衰退称为"经理人与银行家的衰退"，即指只有这两个群体才深知目前企业资产负债表问题的严重性及其衰退的真正驱动因素，但是他们不太愿意向公众分享这些关键信息。

因此，包括国内外经济学家和记者在内的普通公众得出这样的结论：既然财政和货币政策等传统宏观经济补救措施未能重振经济，那么一定是结构性问题。虽然那只是一种猜测，但日本的结构性问题的确存在，而且资产负债表问题也能产生与结构性问题相同的结果，并且能更好地同当前的市场和诸如超低利率及巨额贸易顺差等经济指标相吻合。

更为重要的是，一旦认识到这种可能性，即许多公司可能会经常使债务最小化，而不是使利润最大化，那么现有经济学理论以及基于此的政策建议将不得不修改以解释这种情况。事实上，一旦将这种可能性考虑在内，那么修复衰退的政策建议就会完全改变。而且，如果政府仍然固执于结构性问题，而对衰退的真实原因——企业的资产负债表问题——视而不见，那无疑会将经济推向可怕的萧条之中。

本书的关键主题是，当企业面临资产负债表危机时，其经营目标会将注意力从利润最大化转向负债最小化。然后本书将继续解释，在资产负债表衰退的情况下，什么政策是有效的，以及什么政策是无效的。接下来，我们将证明，当企业以利润最大化为经营目标时，政府干预越少，对经济体就越有益。在这样正常的经济世界里，货币政策足以驾驭整个经济的发展。然而，当企业以负债最小化为经营目标时,积极干预的政府不仅对保证经济的稳定运行至关重要,而且对维持货币供应和货币政策的有效性来讲,也是不可或缺的。

就经济理论而言,大量企业将经营目标从原来的利润最大化改为负债最小化,这填补了凯恩斯理论一直存在的逻辑上的空白,同时也揭示了货币主义明显的局限性。可见,与用于解释流动性陷阱的传统"货币投机需求"论点相比,资产负债表论点更具有普适的意义。

就财政刺激而言,我们对于"预算赤字是否会造成收入在不同代际转移"提出了一些新的看法。特别是,我们强调,每一代人都有义务将一个健康的经济、健全的政府财政以及良好的社会基础设施留给下一代。我们认为,过度强调后两者而忽略前者,将导致在某种程度上偏离了传统赤字理论的初衷。

我们也详细讨论了与资产负债表衰退形影不离的银行危机。这一讨论很大程度上受到作者亲历的过去20年最具破坏性的美国银行业危机中1982年爆发的拉丁美洲债务危机的影响。我作为纽约联邦储备银行负责拉丁美洲银团贷款的经济学家,当时正处于危机中心,几乎所有的美国主要银行都身陷困境。基于这一经历,我深刻地感受到了时任美联储主席保罗·沃尔克处理危机的手段对当前日本的借鉴意义之大。相比较而言,发生于1989年的规模较小的储贷危机对日本的借鉴意义则显得不大。

我们将银行危机划分为四种类型,并且指出快速处置不良贷款(NPLs)只是危机的处理手段之一。西方媒体长年累月围绕着日本银行业危机的解决手段所作的连篇累牍的糟糕报道,已经产生了巨大的误解,并且这种误解时至今日仍然阴魂不散。

资产负债表问题的理论意义并不限于日本一域;并且,1997年亚洲金融危机的爆发和2000年美国互联网泡沫[1]的破灭已经导致了相关受影响实体的行为改变——这与日本过去10年所观察到的情况类似。第八章从日本的角度解释了亚洲金融危机是如何出现的。第九章主要讨论日本经济与互联网泡沫及安然事件后美国经济的异同。

最后,我们讨论了日本所面临的长期结构性问题。我们认为,预算赤字和不良贷款问题应当被看作"泡沫破灭之后的清理工作"。就宏观角度而言,真正的结构性挑战在于危机能否改变日本人的道德观念和生活方式。尤其需要指出的是,日本人的储蓄和休闲观念必须做出改变,以适应国家的经济发展水平。日本这一最大的结构性问题——如果称不上世界最大的经济问题的话——就是其所面临的"土地问题"导致的。

从资产负债表的角度看,就笔者的观点而言,日本正在进行一场人类历史上规模最大的经济试验,尽管这是在不知不觉中进行的。试验的目的在于检视企业在面对资产价格暴跌导致大量财富损失时,政策是否能保持经济的持续发展,并能使企业成功修复其资产负债表。

截至目前,资产价格大幅下跌在过去10年给日本造成了超过1 200万亿日元财富的损失。这是日本1989年——日本泡沫经济的最后一年——GDP的2.7倍。从GDP的占比来说,也是美国20世纪30年代大萧条损失的2.7倍。从历史上来看,当一个经济体面临如此困境时,将不可避免地陷入萧条,而复苏的过程将会漫长而曲折,唯有巨量的财政支出方能将经济拉出泥淖。

然而,在过去10年,尽管日本遭受了上述的巨量财富损失,但其GDP仍然基本保持稳定。之所以能取得这一惊人成就,是由于日本毫不犹豫地启动了积极的财政刺激政策,并年复一年地保持着这种政策,以防止日本发生恶性循环

---

[1] 原文为"信息技术泡沫"(Information Technology Bubble),现根据国内通行说法,译为"互联网泡沫"。——译者注

从而陷入萧条。在人类历史上,这是第一次有国家在资产价格崩盘之初就实施这样大规模的刺激政策。

就像我们之后解释的那样,由于资产价格的降幅是如此之大,刺激政策不得不持续若干年,以确保病态的经济体能够得以康复。企业压缩债务的努力已经得到了回报,但在企业管理层完全消除对资产负债表问题的担忧之前,企业仍需朝着这个方向做更多的努力。

不幸的是,由于日本的政治领导人从来没有给出过关于资产负债表的解释,日本国内外的民众已经对此失去了耐心,一些人——譬如现任小泉纯一郎政府——已经游走在放弃现有政策的边缘,以求一搏。人们现在愿意去尝试任何与过去不同的手段,却没有意识到其实他们已经相当幸运地避免了一场大萧条。

本书的主要目的在于对最近关于放弃已被证明行之有效的大规模财政刺激政策的论调提示警告。此外,本书并不是唯一的示警者,下滑的股市和超低的利率似乎也都在发出同样的警报。

今天,如此多的国家面临着类似的资产负债表衰退这一事实表明,日本有责任从自身痛苦的经历中总结教训,为其他国家在面对此类衰退的时候提供前车之鉴——什么能做,什么不能做。若不如此,则意味着其他国家难以获得镜鉴,将重蹈日本覆辙。因此,希望日本能够启动自身的结构性改革,采取正确的宏观经济政策,并向世界解释为什么它选择了这条路线而非其他道路。

第一章

陷入资产负债表衰退中的日本经济

所有的经济指标，均迥异于20年前的英美等国

日本经济存在着根深蒂固的结构性问题。问题的关键在于低效的土地配置（据说是全球最没有效率的）、缺乏竞争的市场环境、各种普遍存在的贸易壁垒，由此导致交易成本高企，所有这些情况都应尽快得到纠正。这些问题之前表现得并不是十分突出，却在20世纪90年代突然给日本的经济带来了巨大的冲击——日本经济在此之前的40年中一直表现得非常强劲。而许多问题已经至少存在了二三十年，甚至更长的时间。

当我们今天讨论日本的结构性改革时，包括小泉纯一郎政府在内的许多人并未意识到，改革土地使用效率偏低的现状是问题的关键——这个问题我们将在本书第十一章进行详细讨论。相反，他们认为日本需要效仿英美自20世纪80年代以来实施的"供给侧改革"。

然而，作为一个当年在纽约联邦储备银行工作的经济学家，我可以非常肯定地断定，目前日本所面临的问题，无论从哪个方面来说都迥异于20世纪80年代英美的情况。

当时美国的短期利率攀升到了22%，而30年期的国债收益率达到了14%；同时，面临着高达两位数的通胀，几乎遍地都是工人罢工，以至于后来空管人员也都参与其中。当时我在与曼哈顿一河之隔的新泽西买房时，30年期固定利率抵押贷款的利率是17%。美国的贸易逆差严重，美元几近崩溃。

所有的这些经济指标都表明,一个内需强劲的经济体面临着严重的供给约束。鉴于这一事实,我非常赞同当时罗纳德·里根总统提出的供给侧经济学,尽管当时供给学派根本不被主流经济学家接受。

相比之下,现在日本的利率却接近于零,这在人类历史上是绝无仅有的。通货紧缩,而不是通货膨胀,正在四处蔓延,我们甚至看不到任何罢工的迹象。工人们对能拥有一份工作感到心满意足,即使他们的工资没有增加也无所谓。日本仍然是世界上最大的贸易顺差国家之一,日元仍然是最强势的货币之一。

不管人们怎样看待日本的经济,都会发现,这是一个供给过剩、需求不足的经济体。日本处于与20年前的英美完全相反的一种环境中。仅凭巨大的贸易盈余就足以表明,供给和竞争问题并不是当时日本经济的主要矛盾。

虽然经济和市场指标都显示,日本过去10年所遇到的问题与英美20年前所面临的问题截然不同,但日本当局和媒体却忽略了所有这些迹象,选择固执己见地执行当时英美所采取的政策,这种做法真是骇人听闻。

银行业问题是不是经济增长的制约因素?

日本在不良贷款问题的处理上也犯了相同的错误。现任政府和许多评论家声称,银行的贷款都被冻结在了毫无希望的传统产业中,这些贷款导致银行的资本比率进一步恶化,从而使银行为其感兴趣的新兴产业提供信贷支持变得几无可能。因此,他们声称,如果不良贷款问题得到迅速的解决,就会使得银行重新发挥金融中介的作用,货币就会再次流转起来,经济就会重新走向复苏。

可是,如果确实是不良贷款问题阻碍了银行向许多具备吸引力的项目和信用良好的借款人发放贷款的话,那么,日本的借款利率应该会急剧攀升。也就是说,只要有大量信誉良好的企业承诺高回报,那么这些潜在借款者必然会为了争夺来自银行有限的信贷额度而展开激烈的竞争。这种竞争必然会推高贷款利率,因为潜在借款人会相互争夺有限的信贷资源。

事实上，1991—1993年美国的银行由于资本金问题而无法放贷的时候，银行的贷款利率始终远高于6%，虽然当时美联储已经将银行的融资成本降到了3%。产生这种现象的根本原因是，银行资本金的可用性问题抑制了当时银行的放贷能力，而不是流动性不足的问题。当时的美国，即使利率如此之高，仍然有很多私营和企业部门是有借款意愿的。

而日本的情况却相反，日本的利率一直在下降，政府债券的收益率和银行贷款的利率已经处于人类历史上的最低水平。再者，根据日本央行针对5 000多家大小企业所做的关于银行放贷意愿的季度《短观调查》[1]显示，除了两次以外，在过去的10年里，银行一直有较强的放贷意愿（详细内容参见第三章）。①

非常之低的利率与日本央行关于借款公司的调研结果完全一致。这告诉我们，上述关于不良信贷问题的描述存在严重的缺陷。如果真是银行的不良贷款抑制了日本经济的增长，那么，银行的贷款利率应当非常高，而不是维持在当下如此之低的水平上；银行应当是没有放贷的动力，而不是现在这样愿意放贷。

如果包含日本银行业不良贷款问题在内的结构性问题与市场表现不一致，即利率如此之低，外贸表现又如此强劲，那么，到底什么原因可以解释日本经济在十多年前突然失去了上升的势头，并且此后一直表现欠佳呢？

在两个驱动经济的关键车轮中，日本丢失了其中的一个

这个问题的答案要从20世纪90年代第一个营业日开始的日本资产价格崩溃说起。资产价格泡沫的破灭，迫使日本的公司进入了一种资产负债表修复模式。这种情况自20世纪30年代大萧条以来从未发生过。这种企业行为的集体巨变，促使日本经济陷入资产负债表衰退的境地，这是一种非常罕见的衰退模式，也许每半个世纪才发生一次。

---

[1] 即《日本企业短期经济观测调查》(Tankan Short-term Economic Survey of Enterprises in Japan)的简称。——译者注

对20世纪90年代之前日本经济高速增长的研究表明,日本经济当时的驱动力主要来自两大车轮,它们以精妙的时机运转。一个轮子是家庭部门的高储蓄率。实际情况是,家庭没有将收入全部花掉,而是将其相当一部分储蓄起来,这意味着它们通过金融中介或者资本市场向企业提供经营所需要的资金。

另外一个轮子是日本企业部门同样高企的投资率。截至20世纪80年代末期,日本企业的投资率和对债务的依赖程度远超世界一般标准。换言之,日本企业为了开发新产品及进行空前规模的产能扩张,大肆借用了家庭部门节省下来的资金。事实上,在20世纪80年代早期,日本企业的平均杠杆率是美国企业平均水平的5倍。

异常高的投资率,再加上家庭部门的高储蓄率,使日本成长为世界第二大经济体。50年前,世界上没有一个人会预料到饱受战争摧残的日本将会在如此短的时间内成为世界第二大经济体,而且其实际经济增长率超出了所有人的预期。

与此同时,相对其资本金规模而言,企业的债务扩张达到了一个极为庞大的规模。但是,其资产价值上升得更加迅速。因此,包括穆迪投资者服务公司和标准普尔公司在内的全球信用评级机构按照惯例给予日本的企业和金融机构以最高评级。资产价格在20世纪80年代末期增长尤其迅速,这使得日本企业可以很容易地融到资金,进而更快地扩张其业务。

但是,资产价格泡沫从1990年第一个营业日起就开始破灭了,从而引发了资产价格的暴跌。许多股票的价格跌至峰值价格的零头。原本被认为绝对安全的土地价格开始暴跌,6个主要城市的商用地产价格下跌了85%。也就是说,土地价格只有其巅峰时期价格的15%。在日本体制中占据重要地位的高尔夫俱乐部会籍也大约只值原价的1/10。图1—1展示了日本资产价格下跌的巨大幅度。

在20世纪七八十年代,日本的公司利用大量贷款来扩张其经营规模。债务的规模依然如故,但是,至少与其债务同等规模的资产的价格却崩塌了。结果这些公司的资产负债表,或者是企业的财务健康状况急剧恶化。资产价格下

(1990=100)

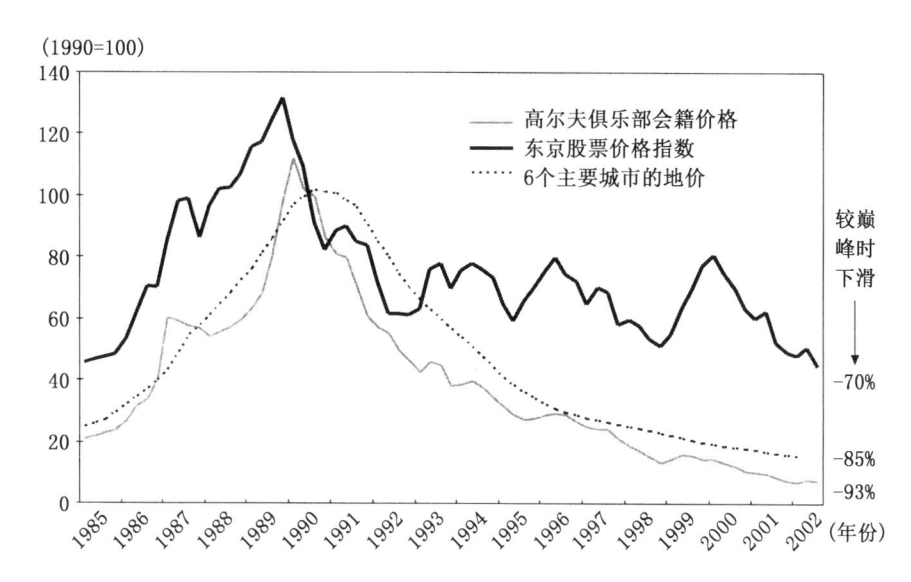

图例：
- 高尔夫俱乐部会籍价格
- 东京股票价格指数
- 6个主要城市的地价

较巅峰时下滑
-70%
-85%
-93%

资料来源：东京证券交易所；日本房地产协会；日经产业新闻。

图1—1　日本资产价格的崩盘

跌的幅度之大，说明日本可能有成千上万企业的债务已经超出其资产规模，或者接近这个水平。对这些公司而言，负债超额意味着它们实际上已经破产了。

然而，破产的概念有两种情况：一种是企业的经营已经无可救药，其主业和资产负债表已经毫无未来前景可言；另一种情况就是公司的主业仍然健全，但是其资产负债表却已经破损不堪了。

今天我们审视日本的企业，许多企业（如果不是大多数的话）属于第二种情况，它们的主业运营依然相当健康。事实上，日本的企业依旧创造着世界上最大的贸易顺差，这也就意味着全球各地的消费者仍然愿意购买日本制造的产品。即便如此，日本的资产价格溃堤般的下跌仍然给大量企业带来了极为糟糕的资产负债表问题。

处在"合成谬误"中的日本经济

任何(负责任的)企业高管在面对资产负债表极为糟糕但现金流尚可的时候,都会做一件事情:他们会将从核心业务经营中赚取的利润用来还债。即使对那些负债规模大于资产规模的企业而言,如果给它们足够的时间,这些企业也应该有能力通过偿还债务来修复其资产负债表,因为资产价格不会跌至负值。

一旦资产负债表得以修复,企业摆脱了负资产的困境,企业高管们又可以自由地重新开始前瞻预期未来可以赚钱的新项目,而不是后向预期以试图修复其资产负债表。[1]但与此同时,这些高管的首要任务是必须尽快、低调地偿还债务,让自己的公司建立起稳健的财务基础。此外,身处此等窘境中的企业很可能会无所不用其极地削减成本,以便用节省下来的钱偿还债务。对于单个企业而言,这是恰如其分并且负责任的做法。

问题是,当大量的企业同时这么做时,整个经济将会发生什么呢?不用说,当大多数企业在忙于偿还债务、缩减投资而不是拿这些钱用来扩张的时候,譬如投资或者投入新产品的研发,经济体的总需求就会迅速萎缩。总需求的收缩又会削弱经济本身。疲弱的经济则进一步压低资产的价格,从而进一步恶化企业的资产负债表。反过来,这又会促使企业进一步削减成本来偿还债务。因此,越是做偿还债务的努力,需求的萎缩就越剧烈,整个经济体就步入加速下滑的恶化进程之中。

这里的关键点是,当企业个体都采取了恰当的并且负责任的行为,当每个人都同时采取缩减债务的行动时,经济有可能在恶性循环中进一步恶化。这样的情况在经济学中被称为"合成谬误",这就是当下日本正在发生的事情。

---

[1] 依作者之意,"前瞻"(looking forward)预期之下,企业以追逐利润为目的;"后向"(looking backward)预期之下,企业以最小化债务为目的。作者在本书后文中会经常使用这一组概念。——译者注

过去10年个人消费没有任何变化

图1-2显示了资产负债表所造成的局面有多么糟糕。该图显示了日本经济的四个主要部门(即家庭、企业、政府和海外部门)之间的资金流动情况。在零水平线之上的部门进行储蓄,在零水平线以下的部门意味着借入资金进行投资。此图所用的统计数据,所有的部门加起来应当为零,但是,图1-2的数据加起来并不为零,这是因为为了简便起见,我们没有纳入金融部门。但是,由于金融部门从长期来看是中性的,这样的忽略应当不会对结果产生影响。

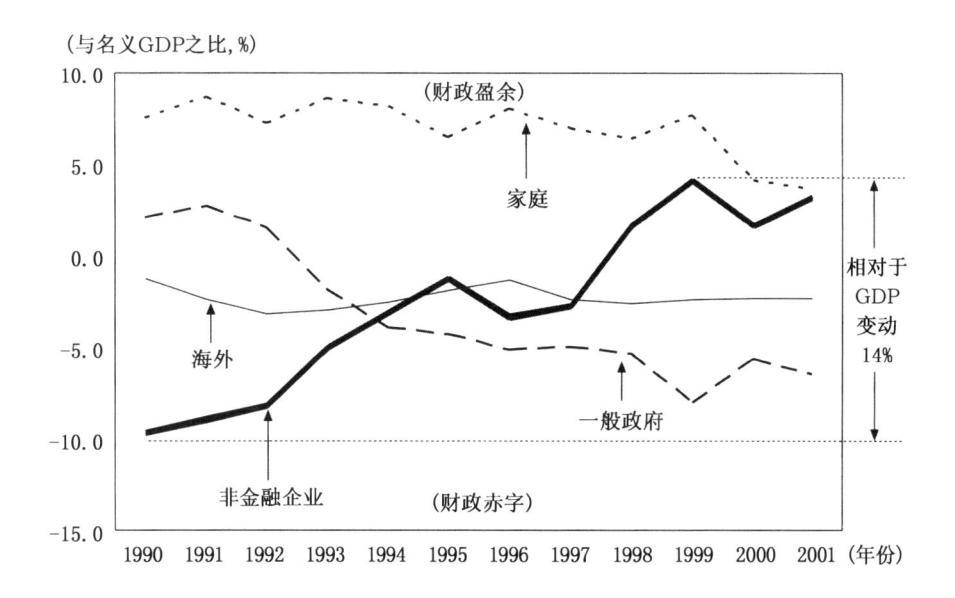

资料来源:资金流动数据,日本央行。

图1-2 资产价格下跌迫使公司从利润最大化转向债务最小化(按部门划分的财政盈余或赤字)

图1-2显示,家庭部门在图的最上方,说明作为日本经济两个轮子之一的高储蓄率并没有发生变化。而且,在20世纪90年代,日本家庭部门的储蓄行为几乎未发生任何变化。在1990年日本资产价格泡沫达到巅峰时,家庭部门

的储蓄相当于日本 GDP 的 7%，这一趋势一直延续到 1999 年。

这意味着，在泡沫期间，日本消费者的储蓄行为几乎没有任何变化，当时日本经济极为繁荣，整个国家都被世界奉为"日本第一"；而现在日本经济疲弱，则沦为世界的"替罪羔羊"。没有变化的储蓄、零增长和零通胀意味着个人消费也几乎没有任何变化。

事实上，如图 1—3 所示，在过去的 10 年里，日本的消费一直非常稳定。如果真的像某些人声称的那样，日本民众确实非常担心未来的财政赤字和他们养老金体系的崩塌，那么，日本的消费会迅速下降，储蓄会快速上升。可是，在过去的 10 年中，两者都没有发生显著变化。这意味着我们经常听到的那种论调——经济的衰退是由消费者出于对未来的担忧，进而驱动储蓄和缩减消费导致的——并未得到数据的支持。（家庭部门近些年储蓄的下降是由收入下滑和就业下降引起的。这对于那些正在经历收入下降的个人来说并不是好消息，但是，从宏观经济的角度来看，却意味着经济通缩性漏损正在减少。）

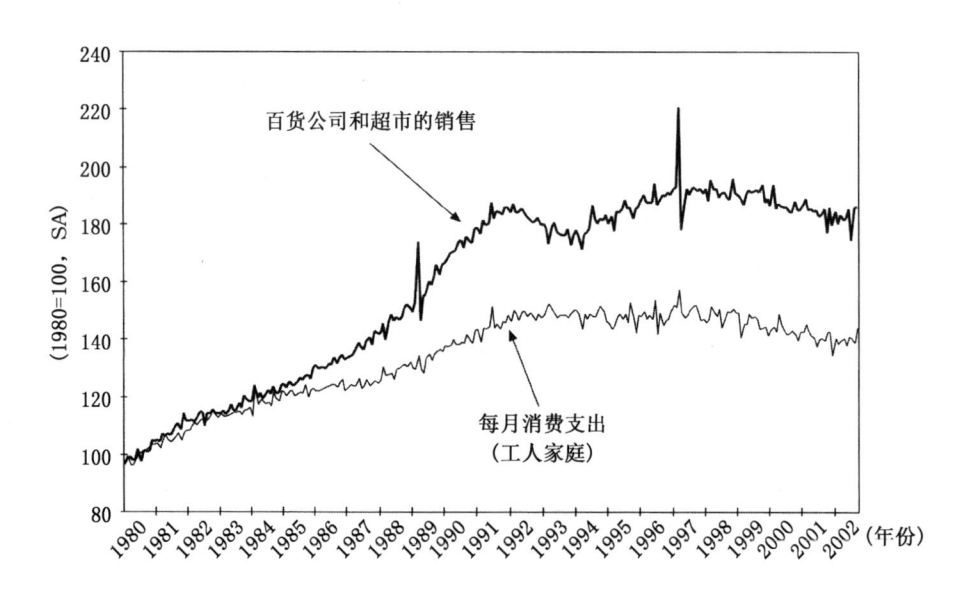

资料来源：管理和协调机构，《家庭收支调查月报》；国际贸易工业部，《商业现状调查》。

图 1—3　自 1990 年以来，日本的消费一直保持平稳

企业对资金需求的消失

如果家庭部门对日本经济的衰退没有责任的话,那么是谁导致了日本经济的衰退呢?图1—2显示,在1990年,非金融企业(用加粗的黑线表示)每年借入了相当于GDP 10%的资金用来投资各种项目。对资金如此巨量的需求意味着企业借入和支出了这些资金,由此形成对经济的支撑。

然而,从1998年开始,非金融企业进入正数的区间,这意味着企业开始偿付其债务了,也就是它们现在成了资本市场和银行体系的资金净提供方。例如,在1990年到2001年间,商业企业的融资相对于GDP变动了14%,其变化反映在这些商业企业从资金净借入者(借入额占GDP的10%)转变为债务净偿还者(偿还额占GDP的4%)。这说明,日本企业不仅已经停止了借钱投资的行为,而且现在还将20万亿日元的企业收益从再投资和其他用途转移到偿还债务上。这就意味着,相比于10年前,接近GDP 14%的收入流消失了。如此巨大的需求萎缩肯定会将任何经济体拖入衰退的境地。

那么,企业为什么会这么做?答案源于图1—1。资产价格毁灭性的下跌对企业造成了沉重打击,日本各地的企业家开始将偿还债务、修复资产负债表作为最优先需要考虑的事项,以避免自己被贴上破产的标签。换句话说,大约在1993年前后,日本全国各地的企业家开始谈论"资产负债表恐惧综合征"。换言之,在1993年前后,大量的日本企业将经营的首要目标从利润最大化转向债务最小化,由此造成了一个相当于GDP 14%的总需求萎缩。

企业努力修复其资产负债表

大量评论人士一直在"抨击"日本企业拖延了重组改革,从而导致日本经济陷入了目前的糟糕局面；但是，他们的观点完全错了。如果企业行动迟缓的原因是它们确实忽略了资产价格的下跌，并认为土地和股票价格将会马上回升的话，那么，日本经济就没有理由陷入衰退。因为在这种情况下，企业部门仍然会借入并支出相当于 GDP 10% 的资金。

事实上，日本的一些公司的确维持了这种扩张的态势。例如，大型百货连锁商店崇光百货仍在继续增加投资，因为它相信经济和资产价格将在适当的时候恢复。但与此同时，其他企业却认为资产价格不会回升至以前的水平，所以为了清理其资产负债表而急于偿还债务。由于越来越多的企业在修复自己的资产负债表，而不是扩张业务，所以经济在衰退中难以自拔。在这种环境下，仍然我行我素、持续扩张的崇光百货宣布破产了——当它意识到需求没有像预测的那样增加时。可以说，崇光百货为日本经济提供了基础，而其他企业则共同推动日本经济走向紧缩平衡。

经济之所以陷入衰退，正是因为企业的管理层严肃地看待资产价格的急剧下跌，试图迅速修复自己的资产负债表，并且尽可能快地偿还债务。那些抱怨日本企业缺少结构性改革的分析师，忽视了一个恰恰发生在他们眼前最为重要的改革——企业资产负债表的改善。

因此，日本当前的衰退，是由企业行为的变化而不是消费者行为的变化引起的。在很大程度上，日本消费者的行为在过去的 12 年中并未发生改变。

没有一本经济学教科书涵盖了日本的现状

通过调查单个企业的行为，可以发现，在日本的 3 500 多家上市公司中，有近 2 000 家公司目前正在积极偿还其债务，而只有不足 1 000 家企业在增加借款。（其余 500 家公司的债务数额保持不变。）[②] 上市公司是既可以向银行借贷，又可以向资本市场融资的企业。即使在零利率环境下，绝大多数上市公司在偿还债务，这一事实表明，这些公司对自身资产负债表的担忧程度的确是非常高的。正如上文提到的日本央行针对企业的《短观调查》所显示的那样,这些公司承认银行是愿意放贷的,这表明这些公司的担忧程度是极其严重的。如果算上非上市公司,偿还债务的公司比例会更高。

大量企业对零利率的优惠视而不见、迫不及待地偿还债务这一事实表明,这在资本主义经济中是一种非常罕见的现象;而资本主义经济的主要前提是,企业总是在寻求扩张业务。的确,没有任何一本经济学教科书曾经解释过为何在零利率的环境下仍有大量的企业在偿债。因此,日本当前的情况不得不需要从一个全新的视角加以重新审视。这是因为传统经济学是建立在企业经营始终以追求利润最大化为目标的假设之上的,并没有考虑将负债最小化作为首要经营目标的情况。

换句话说,日本各地正在发生的事情完全不同于传统经济学和管理理论的最根本前提。可是,最近这些年这个陌生的世界正在逐渐显现,不仅仅在日本,在美国、中国台湾和泰国等国家和地区都出现了这类情况。在美国,大量企业资产负债表的资产端由于互联网泡沫的破灭而受损,仅仅看负债端,人们担忧安然破产的影响余波仍在。所有这一切的结果是,即便不是全部,美国仍然有很多公司的高管正热衷于清理资产负债表。由于很少有公司有举债的意愿,因此,尽管美联储连续降息,但是,企业的融资需求仍然在继续下滑,如图1—4所示。

回到日本,家庭部门的高储蓄率依然如故——这是从20世纪80年代开始一直支撑着日本经济的两个轮子之一,这凸显了企业需求的萎缩。换言之,人们仍像以前一样热衷于储蓄。然而,企业却没有心情去借钱,这意味着日本经济的另一只轮子停转了。

过去,货币在日本流通,是因为企业部门借用了家庭储蓄的资金。如今,虽然家庭部门仍然在储蓄,可是企业部门却不再借入资金了。不仅如此,企业还在尽力偿还债务。由此导致的结果是,相较于企业热衷于借钱投资的日子,出现了家庭部门的全部储蓄迅速转化为通缩缺口的风险。

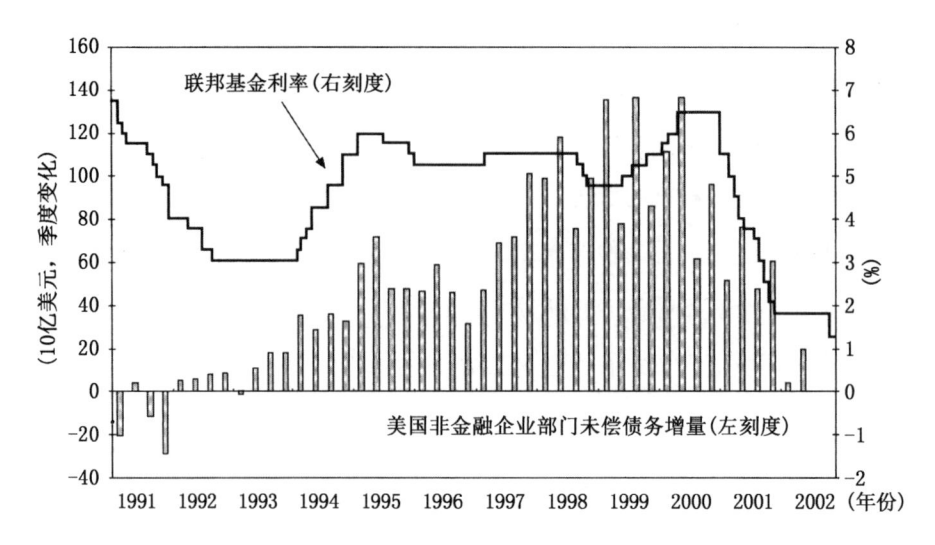

资料来源：美联储理事会,《美国资金流动》。

图1—4 美国企业部门也显示出资产负债表衰退的迹象

资产负债表衰退引致大萧条

我们可以将这个通缩缺口量化。假设一个人的收入是1 000日元,通常会消费900日元,存入银行100日元。这900日元的部分会成为其他人的收入,储蓄的100日元会由银行借给其他人进行开支。如果银行难以贷出全部的100日元,银行所要做的就是降低利率。利率降低后,总会有人愿意借走这笔钱。因此将会有900＋100日元的支出,恰好等于初始1 000日元的收入,整个经济就会向前发展。

当发生资产负债表的衰退时,一个有1 000日元收入的人仍然会支出900日元、储蓄100日元。这900日元的部分仍然会成为其他人的收入流,但这100日元的部分却找不到借款人,因为尽管利率为零,但企业部门仍忙于偿还债务。这将使得金融机构拥有大量资金,因为它们现在拥有的是来自家庭部门的100

日元叠加企业部门偿还的资金。缺少借款者的情况，诠释了为何在资产负债表衰退期间，利率会急剧下降。（这一点将在第三章详细讨论。）这也意味着，从经济整体来看，仅产生了价值900日元的需求。由于一个人的支出就是另一个人的收入，在这个案例中，经济整体从初始的1 000日元萎缩到了900日元。然后，如果家庭部门只有900日元的收入，其中10%用来储蓄，只支出810日元，如果银行此时仍然无法借出这笔钱，则在下一阶段将会仅产生810日元的收入。

收入从1 000日元萎缩到810日元，也就意味着经济在急剧恶化，这可能意味着资产价格会进一步下滑。反过来，这将使企业更努力地工作，以偿还其债务，从而进一步减少融资需求。这种恶性循环是资产负债表衰退所特有的不良特征。

这种恶性循环何时才会结束？如果政府对此无所作为的话，那么，只有当私营部门作为一个整体穷困到了无钱储蓄之时，这个循环就会停下来。

我们假设在这样的一个恶性循环中，人们的收入会从1 000日元下滑到500日元。在这个水平上，人们不能再有任何储蓄了。因为房租和一些其他先前基于收入是1 000日元所作出的支出，是受合约约束的刚性支出。这意味着人们只能花掉全部500日元，或者所有的收入，这样循环就结束了。这就意味着下一个人的收入也是500日元。如果第二个人也必须花掉他所有的收入来维持他的生活水平的话，第三个人的收入也将是500日元，如此循环下去。也就是说，当私营部门（即家庭部门和企业部门）变得如此穷困，以至于没有任何储蓄时，经济将达到一个新的均衡。换句话说，当收入流没有任何储蓄漏出——而不是投资漏出——的时候，经济就会企稳。这个"500日元的世界"，就是我们通常所说的"大萧条"。

日本经济与20世纪30年代的美国有着惊人的相似之处

事实上，正是上述机制在20世纪30年代给美国带来了大萧条。直到1929

年之前，许多美国人是用保证金（负债）的方式购买股票。1929年纽约股市的大崩盘使得这些投资者背负了巨额的债务。人们试图通过抑制消费和投资来偿还其债务，这反过来又挤压了经济。经济的疲弱使得股价表现更加低迷，这又进一步促使人们更急切地去偿还债务，结果导致了一个真正的恶性循环。

但是，赫伯特·胡佛总统却拒绝采取任何措施去刺激经济。胡佛认为，经济的恶化是因为经济本身存在助长泡沫的腐败因素，因此必须把这些因素先清除出去。由于他拒绝放弃平衡预算的原则，上述的恶性循环得以一直存在，直到经济达到了一个紧缩的均衡。当经济达到这个均衡点时，美国的GDP大约跌去了一半，股价跌至其峰值的1/10，而失业率攀升到20%以上。

日本今天所处的环境在很多方面与美国1929—1933年所处的环境非常类似，包括巨量财富损失的规模，以及对私营部门资产负债表的影响程度。正如前面所述，日本资产价格暴跌导致的财富损失是其1989年资产价格巅峰时期GDP的2.7倍。相比之下，大萧条期间的资产价格下跌给美国带来的财富损失据说是1 089亿美元，差不多与1929年的美国国民生产总值（GNP）相当（即1 015亿美元），而1929年美国的股票市值达到了峰值，或大约是1933年GNP（即509亿美元）的两倍，当时GNP下降到1929年一半的水平上。与此同时，作为一个整体，1933年美国的国民财富只有1929年的75%。[③]

相比之下，日本从1989年股价达到的峰值到最近（2001年底）的价格水平之差，其间的财富损失约为1 200万亿日元，是1989年GDP的2.7倍，或者当前GDP水平的2.3倍。与此同时，日本国民财富的整体水平只有1989年水平的59%。[④]这表明这次日本发生的财富损失远大于大萧条时期美国的损失，并且大多数的损失集中在日本的房地产部门。

在过去的12年里，日本股票价格主要依赖国外投资者支撑，因此，股价并未如美国20世纪30年代一样跌至峰值的10%，但是，那些国外投资者不感兴趣的资产的确跌至峰值的近1/10的水平。如前所述，这些资产包括高尔夫俱乐部会籍及商业不动产。

事实上，几乎所有的经济统计数据，包括早前提到的资金流统计数据和利率、股价等市场指标，都显示日本长期以来离陷入恶性循环近在咫尺。只要全国范围的资产负债表调整过程还在进行，那么，随时随地，日本经济都有陷入恶性循环的风险。

注 释

① Bank of Japan, *Tankan Short-term Economic Survey of Enterprises in Japan*, "Lending Attitude of Financial Institutions."这些数据源自重要企业和小企业。

② *The Japan Company Handbook* (Toyo Keizai, various years).

③ Raymond W. Goldsmith, *The National Wealth of the United States in the Postwar Period* (Princeton, N. J.: Princeton University Press, 1962), cited in *Historical Statistics of the United States, Colonial Times to 1970* (New York: National Bureau of Economic Research); Department of Commerce, "Economic Report of the President 1996."

④ Cabinet Office, "Annual Report on National Accounts of FY2001."

第二章

财政刺激,是克服资产负债表衰退的关键

日本的零增长，全拜财政刺激所赐

日本经济所深陷的资产负债表衰退与全国范围内的资产泡沫一样罕见，罕见到半个世纪才发生一次。然而，当泡沫破灭、人们意识到其所追逐的资产价格是错误的时候，他们就被迫改变自己的行为——从追求利润或者效用最大化转向回归财务稳健性。这就产生了"合成谬误"，将经济推向可怕的恶性循环之中。

面对如此不利的情况，为何日本经济到目前为止依旧没有陷入萧条？问题的答案就在第一章的图1-2中。图中显示，代表企业部门财政赤字或盈余的曲线明显地从负数区间提升到了正数区间，这导致了需求的大幅萎缩；而政府部门的行为则朝着相反的方向运行，从正数区间移动到了负数区间。换言之，通过放弃追求预算盈余，政府开始通过借贷和扩大支出，采取巨额预算赤字刺激政策。通过这些手段，政府部门扩大了支出，基本消化了家庭部门储蓄后企业部门却没有借入的资金。换句话说，政府弥补了企业部门所萎缩掉的需求。只要有人能够弥补萎缩掉的需求，那么就没有理由开启紧缩周期。

因此，日本经济之所以能成功避免陷入萧条，是因为政府的财政支出弥补了由于企业行为转变所带来的供需缺口，并年复一年地保持这种局面。换言之，是政府借入并支出了之前案例中银行所不能借出的100日元。

图1-2中政府的那条曲线显示，由于泡沫破灭后的时滞，即由于巨额税

收，1990—1992年间日本财政仍然处于盈余的水平。美国的财政预算由于同样的原因在互联网泡沫破灭前后也是保持盈余的。然而，大约从1992—1993年开始，供需之间的缺口急剧扩大，原因是私营企业大规模转向了资产负债表修复模式。如果放任不管，这个缺口就已经足以导致日本经济大规模萎缩。

所幸的是，日本执政党——自民党（LDP），出于本能，在经济萎缩的初期就已经投入更多的公共工程。因而从20世纪90年代初期开始，每当经济出现疲软迹象时，执政党就会以一种典型的政治分肥（pork-barrel）[1]方式加大支出力度。回想起来，这些政治分肥政策，实际上促使政府借入了更多的家庭部门的储蓄，扩大支出，用以弥补企业部门需求萎缩所带来的影响。这种举动成功地填补了私营部门收缩支出所导致的巨大的通缩缺口，并阻止了通缩恶性循环的开始。

不幸的是，如前所述，资产价格下跌的幅度巨大。以商业不动产为例，价格平均暴跌了85％，留给这个国家中成千上万的企业一个残破不堪的资产负债表。如此巨大的漏洞并非一两年偿还债务就能弥补的。要想通过偿还债务来填补这个漏洞，至少需要很多年，甚至几十年（特别是对于那些在峰值买入资产的人们来说），因为亏空的金额实在太大了。

正如此前指出的那样，家庭部门在整个20世纪90年代始终都在储蓄。由于企业部门不再借款，这就意味着私营企业部门内部年复一年地积累了巨大的供需缺口。

所有这些都表明，即便在最好的情况下，想要从如此严重的资产负债表衰退中恢复也将需要很多年的时间。除非一次性出台极大规模的财政刺激措施（我们会在第四章更进一步地讨论这个问题），否则这个问题无法得到快速的解决。

由于政府每一年都需要通过财政刺激来弥补通缩所造成的缺口，因此导致了政府的债务规模急剧扩张，正如图1-2中代表政府财政的那条曲线深深地

---

[1] 即政治分赃，指在法案或行政命令中，附加对自己的支持者或亲信有利的条款，以使其受益的手段。——译者注

跌入了负数区间。不过,也正是政府的行动,才使得本应早就进入恶性循环的日本经济保持了稳定。

许多媒体评论员并没有认识到,假如没有财政刺激的话,将会发生什么。这些评论员认为,"过去 10 年政府实施了 140 万亿日元的一揽子刺激计划,但是经济却没有任何起色,所以这样继续做下去是毫无意义的"。尽管日本国内和国际上很多人持有这样的观点,但这完全是巨大的误解,是一种非常危险的"共识"。这些评论员没有意识到,在过去 10 年中日本损失的财富相当于年度 GDP 的 2.7 倍。就国民财富的损失金额而言,当下日本的损失远超当年美国 20 世纪 30 年代的大萧条。

在历经大量国民财富蒸发、企业部门需求缩减等接踵而至的打击之后,日本经济之所以能有效地避免陷入萧条,并能保持稳定,唯一的原因就是高达 140 万亿日元的一揽子财政刺激计划,帮助经济从一开始就避免陷入通缩螺旋之中。假设没有财政刺激,当下的日本经济可能会萎缩 40%~50%,就像美国在 20 世纪 30 年代所经历的前车之鉴那样。

因此,与大家普遍的观点不同的是,正是由于日本的财政支出,才极为有效地阻遏了日本陷入可能将经济带入大萧条的恶性循环之中。每年只要一出现通缩缺口,日本政府就会立即填补上这个缺口。因此,在这段时间里,日本经济虽然遭受了毁灭性的财富损失,但经济仍然维持在一定水准之上。其实政策到目前为止一直都是非常有效的,包括经济评论员在内的广大公众并没有意识到在这段时间内经济其实正处于萧条的边缘。

认为财政刺激属"强心针疗法"是误读

然而,日本财政刺激政策的反对者宣称,即使政策短期内能有效维持经济持续发展,但是除了起到给经济救急之外什么作用都没有,从中长期来看,此类支出不会带来任何改善。他们认为暂时的"强心针"并不能解决日本大量的结构性问题,为了使经济能够进入自我维持的增长期,日本必须克服这些结构性问题。

可这些评论者没有注意到的是,正是由于政府的财政刺激政策,大量的企业才得以成功地压缩了其债务。而资产负债表的成功修复是经济进入自我维持增长期的必要条件。

如图2—1所示,截至2001年,日本企业资产负债表上的有息负债相对于1995年的高点减少了113万亿日元。这里的数据,是拥有健康资产负债表的公司减少的面向未来经营所需贷款的净额,问题公司的债务缩减规模要比这个大得多。这种由于财政刺激措施带来的企业资产负债表的改善,即使在此类刺激措施终止之后仍然会惯性地保持下去。

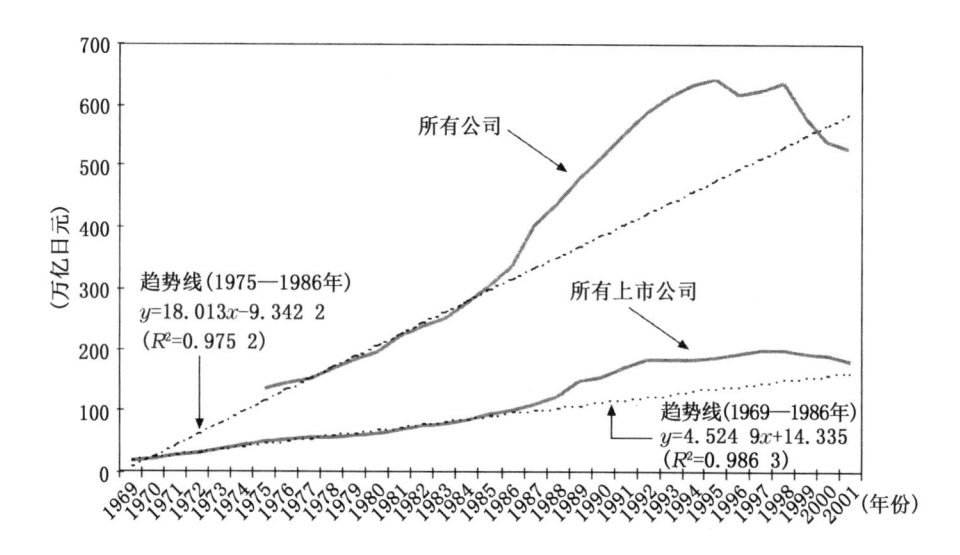

资料来源:财务省,《年度企业财务报表统计(按行业划分)》;东洋经济,《日本企业手册》。

图2—1 有息负债回到泡沫经济破灭前的趋势线

日本的银行部门也没有袖手旁观。它们已经处置了90万亿日元(约合8 000亿美元)的不良贷款。[①]全球从未有一个银行体系处置了如此多的不良贷款。因此,我们应当将批评的矛头转向那些无能的记者们,他们根本就没有注意到发生在微观层面上的这些努力和改善,而是随意地将一揽子刺激计划贴上了"强心针疗法"的标签。政府的一揽子财政刺激计划绝非仅有暂时效果的"强心针疗法"。

经济体能进入自我维持增长期的必要条件是,让大多数公司有着合理干净的资产负债表并且是前瞻预期的。从这个角度来说,当下日本的绝大多数企业仍然是后向预期的,它们正在竭尽全力修复资产负债表。财政刺激成功与否的评判标准,应当是这样的刺激在多大程度上帮助企业减少了负债。如图 2—1 所示,日本企业之所以能减少如此多的债务,应当归功于过去这些年极为成功的财政刺激政策。帮助企业成功减少了其债务,这样的财政刺激政策是解决问题根源的良方。

一方的负债,就是另外一方的资产

从这个意义上讲,人们不应忘记,资产负债表衰退是一个主要存在于私营部门内部的问题。如果借贷方能按时还款,那么放贷人则会认为其借款是安全的。如果借贷方停止还款,那么这些贷款就变成了不良资产。换句话说,一方的负债就是另外一方的资产。因而一个全国范围内的资产负债表问题,不能通过简单的债务豁免方式进行修复,因为这样的做法只会将问题从社会中某个部门的资产负债表上转移到另外一个部门的资产负债表上。

此外,如果收入因经营的失败或者失业而断流,债务支付也随之停止的话,那么,这会突然间让银行背上更多的不良贷款。如果出借方——譬如银行——决定收回其他贷款,以防范由于不良贷款突然增加而导致的资本充足率下降的风险,那么危机的链条会迅速扩大。

当私营部门到处都充斥着受损的资产负债表时,政府唯一的解决办法就是采取适当的政策将经济维持在一定水准之上,以确保企业和家庭部门有足够的收入来偿还其债务。在这种情况下,整个经济的资产负债表可以得到改善,即使只是缓慢改善。同时,违约和破产的连锁风险可以被降到足够低的水平,经济最终得以避免陷入萧条。

如此看来,到目前为止,日本政府通过财政支出确保了民众的收入总水平不下降。哪怕是挖个坑再填上,只要这能够弥补上前面章节里所描述的100日元的通缩缺口,就会使得人们的收入水平保持不变,因为最初的1 000日元收入全部用于消费,就会变成另外一个人的收入。只要收入得以维持,企业就会有足够的资金用于偿还债务,从而修复其资产负债表。

低乘数效应源于错误的模型

财政支出看起来似乎并未改善日本的经济,一些经济学家认为,这是由于日本的财政支出乘数效应过小所致。乘数,是初始刺激所引致的经济活动最终产出增加的倍数。

的确,大多数评论员是反对财政刺激计划的,他们的理由是其乘数效应太低。尽管这种说法表面上听起来很有道理,但实际上却是完全错误的,对今天的日本而言完全是"风马牛不相及"。

他们的判断之所以是错误的,是因为财政政策在修复企业资产负债表方面发挥了作用。之所以是"风马牛不相及",是因为乘数概念本身就是假设经济最初处于一个均衡状态,无须外部支持。在实施财政刺激政策之前,如果经济体处于一个稳定均衡的状态中,那么,讨论和测度财政刺激的乘数效应是有意义的——只要测算一下刺激政策为经济带来了多少增长即可。换一种说法,那些宣称日本财政支出乘数效应很低的人,其实含蓄地假设了经济处于稳定均衡状态(或者至少偏离均衡不太远)。

然而,当前日本经济的特点在于,其偏离任何经济体所能达到的稳定均衡甚远。毕竟这个经济体需要一个超过其GDP 6%的预算赤字,方能维持其经济的零增长。假如没有来自政府的大量财政支持,正如前面所阐述的那样,经济随时都会有陷入通缩螺旋式崩塌的风险。在这样的经济体内,谈论财政刺激的乘数效应是没有意义的,因为乘数根本无法被有意义地度量。

这是因为,为了衡量乘数效应,人们首先必须确定在没有财政刺激的情况下日本经济的均衡水平。而此时经济可能正处于巨大的通缩旋涡之中,或者已经到了通缩进程的尾部——也就是经济已处于萧条之中了,此时,50%的国内生产总值可能已经消失了。

因此,财政支出的乘数效应,其实应当是这种萧条水平与当前GDP水平之间的差额。由于两者之间的差距甚大,因此乘数效应也是巨大的。因而并非我们经常听到的类似1.1或者1.2这样的数字,实际数字可能大到一个难以置信的水平。正因如此,谈论当下日本经济的乘数效应并没有什么意义。

不幸的是,众多研究机构的许多经济计量模型,是建立在日本经济处于或者接近于稳定均衡的假设之上的。正因如此,经济学家在处理经济本身远未达到稳定均衡的情况时显得力不从心。如果经济最初未达到稳定的均衡状态,大多数经济计量模型的预测就没有任何意义。由于没有意识到模型的这些局限性,许多经济学家最终反对这看似"无用且无效的财政刺激政策"。

例如,早在1997年,国际货币基金组织(IMF)和经济合作与发展组织(OECD)都曾要求日本削减其"无效"的财政刺激,其隐含的政策含义是,缩减无效的政府支出并不会对经济本身造成较大的负面影响。当时,IMF和OECD提出建议之前,都向日本派出了工作组,采访了作者本人和其他一些人。在那时,作者强烈地反对削减政府支出或者增加税收,然而,这些警告在他们提交给日本政府的最终报告中了无痕迹。更可悲的是,桥本龙太郎主政下的日本政府接受了削减财政赤字的建议,因此他们在增加税收的同时也减少了支出。

结果却是一场彻底的灾难,日本经济经历了前所未有的连续5个季度的负增长——这是第二次世界大战以后主要工业化国家最糟糕的经济表现。其负面影响之大前所未有,即使在6年后的今天,日本的主要经济指标仍然没有恢复到财政紧缩政策实施之前1996年的水平。所有这一切都证明,财政支出对经济的支撑效果是显而易见的,也就是财政支出的乘数效应的确是巨大的。

罗斯福在1937年也犯了同样的错误

有趣的是,就在60年前,罗斯福总统犯了与桥本首相在1997年犯的同样的错误。为了扭转胡佛总统错误的经济政策,新任的罗斯福总统在1933年推行"新政",试图通过采取激进的财政政策来重塑美国经济。虽然这些政策的推出带有随机性,缺乏连贯性和一致性,但罗斯福却在1933年到1936年间几乎将联邦支出扩大了一倍。② 直到4年后的1937年,部分经济指标才或多或少地恢复到20世纪20年代的水平,但当时美国的失业率仍然非常高。

由于罗斯福相信经济正走向复苏之路,而且过大的预算赤字是一件坏事,于是他犯了一个错误——试图削减1937年度的财政赤字。"报应"马上就来了——经济崩溃了,股价再次跌至之前水平的一半,工业产出下滑了30%,失业率如火箭般飙升。

罗斯福震惊之余迅速调整了其财政政策,但是,破坏已经产生。后来再次耗费了大量的时间和精力进行经济创伤的二次修复。美国经济一直到1941年才再次呈现出复苏的迹象,当时日本偷袭珍珠港以及"二战"的阴云迫使美国政府成倍地增加其支出。

1997年2月,也就是在桥本政府启动修复财政政策之前的两个月,我在与藤田茂(Shigeru Fujita)合作的一篇文章里,通过研究美国1937年的经验,提出了过早实施财政紧缩政策存在的风险。③ 尽管这篇文章没能阻止桥本政府从1997年4月开始增加税收、减少支出,但正如我在文章里预测的那样,经济崩溃的事实引起了包括媒体和政府在内的多方关注。这反过来又让我"屈尊于"自民党政策制定的核心圈子,使得我有机会在财政政策和银行改革领域提出若干建议。

削减财政刺激将进一步增加预算赤字

在日本,"优先修复财政"政策有着大量的支持者,包括财务省(MOF)的前官员们。他们坚持修复财政的政策,而对实体经济毫不关心。这样的人是如此之多,我们有理由怀疑如果这些人不如是说,那么他们在退休之后可能无法在私营部门或半私营部门谋得一个收入可观的工作。(第四章将阐述为什么会如此。)

但是,桥本首相在其1997年启动的修复财政的紧缩政策的指引下,试图将1996年的预算赤字大幅削减至22万亿日元。这仅仅是当前30万亿~35万亿日元预算赤字的2/3,可是桥本政府觉得1996年的财政预算赤字还是太高了。

政府鲁莽举动的后果导致了经济灾难,GDP增长率开始从1996年4.4%的高位回落,在1997—1998年持续了5个季度的负增长。崩溃的经济导致税收收入严重下降。截至1999年,在税收收入减少和为了维持经济稳定而增加财政支出的双重压力下,赤字已经上升至37万亿日元的规模。消费税和社会保险金负担的增加、特种税削减制度的取消,以及拒绝追加重大补充预算的举动,共同推动预算赤字膨胀了68%,而非如计划的那样缩减15万亿日元。强加给民众的"痛苦"和"牺牲"只是造成了更大的社会创伤,而无助于恢复经济和财政的平衡。正如图2-2所示,经济增长在下降,赤字在增加。

与此同时,财务省的官员们仍然拒绝承认他们在1997年犯的错误,始终坚称,除1997年第二季度外(当时桥本政府增加了消费税),第三季度的消费同比回升,经济恶化是由于外部的其他原因——诸如亚洲金融危机——导致的。但是,正如东京大学的八田达夫教授所指出的那样[①],仔细研究1997年第三季度的消费统计数据就会发现,只有食品领域出现了较大的增长。这主要是由1996年O-157大肠杆菌恐慌导致的低基数效应引起的。受到消费税提升冲击最直接的耐用消费品的销售额在第三季度如期下降了,这证明了当时采取的财政紧

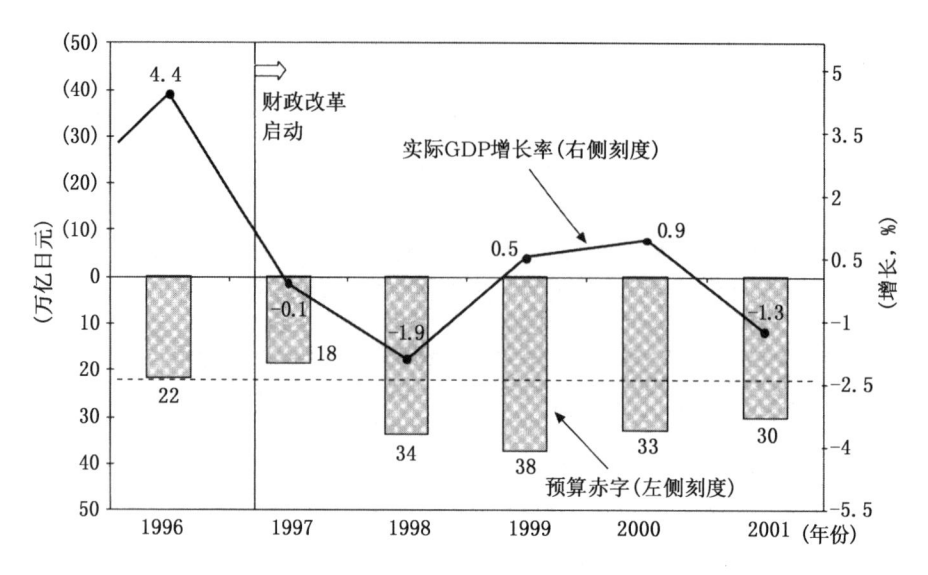

说明：2001年以前的数据是以国民经济核算体系为基础的，基准年为1968年。

资料来源：财务省；内阁办公室。

图 2－2　1997 年不合时宜的财政改革实际上增加了预算赤字

缩政策使经济严重下挫。

如前所述，在资产负债表衰退期间实行的修复财政的紧缩尝试，注定会将经济推入恶性循环之中。这样的举动将会导致经济恶化，削弱金融体系，进而导致预算赤字的扩大，而不是缩小。

即便是在 20 世纪 30 年代的美国，预算赤字占联邦支出比例的高点并不是发生在罗斯福推行新政的那一年，而是在 1932 年，当时总统还是胡佛。那一年，由于税收收入锐减，60％的联邦支出必须通过赤字来进行融资。[⑤]税收收入的崩溃主要归咎于胡佛总统——一个平衡预算信念的坚定信仰者，他拒绝考虑采取大规模的财政刺激以稳定美国经济。日本和美国的所有经验都表明，在资产负债表衰退期间，财政手段可以为经济提供至关重要的支撑，这些措施不应当被弃之如敝屣。

财政政策的积极主动，胜过滞后迟缓

在发生资产负债表衰退时，财政手段动用得越早，最终的预算赤字就会越小。财政刺激的延误会导致衰退变得更为严重，同时，股票市场也会因此崩溃。如果在经济和股市都崩溃了之后再寻求财政刺激的话，由于受到的创伤更大，所以将会需要巨额支出才能见到疗效。在先前的例子中，在经济从1 000日元收缩到900日元，进而再到810日元诸如此类的过程中，如果政府从一开始就实行100日元的刺激政策，那么经济活动将会维持在1 000日元的水平。两年刺激下来，需要200日元的预算赤字，就能将经济维持在2 000日元的水平。

如果政府是等了一年以后才采取行动，那么，经济将会收缩到810日元的水平。这就意味着只有当刺激的规模达到190日元时，经济才能恢复到1 000日元的初始水平上，两年下来，经济总量的加总是1 900日元。这就意味着经济活动中的100日元的财富永久地消失了。换言之，预算赤字和经济活动损失的总和是290日元。显然，晚采取政策比政府从一开始就采取积极的干预政策多损失了90日元，即45%。有人会争辩说，第二种情况下的财政刺激成本少了10日元；但是，在现实世界中，一般来说，第二种情况的预算赤字会大得多，原因是疲软的经济总是会导致税收剧烈萎缩。

除了小渊内阁（1998年7月到2000年4月）的第一年之外，日本的财政刺激政策已经成功地帮助企业修复了其资产负债表，同时保证了经济的平稳运行，但是其政策缺乏先发制人的主动性。每次施行的新财政措施总是"滞后"。也就是说，只有在观察到了经济体明显的疲软迹象之后才会动用财政政策。这也就意味着产生了大量不必要的赤字，而经济由于"只进不出"的储蓄，从而造成了永久性损害。在资产负债表衰退的进程中，经济可能因未被填补的紧缩缺口而陷入恶性循环，保守的财政政策通常是低效、浪费的。

在这种类型的衰退环境中，积极主动的财政政策对保持经济平稳运行和最小化救助成本(即预算赤字)至关重要。在资产负债表衰退过程中,政策制定者最不应该做的就是过早地退出财政刺激政策。我们已经知道,在1997年的日本(以及1937年的美国),由于过早地退出财政刺激政策,可能会导致经济立即崩溃,税收减少,预算赤字不减反增。

一旦资产价格跌至合理水平,那么坚定地执行积极主动的财政政策将有助于经济进入良性循环,并且可以大大缩短私营部门修复资产负债表所需的时间。虽然在1996年和2000年,日本实际上有两次进入这种良性循环的机会,但都被不顾经济实际情况而执意削减预算赤字的大藏省搞得一团糟。关于这一点,我们会在第四章做进一步的讨论。

令人遗憾的是,固执己见的日本政策制定者们没有足够的灵活性,未能意识到上述情况。如果他们尽早采取行动,就能尽快地缓解人们的恐惧和市场的担忧,并最小化救助成本(即预算赤字)。

财政刺激会导致市场崩盘吗?

最近,一群学者和财务省前官员又开始旧调重弹,前者是对市场一无所知,后者则是拒绝倾听来自市场的声音且喜欢行政干预,他们都认为继续增加财政刺激将会导致市场崩溃。他们的论调可以分成几类不同的观点。

首先,如果实行财政干预,那些押注于小泉内阁的结构性改革的投资者会感到失望,投资者会认为政府事实上已经放弃了结构性改革。但是,自小泉内阁成立以来,股价持续下跌而非上涨。事实上,从小泉政府上台到美国2001年"9·11"事件发生之间的4个月中,日本股市的市值已经损失了100万亿日元,即跌了26.4%。与媒体和分析师对小泉改革议程的热捧不同,日本股票市场上的投资者选择了逃离市场,因为他们知道日本正处于一个资产负债表衰退的过程中,小泉政府的改革只会使情况变得更加糟糕。这意味着没有太多投资者把钱押在小泉的结构性改革上。

其次,更重要的是,这些学者并没有意识到,如果经济像 1997 年财政改革期间那样走向崩溃的话,那么,无论政府如何强力推进结构性改革,市场唯一的反应就是"抛售日本"。这是很自然的事,因为没有任何人会在经济未见底的时候买入日本资产,日本资产的未来收益率也变得让人难以预测。

这正是 1997 年桥本首相试图削减预算赤字时日本所发生的事情。资本大规模外逃令人震惊,同时造成日本股票市场和日元汇率双双大跌,形成了被市场俗称为"抛售日本"的风潮。当小泉上台之后坚持推进财政改革,市场也表现出了同样的反应。2001 年,日本股市和日元汇率同时暴跌,与 1997 年一样,市场上再次充斥着"抛售日本"的言论。

对于投资者特别是国外投资者来讲,购买日本资产的一个首要前提是日本经济是稳定的或者是扩张的,否则就无法恰当地预测资产未来的收益率。只有当经济稳定到一定程度之后,投资者才会重新审视哪些公司在重组方面取得了进展,哪些公司开发了令人激动的新产品。因而在资产负债表衰退时,财政措施不仅需要稳定宏观经济,还需要稳定资产价格。

积极有为的财政政策提升了 200 万亿日元市值

反对财政刺激政策的另外一种说法是,继续采取类似的财政措施会造成日本长期债券收益率快速上升,从而给持有大量日本政府债券(JGBs)的日本金融机构造成巨额资本损失。这种观点认为,持有债券的资本损失将对日本金融机构造成致命的打击。过去 10 年的经济衰退和资产价格下跌已经严重削弱了日本金融机构的实力。

当经济好转的时候,利率上升是一件很正常的事情。由于担心过高的利率对金融机构造成损害因而应当容忍经济陷入萧条,这完全就是舍本求末的观点。而且,这种论调忽视了一个事实:当财政措施能有效地提振经济时,股票和其他资产价格将会上升。一个稳健的经济将增强银行实力,同时也会降低不良贷款率。

小渊内阁在1998年7月上台时的口号是"我不会同时追逐两只野兔"，意思是小渊内阁不会在刺激经济的同时试图平衡预算。日本股票市场在1998年10月15日达到了泡沫破灭之后的最低点，小渊内阁随即推出了一系列大规模追加预算的刺激计划，从那天起到小渊去世（2000年4月2日）为止，整个股票市场市值增加了约213万亿日元。在1998年10月，金融机构持有公开发行股份总额的14.5%，银行的资本利得在此期间差不多达到了213万亿日元的14.5%，即31万亿日元。

与此同时，日本国债收益率从0.845%上升到了1.775%。在1998年10月，金融机构持有43.7万亿日元的日本国债，自那时以来，利率上升导致的资本损失约为3万亿日元。换句话说，正是由于小渊内阁积极有为的财政刺激政策，日本金融机构在扣除债券收益率上升带来的资本损失后，获得了28万亿日元的资本收益。经济因健康运行带来的收益，是债券价格下跌带来的资本损失的10倍。一个更加健康的经济同时减少了不良贷款出现的频率，惠助房地产价格保持稳定。

总的来说，通过积极的财政政策改善日本经济和银行所带来的好处，远大于其他方面。仅仅纠结于金融机构持有债券头寸的损失并无任何意义，尤其是当这些金融机构持有的其他资产实际上将会更大地受益于整体宏观经济好转的时候。

安德鲁·梅隆与竹中平藏

迄今为止的实践经验表明，在资产负债表衰退期间，力主推行修复财政的紧缩政策是非常鲁莽的。这样的观点直接给小泉政府所主张的"无改革，无复苏"的立场造成了难堪。

在美国，1929年股价泡沫导致经济迅速恶化从而陷入大萧条。但是，胡佛政府仍然作壁上观,没有提供任何财政刺激支持。他认为,管理不善才是银行和企业接连倒闭的原因。胡佛不仅坚信预算平衡的重要性,而且也是我们所说的"结构性改革主义者"。

胡佛得到了当时美国财政部长安德鲁·梅隆的坚定支持。梅隆宣称:"劳动力市场、股票和房地产市场的出清……将会剔除经济体中腐朽的成分……回归价值,企业家会重整旗鼓……"⑥在小泉政府中负责经济财政政策制定以及金融厅(FSA)的竹中平藏与梅隆的观点类似。其理念是通过剔除经济体中的陈腐因素,即企业部门的不良贷款和无效部门,从而推进结构性改革。

每个人都知道,正是由于胡佛总统坚持预算平衡并默许陷入困境的企业和银行破产,才使得美国经济陷入萧条。以至于美国经济在大萧条的泥潭中越陷越深,股票市场跌至峰值水平的1/10,失业率高达22%,许多大城市失业率甚至高达50%,GDP缩水了一半。梅隆的政策建议只会扩大危机对社会的损害,对解决问题毫无帮助。胡佛当局并没有意识到,人们实际上都在做正确和负责任的事情,只是都被卷入了巨大的"合成谬误"旋涡之中。

此外,由于允许银行破产,信用创造机制在这种情况下失灵了,从而将整个经济推入萧条之中。甚至作为财政激进主义政策强烈反对者的货币主义学派代表人物米尔顿·弗里德曼都指出:当时的货币当局允许银行破产是一个巨大的错误。⑦

我很难理解,为什么近期一大批包括竹中平藏在内的改革者,不顾美国70年前大萧条的惨痛经历,"一根筋"地追求"痛苦的"政策,即使这只会加深社会的痛苦,并造成银行和公司的破产。

进言之,事实已经证明,结构性改革并不能替代财政政策给经济带来有效的支撑。1997年,时任美国财政部副部长劳伦斯·萨默斯在桥本当局实施财政紧缩之前就明确指出,尽管结构性改革非常重要,但它并不能替代宏观经济政策。萨默斯全面分析了日本经济,并于1996年夏天断言日本经济已经处于资产负债表衰退之中了,尽管他使用了"经典(20世纪30年代前)信贷周期"一词。基于这一分析,萨默斯在1997年提出:任何试图减少预算赤字的举措,将会完全摧毁日本经济。

但是,桥本和大藏省的官员们对萨默斯的警告置之不理,认为日本经济并不会因为缩减财政支出而停滞,对风险的担忧根本不值一哂,因为结构性改革和放松管制将大幅增加需求。IMF同样也支持桥本政府。不幸的是,萨默斯的担心最终被证明是正确的。

萨默斯从美国里根主义经济学的实践中得知,无论在何地进行结构性改革,其成效也许需要5~15年这样的长时段才能显现出来。在里根主义经济学提出10年之后出任总统的比尔·克林顿,是里根政府时期供给侧改革的最大受益者。萨默斯也知道在20世纪30年代的美国,媒体上也充斥着要求结构性改革的呼声,就像今天的日本一样。而问题真正的根源在于资产负债表衰退和总需求疲软。

普林斯顿大学的保罗·克鲁格曼也发表过类似的观点。在2001年4月的一篇论文中,克鲁格曼教授引用了美国20世纪30年代的案例,质疑了"结构改革优先"的观点。克鲁格曼认为,当经济体饱受总需求萎缩之苦时,在"结构改革"名义下实行的导致失业和破产的政策,不可能对日本经济的恢复有任何助益。[8]

尽管上述这些警示基于历史的教训,但是当下的小泉政府仍然在重蹈4年前桥本政府的覆辙,同样这也是胡佛当局在70年前的美国曾经犯过的错误,即试图在资产负债表衰退的过程中限制财政刺激规模。

正确的政策,错误的承诺

那么,为什么财政刺激政策在日本如此不受欢迎?有两个可能的原因。首先,"无论谁阻止了危机,都不会成为英雄"。除了1997年和1998年的财政紧缩时期之外,自民党最近10年的财政政策使日本成功地摆脱了萧条的风险。结果,在此期间,日本公众对自己曾经身处经济灾难的边缘却浑然不知。

而且，在应对危机10年之后，人们开始认为这种情况是理所当然的。换句话说，人们认为，既然花费了140万亿日元之后却什么都没发生，那么钱一定是被浪费在了一些最无用的项目上。可是，正如前面所提到的，事情的真相是，如果没有那140万亿日元的支出，日本经济早就陷入萧条之中了。

生活的可悲之处在于，英雄出场之前必然有一场危机。在好莱坞的电影里，英雄总是出现在一个灾难性事件发生之后。一个人如果在危机发生之前就阻止了危机的发生，那在别人看来他就不是英雄，因为人们从来不知道他做了什么，也不知道他们离危险是有多近。这应当是记者和分析师的责任，向公众阐述相关的背景信息，使得公众能去感激没有博得英雄美名的人所做的一切。不幸的是，我们看不到这样的分析报道。因此，日本的普通大众并不知道原来自己是多么幸运。

其次，财政刺激之所以声誉不佳，可能是政治家自身存在问题。由于没有意识到经济身处资产负债表衰退之中，面临选举压力的政治家往往会宣称，只要采取进一步的财政刺激，经济就会转好。无须多言，当实施财政刺激的时候，经济就会转好；但是，只要企业继续偿还债务，一旦财政刺激的效用减退，经济就会再次恶化。由此，就需要实施另一个财政刺激方案，政治家们再次宣称，他们的一揽子刺激计划将会使得经济走上自我复苏的道路——之后的戏码又如此循环下去……

由于经历了长期的等待后，公众并没有看到所谓的经济自我复苏，人们自然就会产生一种一直被欺骗的感觉，钱都被用在一些最无用的项目上，目的就是获得政治上的支持。尽管一再刺激，但经济仍毫无起色，背后的根源是资产价格下跌幅度甚巨，以至于一两年的时间所偿付的债务，对大多数企业修复其资产负债表而言根本就是杯水车薪。由于没有意识到不采取财政刺激政策可能会导致的后果，公众开始相信，无论采取什么样的刺激手段，经济都不会有任何起色。

事实的真相却是，除了政策总是具有的滞后性之外，财政刺激政策本身总是正确的，但选举承诺却最终搞砸了。之所以会出现这样的结果，是因为大多数政治家和媒体没有意识到,日本经济正处在一场资产负债表衰退中。虽然不理解为何如此是不幸的,但这也比承诺像是真理而政策总是犯错要好得多,因为如果做错了,那经济的复苏也将无从谈起。

如果政府从一开始就解释说,复苏至少需要10年,因为需要大量时间来修复全国的资产负债表,人们就会对此加以理解。毕竟,人们在偿还债务。当他们意识到,如果每个人都试图同时偿还债务,对商品和服务的需求就会下降,经济就会萎缩时,就会明白财政刺激的必要性。一旦人们意识到,修复因商业地产价格下跌85%而损坏的企业资产负债表需要数年时间,他们就会形成相应的预期。

遗憾的是,执政党从来没有向公众解释过以上情况。由于缺乏理解,大部分公众对传统的政治技巧和经济措施产生了一种强烈的不信任感。由于这种不信任感,使得公众寄希望于承诺采取不同于以往的新的改革措施的小泉政府。例如,颇具改革思维的小泉政府对新发行的日本政府债券设置了一个一年30万亿日元的债务上限。从经济学的角度看,这是毫无意义的。事实上,小泉政府曾经试图将年度财政赤字规模控制在30万亿日元以内。

毫无疑问,当家庭部门产生而企业部门拒绝借贷的储蓄数低于30万亿日元,那么小泉政府限量发债的政策是没有任何问题的。不幸的是,事实并非如此,特别是面对着全球经济增长放缓的时候。因此,限制财政灵活性的政策导致了经济体中仍然有5万亿~10万亿日元的通缩缺口未能弥补,这将日本的经济再次推入恶性循环之中。

1997年,作为强烈支持桥本政府实行旨在修复财政的紧缩政策的竹中部长,在一次我也参加了的座谈讨论会上,也承认桥本的经济政策实施得过早了。然而,最近,竹中一直在积极鼓吹结构性改革和放松管制将显著地增加总需求,而不是通过扩大财政支出达此目的。他将会走上6年前将日本经济带入灾难境地的同一条道路。有一个说法"灾难过去了,上帝就被忘记了",难以理解同时又是非常不幸的是,我们看到竹中正在重复6年前给日本经济带来灭顶之灾的错误。

李嘉图等价定理在日本并不成立

包括经济和财政政策大臣竹中在内的改革派人士始终坚称,经济的疲软是由于日本人民对未来感到担忧,因而他们宁愿存钱,也不愿花钱。他们宣称,人们担忧巨额预算赤字,只有当消除了财政赤字之后,人们才会重新开始支出,经济才会重新复苏。在经济学中,这被称为李嘉图等价定理。该定理的主要内容是:由于政府赤字融资增加了人们对未来加税的担忧,人们就会削减支出以及诸如此类的开支。因此,这反过来会抵消财政政策的效果。

根据这一观点,他们声称,伴随着痛苦巨大的改革,是消除人们对未来担心的必须手段,这也正是小泉政府所要实现的目标。尽管数据(如图1-2所示)显示是企业部门而不是家庭部门应当为1990年以来经济戏剧性的变化负主要责任,但小泉政府,特别是竹中大臣却刻意忽略这一事实,仍然认为经济的疲弱应主要归咎于家庭支出减少。

如果被问及,每个人都承认会对未来有着某种程度的担忧。然而,图1-2显示,企业部门试图修复资产负债表的努力,导致了企业融资需求出现一定程度的萎缩,其影响相当于10年前GDP的14%,而个人储蓄在此期间几乎没有变化。(2000—2001年储蓄实际上有所下降。)

如果包括竹中在内的财政改革派的观点是正确的,日本民众真的担心当前的预算赤字,那么他们从财政大量盈余的1990年到深陷财政赤字困扰的现在,其间的储蓄应当是迅速增加才对。但是,对未来税收增加的担心并没有影响到个人的储蓄行为。在过去的10年里,储蓄行为一直没有出现大的变化;反观那些没有理由对未来预算赤字担忧的企业部门,其行为却发生了巨大的变化。

如果家庭部门由于担忧未来税收增加,而导致家庭部门储蓄与政府预算赤字同步扩张,那么,削减预算赤字将会导致储蓄下降和消费增加。而实际情况是,无论是在预算盈余时期还是预算赤字时期,人们的储蓄行为根本没有改变,这就表明李嘉图等价定理在目前的日本并不成立。因此,削减预算赤字并不能够减少储蓄进而促进消费。

仍需追加5万亿～10万亿日元填补缺口

人们真正担心的并不是预算赤字,而是其雇主在修复资产负债表期间他们自己工作的稳定性。如果是这样的话,为了消除恐惧、改善经济,政府应该尽快帮助企业修复其资产负债表,以便于企业重新开始采取前瞻预期行动。

事实上,必须采取财政刺激这一判断无关道德,同时也不是出于反对改革的情绪。财政政策必须实施的真实原因是:家庭部门正在储蓄,而企业部门却停止了借贷。这一事实必须向日本国内外的每一个人解释清楚。如果政府不能与民众分享这一事实,那就会给公众留下为用钱而用钱的印象,反赤字阵营的人们总有一天会猛烈抨击政府无心改革、过度保守。这样的抨击会削弱财政刺激政策的效果,特别是其公告效应。因此,最为重要的是,政府一定要向公众充分解释,财政政策是基于对经济的正确理解而制定的,并没有受到来自建筑公司和其他利益团体的压力。如果无法做到这些,政府和经济都将付出沉重的代价。

从某种意义上说,2001年之前日本经济都是非常幸运的。美国的互联网泡沫使得日本对美国的出口有所增加。同时,向美国出口的其他亚洲国家也加大了对日本零部件的采购力度,日本因此获益甚多。出口之所以受欢迎,主要是因为出口有助于弥补家庭部门与企业部门之间的资金供需缺口。确实,如图1-2所示,在与日本发生双边贸易的国家中的外国部门,在后泡沫期间以经常账户赤字的方式持续地借入了相当于GDP 2%～3%的资本。

可是,现在的美国经济显露疲态,到处都显示出资产负债表衰退的征兆。正如前文所述,美联储——美国的中央银行——从2001年初开始就12次降低利率,当前的短期利率之低是20世纪50年代以来所未见的。但是,低利率并没有刺激起企业对资本的需求。

如果美国经济仍在忍受互联网泡沫破灭所带来的痛苦,那么,日本就不能指望能够长期依赖外需(对美出口)来弥补通缩缺口。因此,我们必须实施一系列组合刺激计划用于抵消这个因素,以防止日本经济跌入低谷。这就意味着仍需追加5万亿~10万亿日元的巨额预算用于必要的财政支出,这将能够填补内需的疲弱以及美国需求下滑带来的缺口。

低增长带来的另一次资产负债表调整

最近,日本经济在经历了长期波澜不惊的衰退之后,在企业层面正出现另外一种资产负债表的修复。更准确地说,企业已经学会了即使在连续数年经济零增长或负增长的情况下,也能维持运营。在零增长或者负增长的经济环境中,尽可能地减少负债是企业的生存之道。

直到20世纪80年代,日本企业的许多融资决策是基于经济高增长预期而做出的。与欧美企业相比,日本企业具有更高的杠杆比率。(换言之,负债远超股本权益。)回到20世纪80年代,在全球许多管理学家推崇日本管理模式的同时,一些人批评日本企业财务的高负债比率。确实,在80年代早期,日本企业的杠杆比率几乎是美国同类企业的5倍,如图2—3所示。

但在这段时间内,日本企业仍然持续强劲增长,国内资产的价格不断攀升。由此带来的结果就是,穆迪和标准普尔给予日本企业非常高的信用评级。换句话说,在资产价格更快地上升的时候,高杠杆的风险并没有暴露出来。

然而,资产价格泡沫的破灭却将日本企业的资产负债表戳开了一个大洞,接踵而至的是众多企业尝试修复其资产负债表所带来的"合成谬误",这导致了日本经济从高增长跌落到了零增长的境地(即使是零增长,也应归功于财政刺激政策的支持)。并且,这种低增长持续了十多年,这是由于政策的断断续续所造成的。

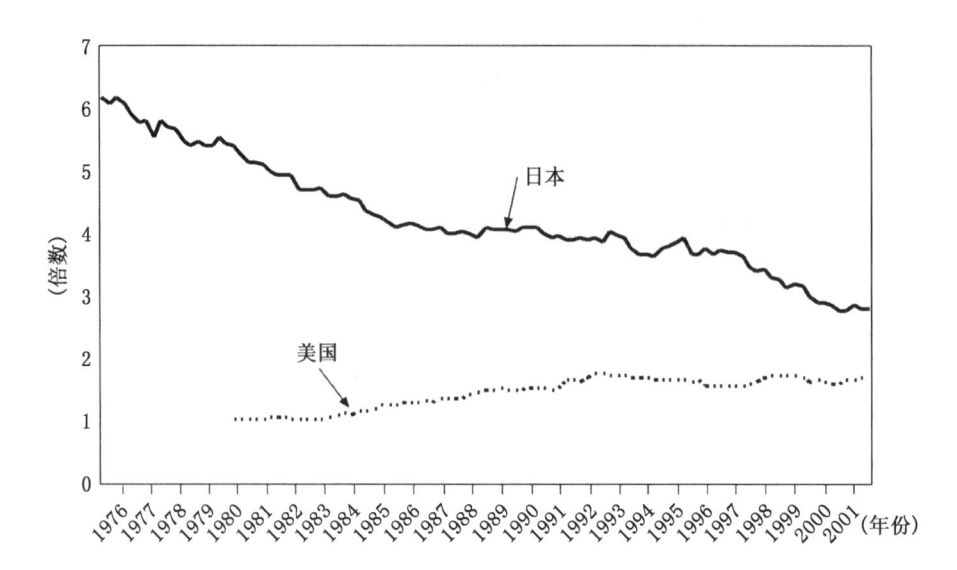

资料来源：财务省，《各行业企业季度财务报表统计》；美国商务部，《制造业、矿业和贸易公司季度财务报告》。

图 2—3　日本企业的杠杆比率仍高于美国企业

长期的低增长，使得企业的高管们不得不对企业进行重组，以便于即使在低增长的环境下企业也能幸存，企业不敢再奢望过去的高增长会马上重返日本。当这些情况发生的时候，高杠杆的问题就显露了。当整体经济维持零增长甚至是负增长时，使用高杠杆是极度危险的。毕竟，高负债的企业相比于低负债的企业，破产的风险会高得多。

健康资产负债表的再定义

由于长期的低增长，人们对于健康资产负债表的认知也随之改变。这意味着，即使资产负债表恢复到了泡沫前的健康水平，企业也不会停止偿还贷款，而是会继续偿还债务直到杠杆水平降低，以适应低增长或者零增长的经济环境。这或许可被称为"资产负债表的另类衰退"。

日本企业的平均杠杆比率与从前相比，已经明显大幅下降，但仍然比美国公司高 1.7 倍，即使美国企业在过去的几年里也在不断提高其杠杆水平。

当然，在任何一个国家，企业的杠杆比率受到这个国家直接或者间接融资的历史、税法甚至利率水平等多个因素的影响。即便如此，也很少有日本企业希望回到高增长时期的那种杠杆水平。这也是日本企业在相当长一段时间内仍将面临偿还贷款压力的另一个原因。

目前，日本经济已经步入成熟经济体之列，其潜在增长率已经下滑，从某种意义上而言，日本企业将不可避免地经历去杠杆化。而且，我们可以看到，日本经济很难再现战后那段高速增长的辉煌一幕，那是一个资本非常短缺的年代。从这个角度看，日本的公司必然会调整其资产负债表，以适应新时代的到来。客观来说，日本当前正处于这个过渡过程的中间阶段。

商业界的通病是存在矫枉过正的风险。企业可能过度悲观地基于当前零增长的预期来设定自己认为合适的杠杆比率。如今的日本经济，每个人都在偿还债务，虽然离企业还清债务的常态相距甚远，但是合成谬误将由此消失。那意味着一旦资产负债表问题被修复完毕，日本经济将重回较高的增长轨道。

如果企业认为零增长或者负增长将持续下去，那么，当合成谬误的风险消除、经济重回较高增长时，这些企业将错失重新出现的发展机遇。为了防止企业过度去杠杆化，因而尽快恢复合理的增长是当务之急；否则，企业管理层过度去杠杆化的行为可能进一步促成合成谬误，使得经济复苏更难实现。

资产负债表衰退何时才会结束？

图 2-1 显示了当今日本公司负债水平与过去趋势的对比。图中有息负债的过往趋势线反映了日本企业在泡沫之前有息负债的增长率。因此，趋势线反映的是 1969—1986 年所有上市公司以及 1975—1986 年所有公司趋势的延伸。

图 2-1 显示，不管是上市公司还是所有公司，债务的暂时膨胀过程已经

彻底停顿下来，企业正在努力将债务减少到以前的水平。事实上，从所有公司的角度而言，有息负债余额已经回归到了过去的趋势线上。这就意味着日本企业已经成功地消除了泡沫期间积压的债务，债务水平已经回归到了泡沫之前的状态。

虽然结果显示债务偿还的举动应该很快就会结束，但必须注意到，这里显示的过去趋势线也包含着资产价格应当以泡沫前的增长率递增的含义。这就意味着，如果1986年到现在的资产价格增长率与1969—1986年的资产价格增长率相同，那么企业的偿债举动的确应当停止。

不幸的是，实际资产价格已经跌至远低于趋势线的水平。一些甚至跌落到了20世纪80年代初期的水平。这意味着，即使企业已经压缩了其债务水平，但由于资产价格实在太低，企业仍然对资产负债表的状况感到不安。换句话说，在没有明确考虑资产价格的变动趋势的情况下，很难从图2—1中判断企业何时会停止偿还债务。

公布的GDP数据，实际上包含了各部门以当前价格计价的资产和负债情况，虽然这些数据是在正式的GDP数据公布很多年以后才发布的。根据最新披露的2000年数据，我们通过所获取的企业部门的数据，将净资产与总负债之比作为衡量企业财务健康水平的指标。我们称之为净财富比率，然后与其泡沫前的平均值进行比较。结果如图2—4所示，企业部门在重返财务健康方面取得了巨大的进步。因为计算是基于2000年的数据，所以上述结果表明，如果收入水平和资产价格并没有同期变动，那么债务负担应该很快会被消除。[9]到那时，企业应该已经停止后向预期，转而开始前瞻预期了。

然而，要做到这一点，财政政策必须为经济提供强力的支撑，以使得收入和资产价格不会低于2000年的水平。这也表明，从泡沫产生前开始，日本企业理想的杠杆比率并没有变化。

不幸的是，由于桥本政府从1997年4月过早地开始削减预算赤字，4年后的小泉政府又一次过早地停止了刺激措施，两次政策失误导致了2001年连续3个季度的负增长，同时伴随着资产价格暴跌。仅就股市而言，自小泉政府上台

图 2—4 日本企业净财富比率

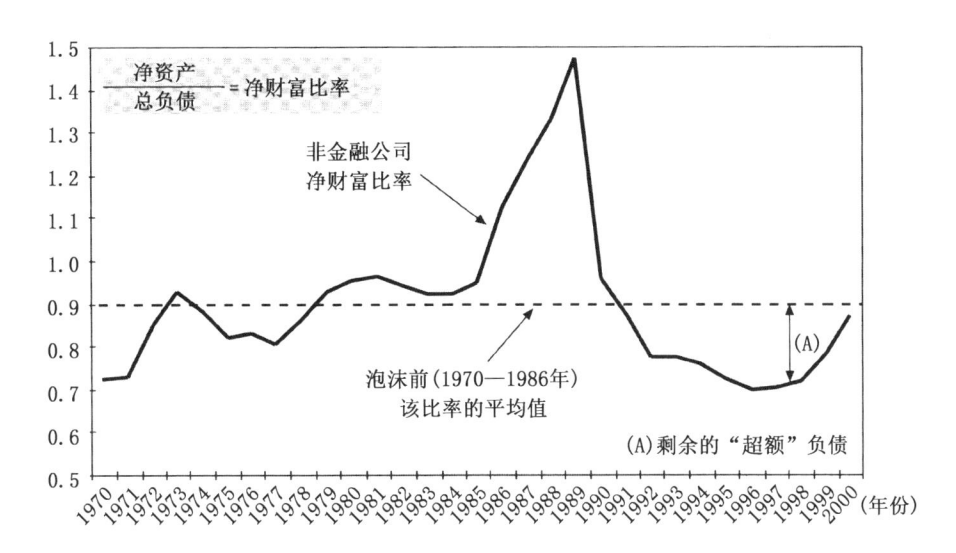

资料来源：日本内阁府，《2002年国民经济核算年报》。

以后，市值损失就超过了 120 万亿日元。

并且，由于经济增长持续放缓，日本企业正如前文所讨论的那样在试图降低杠杆水平。这一状况使得人们很难预测，究竟什么时候企业才会真正对其资产负债表感到满意。

即使已经取得了很大的成绩，但是，由于小泉政府默许经济和资产价格大幅走弱，债务负担可能在 2003 年以后的几年里还无法消除。从某种意义上而言，小泉政府是一直在逼迫一个病人去跑马拉松，而不是让他休养生息以便恢复体力。病人的康复自然就被耽误了。

日本正在进行一场历史性的试验

在现代史中，日本是唯一一个财富损失超过美国大萧条时期却仍然没有陷入萧条的国家。

无论如何,在经历了巨额的财富损失之后仍能维持零增长,的确是一项伟大的成就。从这个意义上说,日本正在进行一场历史性的试验,试图验证在资产价格大幅缩水之后,通过迅速而持久的财政干预是否能够保持经济运行,帮助日本企业修复资产负债表。

诚然,在20世纪30年代,德国和后来的美国通过财政措施克服了大萧条,这些案例曾在凯恩斯主义经济学范畴内加以讨论。但是,日本是第一个在危机之初就启动财政干预,从而避免经济陷入萧条的国家。虽然不是有意为之,但是,日本的历史已经清楚地证明了,如果从一开始就采取相应的财政对策,那么即使泡沫扩大并破灭,经济也能避免陷入萧条,私营部门也能够集中精力修复其资产负债表。

由于资产价格跌落的幅度是如此之大,以至于到目前为止我们仍然需要削减巨大的债务。然而,日本在危机之初采取的财政刺激政策有效地维持了企业的收入水平,从而帮助企业修复了其资产负债表,这对于当前陷入资产负债表衰退之中的美国和其他许多国家有着强烈的借鉴意义。

虽然日本在宣称自己试验成功之前,仍需要克服许多巨大的障碍(这些障碍将会在本书的后续章节中进行讨论),但是,迄今为止,日本取得的成就令人印象深刻。此外,从全球经济利益的角度看,这样的试验也不应当被过早地放弃。

注 释

① Bank of Japan,"Japan's Nonperforming Loan Problem,"October 11,2002,p. 1.

② Executive Office of the President, *Budget of the United States Government*, *Fiscal Year 2003*, Historical Tables, Section 1, "Overview of Federal Government Finances," Table 1. 1: Summary of Receipts, Outlays, and Surpluses or Deficits: 1789—2007. http://w3. access. gpo. gov/usbudget/fy2003/hist. html.

③ Richard C. Koo and Shigeru Fujita,"Listen to the Bond Market for the Timing of Fiscal Reform (*Zaisei Saiken no Jiki wa Shijyo ni Kike*),"*Shukan Toyo Keizai*,February 8,1997,pp. 52—59.

④ Tatsuo Hatta,"Book Review: A Study on Current Japanese Economic Policy (*Gendai Nihon Keizai Seisaku-ron*,by Kazuhide Uekusa),"*Shukan Toyo Keizai*,December 15,2001,p. 58.

⑤ Executive Office of the President,*op. cit.*

⑥ Paul Krugman,"Purging the Rottenness,"*The New York Times*,April 25, 2001.

⑦ Milton Friedman and Anna Jacobson Schwartz,*The Great Contraction 1929—1933* (First Princeton Paperback Edition,1965),pp. 61—63.

⑧ Krugman,*op. cit.*

⑨ 参见 Richard Koo,"Good Budget Deficits vs. Bad Budget Deficits(*Yoi zaisei akaji,warui zaisei akaji*),"pp. 93—99,for details of the calculation. Richard C. Koo and Shinya Nakamura,"The Japanese Economy Entering the Second Stage of Balance Sheet Recession (*Dai2 dankai ni haitta Balance Sheet Fukyo Nihon no Yoake wa Chikai*),"*Shukan Toyo Keizai*,December 25,1999, pp. 66—71.

第三章

当今日本的货币政策失效

针对银行的量化宽松无法改善经济状况

在日常的世界里,政府可用的刺激措施绝不仅限于财政政策。的确,在大多数现代经济学文献中,认为货币政策而不是财政政策应该作为政府应对经济波动的主要调控工具。在今天的大学校园里,人们对20世纪30年代大萧条的记忆正在迅速地消退,货币主义者认为,货币政策是对抗经济周期的最有效的手段,这一观点已经成为主流思想。

货币主义者认为,货币政策是控制经济波动的最有效的工具,而财政政策以及由此产生的增加未来的税负,在很大程度上是无效的。由于小泉内阁从一开始就宣扬财政政策的无效性,必须削减预算赤字,因此对货币政策寄予厚望,冀望其能扭转经济颓势。

例如,2001年10月,经济与金融顾问委员会推出了"英勇无畏的经济政策",该委员会下的一个顾问小组建议小泉首相要求日本央行采取"恰当的措施",并频繁提及"量化宽松"。[1]竹中平藏经常出席日本央行的政策研讨会,并一直要求日本央行进一步放宽货币政策。他甚至威胁说,如果日本央行不执行政府的指令,那么将剥夺日本央行的独立性。日本国内外的众多评论员也一再表示:如果日本央行能采取更为激进的政策,那么日本经济将会复苏得更快。

然而,将日本经济衰退归咎于日本央行,是源于未能真正理解资产负债表衰退这一情况。在这种半个世纪才发生一次的罕见的衰退中,货币政策几乎是无效的。

我是在纽约联邦储备银行——美国的中央银行——以经济学家的身份开始我的职业生涯的,我非常不愿意承认央行的能力极为有限。然而,在今天日本所处的经济环境中,货币政策几乎完全无效。例如,在过去的10年里,不论降息幅度有多大,不论向金融机构注入多少流动性,经济几乎对货币政策的变动没有任何反应。因为这个问题与如何解决不良贷款直接相关,所以我想详细地讨论一下这个问题。

史上最低利率也不能刺激企业的融资需求

货币政策无效有充足的理由。货币政策有效的前提是:私营部门中必须有很多人能对央行调整利率的行为做出反应。换言之,当央行降低利率的时候,应当有很多人会相应地减少储蓄、购买房屋、投资工厂和设备等。只有当减少的储蓄或所借的钱被花费掉时,才会产生下一个人的收入,经济才会向前发展。换句话说,不是低利率本身刺激了经济,而是人们对低利率的反应——借钱消费或者减少储蓄——刺激了经济。

然而,当企业的资产负债表受损时,偿还债务将会是企业最优先的选择。企业觉得,必须在外部记者和分析师开始怀疑它们的资产负债表可能已经处于破产境地之前,尽快悄无声息地还清债务。从单个公司的角度而言,它们的行为是恰当和负责的。但这也就意味着,对那些企业来说,借钱是它们最不愿意做的事。然而,当经济体中绝大多数企业处在这样的境地时,整个经济对央行下调利率将不会做出任何反应。

即便如此,日本央行也会尽可能低地降低利率,以诱导人们借贷和消费。结果就是,当前日本的利率可能处于人类有史以来的最低水平。日本政府10年期债券的基准收益率仅有 0.8%(2003年1月中旬),这明显低于美国国债在大萧条期间创下的 1.85% 的最低纪录。人类在相当长的历史时期内,一直从事着经济活动,但人们从未见过像日本今天这样低的利率。

尽管利率已经尽可能地低了,但是日本仍有70%~80%的企业在争先恐后地偿还债务。因此,企业部门作为一个整体,现在是银行系统和资本市场的资金净供应方,每年提供高达20万亿日元的资金,相当于日本GDP的4%。而且包括许多受益于强劲外需的出口商也在偿还债务,而他们并不受日本通缩或者经济学家所说的"高实际利率"的影响(关于这一话题,更深入的讨论请参见第四章)。来自各行各业的企业,即使在零利率的环境下仍在偿还债务,这一事实表明,它们对资产负债表的担忧是多么严重。在这样一个资产负债表衰退的环境下,无论利率降到多么低,融资需求都是不可能提升的。

日本的瓶颈在资金的需求端而非供给端

日本的超低利率已经充分地证明了货币政策的无效性,也就是说,全国各地的企业都急于偿还债务,导致金融机构和资本市场资金供应泛滥。由于家庭部门仍在一如既往地储蓄,而企业部门每年要偿还的债务高达20万亿日元,金融机构资金充裕却找不到需求方。结果,贷款人之间争夺剩余少数借款人的竞争变得相当激烈,由此导致银行贷款利率处于人类历史的最低水平。

银行的放贷能力比以前降低了。相比于20世纪80年代,银行放贷能力已经大幅下降,当时大多数银行仍然有着AAA的评级,有着充足的资金来源和资本金。然而,经常被忽视的一个事实是,企业的资金需求下降得更早并且更快。也就是说,即使银行提供资金的能力下降了,但企业对资金的需求降幅更大。这就是为什么市场上资金泛滥、利率跌到谷底的原因。

日本央行公布的《日本企业短期经济观测调查》结果显示,银行急于放贷。图3—1显示了日本央行针对5 000多家企业借款人的季度调查结果,反映了企业对银行借贷意愿的态度。在这个系列的调查中,日本央行询问了作为借款人的企业,银行是急于放贷还是急于收回资金。

借款人眼中的银行放贷意愿

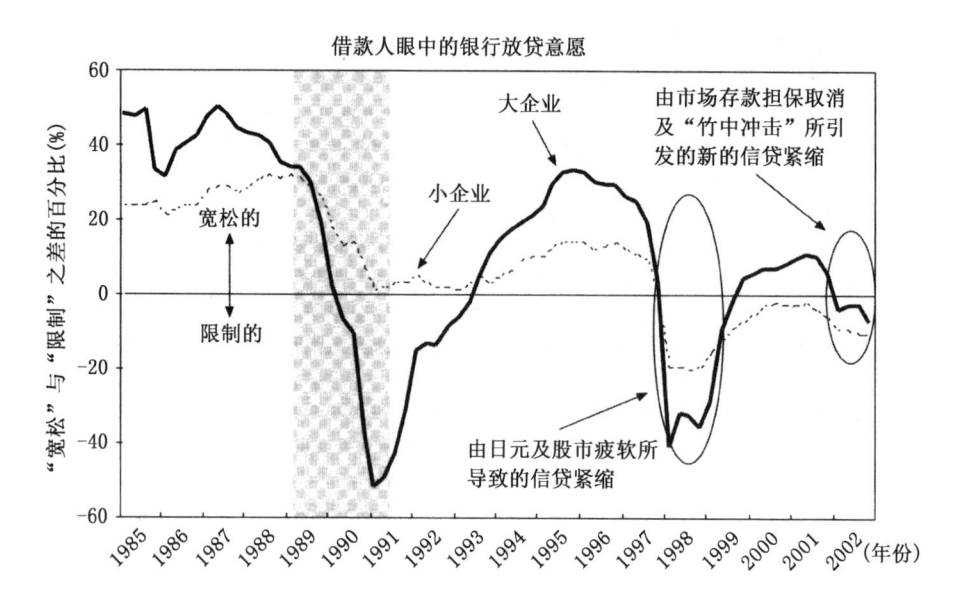

[图表：纵轴为"宽松"与"限制"之差的百分比(%)，从-60到60；横轴为年份，从1985到2002年。图中标注：大企业、小企业、宽松的、限制的、由市场存款担保取消及"竹中冲击"所引发的新的信贷紧缩、由日元及股市疲软所导致的信贷紧缩。阴影区域覆盖1989—1991年。]

注：阴影区域表示日本央行实施货币紧缩的时期。

资料来源：日本央行，《短观调查》。

图3—1 除了两种情况以外，银行是有放贷意愿的

结果显示，除了1997—1998年之外（还有2000年以后，我们会在第七章详细讨论这个问题），当时全国的银行都陷入信用危机之中，从20世纪90年代初期开始，银行的放贷意愿一直非常强烈。例如，在1993—1997年，银行放贷意愿几乎与它们在20世纪80年代末期泡沫时期是一样的。事实上，是银行要排队才能给信用良好的公司提供贷款。因此，借款利率下降这么多也就不足为奇了。

借款人不愿意借款而银行却渴望放款这一事实，说明瓶颈在于需求侧。如果供给不是瓶颈的话，那么，不论供给侧的问题如何解决——无论是宽松货币还是迅速处置不良贷款，在需求没有恢复的情况下，经济都不可能好转。

尽管那些主张进一步放宽货币政策和迅速解决不良贷款问题的人宣称，银行的借款能力受限，主要是因为毫无前景的业务所产生的不良贷款冻结了银行的资金，但是极端的低利率还有日本央行的调查结果，两者都清楚地表明，问题是在需求侧,而非供给侧。

然而,进一步放宽货币政策或者迅速解决不良贷款问题,都属于供给侧的解决方案。日本央行放松货币或处置不良贷款的终极目标,都是促使银行能扩张信贷。但是,如果瓶颈是在需求侧,那么不论供给侧的问题解决得如何妥善,经济在需求侧的问题解决之前都无法复苏。

遗憾的是,在关于这一问题的大多数讨论中,人们完全没有注意到这一点。或者,更准确地说,这种看法被在其日常经营中每天都忍受着需求短缺煎熬的日本市场参与者之外的那些人所忽略了。因此,日本金融界以外的大多数人会断言,只要银行能够扩张信贷,经济就会转好。但是,当下的利率水平和市场情况都表明,这完全就是缘木求鱼。

供给因素导致了1997—1998年放贷意愿的减少

相形之下,银行在1997—1998年放贷意愿的减弱无疑是供给侧出现了问题。当时,由于桥本政府的财政改革政策,日本经济变得步履蹒跚。随着经济的崩溃,国内外的投资者都意识到了日本经济完全是由财政刺激政策支撑的,于是开始卖出所持有的日本股票,并将股票出售所得的日元兑换成美元。这种"抛售日本"的举动导致了日元和股价的双双疲软,这使日本银行的资本充足率急剧恶化。(充足率的)分子由于股市的疲弱而恶化了,而分母则受累于日元走弱的影响。

经合组织(OECD)1998年11月的一篇报告[②]指出,当时日元兑美元汇率每下跌1日元,则会导致日本银行的资产规模萎缩1万亿日元。因此,日元兑美元贬值5日元,则日本银行的账面损失将高达5万亿日元——相当于日本GDP的1%。[③]到了1998年初,情势变得更加危急,整个国家都陷入了信贷紧缩的风险之中,如图3—1所示。只有在这个时段,经济的恶化才能归因于资金的供给不足。

虽然银行在1998年的惜贷行为是因为资金供给比资金需求下滑得更快，但这一问题随后通过向银行系统注资得以解决。如图3－1所示，一旦注入资金后，银行的放贷意愿就迅速回升了。

除了上述提及的1997—1998年这一时段外，即使借款人认为银行放贷意愿极为强烈，但是借款根本没有增加的事实，表明了问题出在需求侧，而非供给侧。在这样的情况下，供给的宽松乃至新增货币信贷的宽松，或者解决不良贷款问题的供给侧改革措施，并不能够提振经济。进一步宽松货币政策或者迅速解决不良贷款问题，既不是经济复苏的必要条件，同时也不是充分条件。不良贷款问题并不是经济恶化的原因；更确切地说，情况恰恰相反。

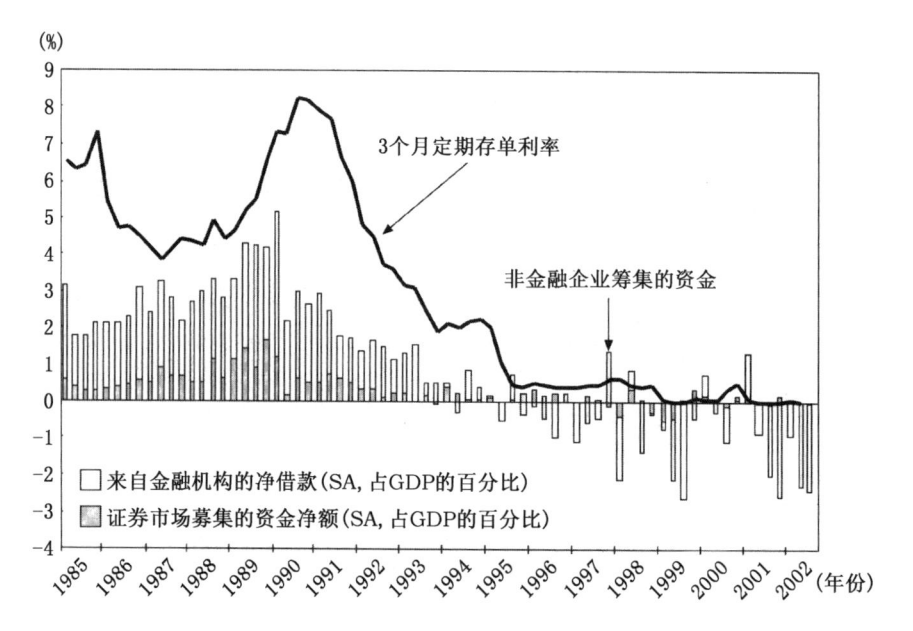

注：1998年第三季度以后的数据是根据新的资金流量系列计算得到的。
资料来源：日本央行，《短观调查》。

图3－2　公司在零利率情况下偿还债务

图3－1也显示了银行1990—1991年的放贷意愿非常低。这是因为当时日本央行正在收紧货币政策，试图消除房地产泡沫。从图3－2可以看出，当时的通货膨胀率只有2%，而短期利率已经超过了8%，这使得借款者感到银行信

贷非常紧张。然而,自那时以来,随着日本央行放松货币政策,银行的放贷意愿也大幅提高。但是,借款人仍然不愿意告贷,这说明了问题是出在需求侧而不是供给侧。

主要的货币政策传导机制受阻

然而,1989—1991年的货币紧缩政策确实给经济留下了一道伤疤。为了消除房地产泡沫,日本实施了货币紧缩政策,使得经济中受货币政策传导机制影响最大的房地产部门首先受到冲击。在货币当局与实体经济之间所有的传导机制中,建筑与房地产部门的作用是最重要的。毕竟货币政策有效性的发挥,主要依赖于经济中对利率最敏感的部门,而建筑与房地产行业是任何经济体中对利率最为敏感的。而且,建筑与房地产部门对所有其他行业部门都有着巨大的溢出效应。例如,建造一栋新楼房,可以拉动从钢铁到水泥、从窗帘到地毯的各种需求。

日本央行对房地产部门具有针对性的调控,最终摧毁了货币政策传导机制中最关键的组成部分。尽管银行家们在直至1997年的20世纪90年代的大多数时间里有着强烈的放贷意愿,但建筑与房地产部门却是一个明显的例外,如图3-3所示。因为银行的问题贷款大多集中于房地产部门(或贷款的抵押品是房地产),所以银行再也没有心情去增加对该部门的风险敞口了。

这就意味着,即使大多数经济学家含蓄地假设货币传导机制始终是存在的,但是在真实的世界中,传导机制只有在数量有限的渠道中是畅通的;当这些渠道都被封闭或者摧毁时,货币政策的有效性就会显著下降。因此,在失去了房地产行业之后,日本的经济中已经没有多少渠道可供货币当局使用,降低利率的政策已无用武之地。

(%，"易"与"紧"的扩散指数之差)

图 3—3 房地产行业融资难度

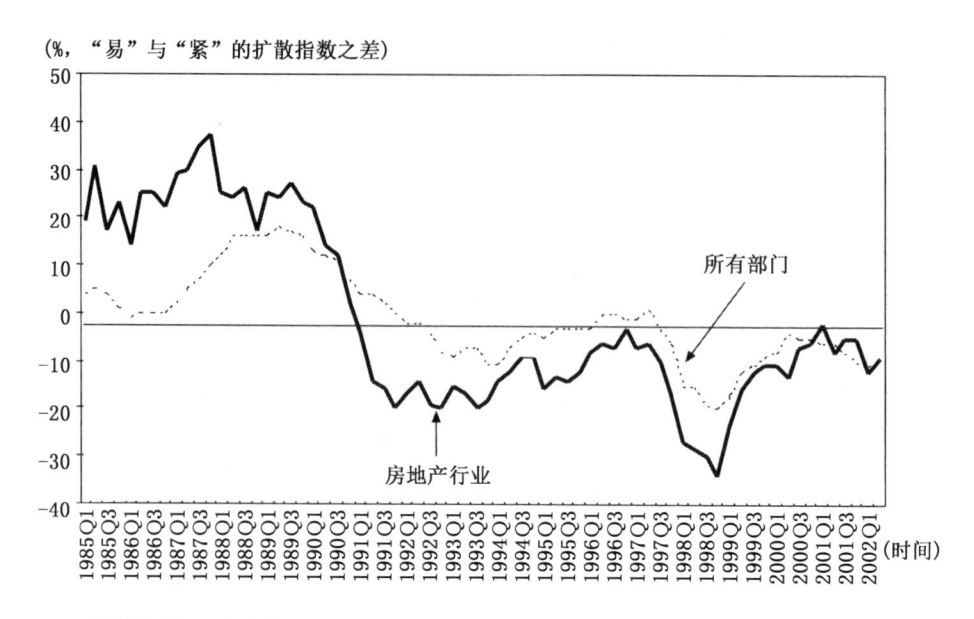

资料来源：日本央行，《短观调查》。

资金需求不足时，通胀目标制即是镜花水月

对于当下上述货币政策失效的结论，引起了世界各地货币主义者的强烈反对。货币主义者相信，只要中央银行采取的货币政策正确，那么任何宏观经济问题都能够迎刃而解，他们永远不会接受货币政策对当今日本无效的观点。按照他们的理论，这样的情况永远不会发生。

为了反驳日本央行已无能为力的观点，他们提出了通胀目标制和量化宽松政策，作为中央银行重新夺回对经济控制权的手段。[④]通胀目标制是指中央银行将会设定某一通胀水平作为其货币政策的目标。例如，如果日本央行将2%的年度通胀率作为其政策目标，那就会在达到该目标之前持续地实行宽松的货币政策，这就是通胀目标制。量化宽松，意味着即使利率已经没有再下降的空间，但是央行仍然会向银行系统注入流动性。

那些经济学家声称,如果日本央行设定一个通胀目标,并且承诺通过量化宽松政策提供流动性,以推升通胀达到设定目标值,这样人们就会预期通胀而非通缩,从而开始借钱消费。因为货币在通胀的环境下贬值,所以他们声称这样的政策会刺激消费进而帮助经济复苏。他们同时也表示,通货膨胀将会抬升资产价格,这将有助于缓解资产负债表问题。因此,根据这种论调,日本央行仍然有一些工具可供使用,并不能仅仅因为利率跌到了零就认为央行已经弹尽粮绝了。

因为这种论调是如此简明,同时由于大量西方和日本的媒体推波助澜,所以自从1999年中期开始,人们花费了大量的时间和精力来支持这种论调。许多对于如何应对长达10年的经济衰退无所适从的政治家也加入了这一行列。结果,这场争论演变成了一个涉及国会和日本央行的重大政治问题。

尽管上述货币主义者的反对观点既简单明了又有说服力,但是,在当今日本推行这样的观点仍然存在重大阻力。正如日本央行所指出的那样,通胀目标制最初是由试图降低恶性通胀率的国家提出的,但是,这些国家从来没有尝试过用它来引发或加速通胀。

这是因为,一个经济体经受着通胀这一事实,意味着对资金的需求是非常强劲的。如果是这样,央行可以而且也应该通过向公众阐明其政策意图及收紧流动性供应的方式来压制通胀。

央行能达到这样的目标,是因为它是经济体中唯一的流动性供给方。央行对流动性的限制,将使私营部门无法借到央行供给数量以外的资金。之后,潜在资金需求者之间的竞购战将推高实际利率,从而压制通胀。因此,在这种情况下,央行对流动性供给的限制,是对私营部门经济活动的有效制约,进而达到了控制通胀的目标。

但是,在资产负债表衰退中,企业和个人都背负着过高的负债,迫不得已通过抑制消费和投资来偿还债务。他们最后的选项才是考虑借钱。

第一章的图1—2显示,日本企业部门的资金需求自1998年以来始终是负的。负的资金需求,意味着在商业活动中偿债额大于融资额。由于许多企业部门同时偿债,资本市场和金融机构中充斥着大量的资金,从而将利率压到了我们今天所看到的极不正常的低水平上。在这种情况下,日本央行的流动性供给根本不能对各个方面形成有效约束。换句话说,日本央行几乎没有任何影响力。

如果当利率是6%的时候,资金需求是负的,那么通过将利率降低到3%可能会引发正的资金需求。但是,零利率的情况下仍然是负的资金需求则意味着,对货币政策而言已经没有可以发挥作用的更多空间了,因为利率无法进一步下调。在当前的环境中,迫使央行采取通胀目标制没有任何意义,因为央行已经没有任何工具来实现这一目标了。

克鲁格曼教授忽略了什么?

通胀目标制的拥护者们断然拒绝了上述观点,反驳道:"也许是这个样子,但是日本央行如果宣布了一个目标并且展示了试图通过量化宽松的方式达成目标的坚强决心之后,那么对通胀抱有预期的人数就会显著增加。当这些人开始借钱消费的时候,经济自然就会变好。"

例如,普林斯顿大学的保罗·克鲁格曼教授就强烈赞成"量化宽松",以达成设定的通胀目标。[5]他认为,日本央行应当开足马力印刷货币,并通过量化宽松的方式向市场注入流动性。通过向私营部门强势注入流动性,货币供应将会增长,如果货币供应增长了,价格水平也会提高。

乍一看,这种观点在宏观经济学的层面上似乎是正确的。大多数人也许就会同意克鲁格曼所言——增加货币供应会推升价格水平,进而解决了通缩的问题。

遗憾的是,资产负债表衰退中的现实世界对克鲁格曼并不那么友好。他忽略的一个事实是,在日本经济陷入资产负债表衰退的1993年,日本仍然有一个正的通货膨胀率。当时，日本的年度消费者物价指数（CPI）是1.3％。可是，这并没有阻止企业采取大规模措施来减少借款和偿还债务。因此，即使温和的通胀由此在某种程度上发生，也不能结束这种衰退，其原因如同1993年的通胀从一开始就注定无法阻止经济滑向资产负债表衰退的深渊一样。

事实上，日本于1998年发生通缩的真正原因是经济衰退，经济衰退是由于在资产负债表衰退期间采用了错误的财政改革措施。也就是说，即使克鲁格曼和其他人认为日本衰退的原因是通缩，但本质上通缩是资产负债表衰退的结果，而不是原因。

此外，从1999年开始，日本央行启动了一场大规模的量化宽松运动，向市场注入了大量的流动性，但这仅仅证明了货币主义者的错误。结果是什么都没发生，实体经济和资本市场没有任何起色。实际情况是，经济继续疲弱，股价不断下滑，让那些信奉货币主义学派观点的投资者承受了巨大损失。最终，即使是克鲁格曼也不得不在2001年7月8日的《纽约时报》专栏⑥中承认，日本根本没有资金需求，常规的货币宽松已经不再奏效。

只有存在不负责任的借款人，才能使通胀目标制实现

但是，为什么？为什么在经济学界被广泛接受的货币主义学派的观点在日本却遭遇了如此惨痛的失败？答案在于先后顺序发生了问题。

我们首先应该看到，当前的零利率环境是广受借款人欢迎的。对于那些信用良好、想在新项目上进行投资的人来说，这也许是一个千载难逢的机会。不过，既然零利率的环境已经持续了如此长的时间，我们可以认为，那些信用良好并且有新项目的借款人大概都已经借到了款项，扩张了其生产规模。

这就意味着，如果想要通过通胀目标制或者量化宽松政策使经济变得比现在更好，那么，这些措施就需要改变那些当前没有借钱和支出的人的行为。因而问题的关键是：如果日本央行宣布了一个通胀目标，并且试图通过激进的量

化宽松方式来达成这一目标,那么,今天因担心资产负债表问题而不愿借款的企业和个人是否会改变主意去借钱呢?

克鲁格曼此前的观点本质上是让日本央行呼吁日本企业:"马上就要通胀了,因此,忘了你的资产负债表问题吧,开始借钱吧。忘记你所背负的超额债务和过去的错误吧,借钱扩大支出,因为债务人在通胀的环境中始终是赢家。"

如果大多数日本企业反应,"过去10年我们一直在偿还债务,我们已经累了,但还是让我们赌一把通胀,自由地借钱扩大支出吧",这样克鲁格曼的建议无疑就会成功。

问题是,虽然过去10年日本公众的道德水准可能有所下降,但还远没有下降到能让克鲁格曼的想法成功的分上。这是因为那些试图清理其资产负债表的人的行为是适度的和负责任的。他们的行为绝非不正确。对那些过度负债的人来说,通过减少债务的方式来改善他们的财务状况是一种非常恰当且负责任的行为。

当通胀本身还没有出现的时候,怂恿企业忽略它们的资产负债表问题,押注通胀,就是鼓励它们采取不负责任的行为。将整个政策建议奠基于群体非理性的假设之上,是非常不现实的。

当资产负债表得以修复的时候,或者通胀对每一个人来讲都是显而易见的时候,他们的行为也许会有所不同。但是,仅仅因为央行开始谈论通胀目标,就认为这些正在采取正确和负责任行为的企业,在通胀真正到来之前会突然抛弃所有的道德标准,是不现实的。

更可能出现的情景是,企业将会对克鲁格曼和日本央行的怂恿做出这样的回应:"通胀目标制是一个非常有意思的建议,但还是先让我们修复资产负债表。当修复完成后,我们会加入你们的行列中去的。"事实上,很多日本企业的高管在我向他们询问通胀目标制的时候就是如此坦言的。那意味着,在他们的资产负债表修复之前,他们不会改变自己的行为。但是,当这些企业都不改变自己的行为方式的时候,经济将不会有任何转圜,通胀也不会发生。

从某种意义上说,这是一个顺序问题,即通胀必须在人们改变他们的行为之前发生；但是，除非人们首先改变他们的行为，否则通胀根本不会发生。

日本皇宫的土地价值与整个加州相当？

当然，如果日本央行设定一个通胀目标，可以使得企业资产负债表立即修复的话，人们可能会改变他们的行为。但是，这样的通胀率会使得资产价格重回当年泡沫水平——当时位于东京中心的日本皇宫所在地的价值居然与整个加利福尼亚州相当。如果资产价格被推高到那样的水平，日本的资产负债表问题就能在一夜之间得到解决。

然而，即使宣布了这样的目标，人们也会置若罔闻。如果日本央行的领导人宣布，他们将会推升日本的土地价格，以使得日本皇宫的价值与整个加州相当，人们只会认为他们是发疯了。日本人已经知道泡沫价格是荒谬的。

这同样适用于货币主义者对1931年纽约联邦储备银行政策的批评。他们认为，美联储当时为了阻止黄金流出美国而提高了利率，这直接导致了大萧条；如果没有提高利率，那场大萧条也许本可以避免。但是，当时人们的行为是基于对1929年股票定价是错误的这一判断。除非股票价格回到1929年的水平，或者他们已经还清了债务，否则他们不会停止修复资产负债表的努力。因此，即使纽约联邦储备银行在1931年并没有提高利率，美国经济也很有可能陷入萧条。

即使有可能将资产价格恢复到泡沫时期通行的水平，但是，为了防止人们重拾偿债的模式，这个价格水平应当永久持续下去。如果人们认为价格泡沫只是昙花一现，那么他们会抛售资产，以换取更安全的现金。但是，如果所有人同时卖出资产，就不会有买家接盘，除非政府或者央行成为"接盘侠"，否则完全不可能将资产价格维持在泡沫水平上。由此可见，想通过货币政策来克服资产负债表衰退困难重重。

量化宽松政策的有效性，依赖于不道德的银行家

货币主义者会反驳上述说法，认为央行不仅仅是纸上谈兵，央行会通过量化宽松政策为经济注入大量的流动性。当人们目睹时，他们会改变自己的想法。但是，他们会吗？

为了实现通胀目标，不仅仅是借入方，借出机构（即银行）更应改变其行为，加大放贷力度。毕竟，在日本央行的量化宽松政策面前，它们是首先获得日本央行量化宽松所释放的大量流动性的机构。因此，问题是银行的放贷行为是否会因为量化宽松政策而发生改变。

让我们假设你——本书读者——是一个日本银行的行长。当你面对的问题是你主管区域的贷款需求大幅萎缩，你决定采取以下行动：首先，譬如你从美国引进了一套绝对是最先进的信贷审查技术。其次，你命令信用部门将贷款标准降低至银行监管机构所能够接受的最低水平。最后，你降低借款基准利率到仅能够覆盖运营成本的水平上。完成以上所有行动后，你就要求所有信贷员尽全力在业务区域内掘地三尺去挖掘所有可能的贷款需求。

假设两周之后，你的信贷员根据上述放款条件，发现了大约 1 000 亿日元的新借款者。他们告诉你，这绝对是在不引起银行监管机构注意的情况下所能做到的极限了。

当你正在审视信贷部门报告的时候，作为激进的量化宽松政策的一部分，日本央行突然在你的银行里存入了一笔 1 万亿日元的存款。日本央行同时告诉你，这笔存款不需要支付任何利息。

现在，在你的银行里有了一笔 1 万亿日元的存款可贷出，贷款将会增加多少？根据上述条件，答案是 1 000 亿日元，即使银行有 1 万亿日元的放贷能力。这是因为如果要让你的银行放贷额超过 1 000 亿日元，那么放贷标准就必须放宽，远远低于监管当局可接受的最低限度。换言之，如果你尝试贷出超过 1 000

亿日元的贷款,那你将会面临犯罪的指控。

事实上,当今的银行业面临着巨大的压力,需要时刻保持非常高的放贷标准,以便于不产生任何不良贷款。日本金融厅的竹中大臣以及大多数西方的评论员呼吁银行对借款人作彻底的审查,只将钱借给那些信用良好并且愿意支付高额利息的借款人。事实上,当前大多数银行在不顾一切地削减不良贷款规模,以便于能够恢复存款者和评级机构的信任。要求它们大幅降低放贷标准几乎是不可能的,而且股东和评级机构也不能接受这样放宽信贷标准。

但是,如果个别银行不改变它们的行为,那么来自日本央行额外的流动性就没有理由在银行体系外流通起来。如果量化宽松政策所提供的新增流动性全部都淤积在银行系统内,那么也根本不可能加速通胀。也就是说,除非银行在微观层面上改变其行为,否则在宏观层面上,通胀率不可能超过目前的水平。

如果通胀真的发生了,一些原先没有资格获得贷款的借款人,会由于资产负债表的改善而变成合格借款人。但是,这只有在消费价格和资产价格开始上涨而且通胀确实存在的情况下才会发生。在实际上没有通胀的情况下,假设会出现通胀,就要求银行放宽信贷标准,这简直就是极度不负责任且草率的。

日本并非个例。在 20 世纪 30 年代的美国,货币政策也曾经失效过,于是诞生了"流动性陷阱"理论。最近,美国、中国台湾和泰国创纪录的低利率政策都没能够刺激起企业部门对资金的需求。在所有这些案例中,均出现了资产价格暴跌之后发生资产负债表的问题。

这些事件表明,当企业预期是"后向"而不是"前瞻"时,货币政策在很大程度上是无效的。量化宽松和通胀目标制,在资产负债表衰退期间都难以奏效,除非人们假设银行和企业借款人存在不负责任的行为——如果不是犯罪行为的话。难怪日本央行不愿意接受此类政策建议。

资产负债表衰退期间财政政策决定货币供给

那么，接下来的问题是此前所说的你银行里剩下的9 000亿[1]日元怎么办？如果私营部门对资金的需求是有限的，那么，只有公共部门借走这9 000亿日元并花出去，才会使得货币在经济中流转起来。因此，当政府出现预算赤字并通过发行国债向银行融资的时候，这9 000亿日元才会离开银行系统，通过政府支出进入经济流通中去。当政府把向银行出售债券所获得的资金花掉时，一个新的收入流和货币供应增长周期就开始了。

这就意味着，在私营部门资金需求严重短缺时，政府的赤字支出和随之而来的金融机构对国债的认购，构成了一个循环，推动了经济的发展，维持了货币的供应量。如今，日本的货币供给水平得以维持，在很大程度上是因为政府一直存在巨额赤字政策，并发行了大量债券为赤字进行融资。如果当时没有发行政府债券，货币供应总量也许会萎缩到今天的零头水平。

事实上，1929—1932年，美国的货币供应下降了40%。正如前文所述，米尔顿·弗里德曼认为，这种下降是由于胡佛政府允许银行破产，从而导致了美国大量银行的倒闭。但是，我对此持怀疑态度，这种下降的另外一个原因是，作为一个预算平衡的虔诚信徒，胡佛总统拒绝通过政府借款来抵消私营部门资金需求的下滑。因此，政府未能成功应对货币供应量的下降，从而导致了实体经济和货币供应的双双崩溃。

这也就意味着，当前日本的货币政策和货币供给均严重依赖于政府的财政政策。在私营部门缺乏资金需求时，是公共部门的大量借款才使日本的货币供应免于崩溃。

因此，在资产负债表衰退期间，货币政策的有效性严重地依赖于政府的财

---

[1] 原文是900million，根据上一节"量化宽松政策的有效性，依赖于不道德的银行家"中所述，应为900billion，即"9 000亿"。——译者注

政政策。如果后者是扩张性的,那么,央行提供的流动性就能够进入经济体的大循环中;但是,如果后者是收缩性的,那么,无论央行提供多少流动性,货币供应都没有任何扩张的理由。因此,与货币主义者的理念迥异的一个观点是:货币政策不仅不是万能的,而且在资产负债表衰退期间会变得严重依赖于财政政策。

前述的章节也表明,在当前的日本,央行不可能通过宽松货币政策来抵消由于政府财政紧缩带来的需求萎缩。这也就意味着日本央行的那些官员所言有如空中楼阁:"如果政府继续推进结构性改革,我们将会进一步放松货币政策以为经济提供支撑。"如果作为当前唯一的主要借款者的日本政府放弃了自己的角色,那么,无论央行向金融机构提供多少流动性,货币资金流通到金融机构体系之外的循环机制都将失效。

量化宽松政策并没有使私营部门变得富有

许多对货币政策运行并不了解的评论员认为,只要日本央行释放足够多的流动性,经济就会好转,因为新增的流动性会使私营部门变得"富有"。然而,这与事实相去甚远。

包括日本央行在内的各国中央银行,通常是以现金方式购买政府债券、公司债券或者其他私营部门的金融资产来注入流动性的。因为在通常情况下,持有这些资产的金融机构才是央行的合格购买对象,因而典型意义上的货币宽松就意味着央行从商业银行购买国债,并支付现金。这就意味着私营金融机构纯粹就是用债券来换取等价的现金。这并不表明私营部门作为一个整体会因为货币宽松而变得更富有。(严格而论,当日本央行以这些资产的买家身份出现时,相比不购买时会增加这些资产的需求。这将会导致这些资产价格的上升,使私营部门变得比以前更富有了。但是,这些财富的增量通常是微不足道的。)

更重要的是,央行只能通过购买金融资产来向私营部门提供流动性。除了自己所消费的商品或服务之外，央行不能购买其他任何商品或服务。换言之，央行并不能以购买洗衣机或者钢琴的方式来提供流动性。

购买这些物品的权力属于代表人民的政府，而不是中央银行。是政府而不是央行，可以购买从洗衣机到战斗机的任何商品。因此，那些站出来鼓吹日本央行应当购买从洗衣机到土地的货币主义者就其本质而言，就是承认了我们真正需要的是财政刺激。换言之，政府可以通过财政支出的方式直接向实体经济提供流动性，而央行只能向金融部门提供流动性。这也是为什么在私营部门对资金需求疲弱甚至为零的资产负债表衰退期间，财政政策比货币政策在刺激经济方面更有效的原因。

竹中大臣在很多不同场合（包括在电视上与我一对一辩论时）宣称：(1) 企业在20世纪80年代借贷太多，因此现在必须缩减债务；(2) 政府也借贷太多，因此也必须缩减债务；(3) 日本央行必须增加货币供应。可是，任何学过经济学的人都知道，就是上帝也不可能同时完成这三件事情。央行虽然可以向银行部门提供流动性，但为了使这些流动性能够在经济体中流转起来，以形成有效的货币供给，私营部门或者公共部门必须从银行借入并使用这些流动性。如果无人借钱，那么日本央行提供的这些流动性只会闲置在银行体系，对增加经济的收入流没有任何帮助。

事实上，在日本央行试图通过公开市场操作向市场提供资金的当下，资金需求却极不景气，商业银行经常无法达到央行所预期的放贷水平。这充分证明了宽松货币政策已经完全达到了极限。因此，对日本央行抱有更高的期望是没有任何意义的。借款人的行为是正确的，贷款人的行为也是正确的。每个人的行为都是正确的。但是，当这些因素汇集在一起的时候，却产生了"合成谬误"。这就是为什么货币政策失效、缺乏正确财政政策支持的经济在困境之中越陷越深的原因。

"直升机撒钱"只会雪上加霜

不赞成上述观点的货币主义者也许会说:"但是,通胀目标制和量化宽松的试验并不会增加任何人的成本,无论如何,日本央行都应实施这样的政策,看看到底会发生什么。"有些人也许会说,货币政策可能无效的说法纯属无稽之谈,因为人们总可以从直升机上撒下钞票,这样的"直升机撒钱"肯定会扭转经济的颓势。

虽然"直升机撒钱"这个词在经济学中经常被提及,但是,我们有理由怀疑这样的政策是否会带来人们真正想要的结果。下面的例子可以给出解释。

让我们假设,日本央行突然有一天给每个日本公民邮寄了 100 万日元的新钞票。收到 100 万日元的人在那一刻当然会感到非常高兴,因为他觉得自己因此变得更富有了。问题是,接下来会发生什么。

当这个人发现每个日本公民都收到了 100 万日元之后,他会变得意兴阑珊。因为他马上就会意识到,这 100 万日元的购买力已经大幅缩水了。毕竟,在正常人的思维世界中,没有人会用自己的商品或者服务去交换从天上掉下来的 100 万日元。

如今的货币没有黄金或者白银作为支撑。货币的币值仅仅是由人们对中央银行的信任来维持的。例如,我们这样生活在日本的人之所以会把日元放在钱包里,是因为我们相信它的守护者——日本央行,相信日本央行不会鲁莽行事。就像空气一样,人们是如此信任日本央行,以至于没有一个人真的意识到这一点。人们之所以没有意识到,是因为在过去的 50 年里,日本央行有效地捍卫了日元的价值,使日元成为全球最为强势的货币之一。

可是,如果日本央行轻率地给每一个人发了 100 万日元,人们会立即失去对央行的信任。一旦丧失了信任,就会出现疯狂的抛售潮——日元会被换成美元或者欧元,因为这是保护每个人资产价值最有效的方式。

美国在这方面有所不同。在美国，美联储过去不鼓励商业银行提供外币存款；而在日本，外币存款几乎随处可见。在日本资本自由化运动之前，货币会流向其他的国内资产，譬如房地产。然而，在1997年"金融大爆炸"[1]之后，外币存款和汇款广泛地自由化，这导致了人们对日元的抛售，并理所当然地买入了美元和欧元。

与此同时，愿意接受日元作为交易货币的人数急剧减少，因为没有人能确定日元的币值到底如何。他们在交易中只使用美元或者欧元。如此发展下去，日本将会很快跌入一个只能以物易物的恶性通胀世界中。

错误的治疗比疾病本身更为糟糕

相应地，恶性通货膨胀肯定会彻底结束资产负债表衰退，因为人们不必担心偿还以一文不值的日元计价的债务了。从这个意义上说，用货币政策来结束资产负债表衰退并非绝对不可能。不过，这样经济将会陷入一个外国货币充斥和以物易物的世界中，而这将比目前的资产负债表衰退要糟糕许多倍。

即使"直升机撒钱"会结束资产负债表衰退，却会引起比当前通缩更严重的问题。通过制造一个比当前资产负债表衰退更为严重的问题，"直升机撒钱"迫使人们改变其决策的优先顺序，进而停止偿还债务。如果想做到这一点，那么日本央行必须"疯狂"到让人们对它完全失去信任。事实上，克鲁格曼已经反复强调，日本央行应当宣布，它将成为一个"不负责任"的中央银行。[7]

然而，当人们所信赖的货币被剥夺时，经济绝对不可能好转。没有哪个经济体在以物易物和使用外国货币——而不是保持本国货币稳定——作为交易中介的情况下能欣欣向荣。确实，错误的治疗是比疾病本身更糟糕的事情。

---

[1] "金融大爆炸"，源自英国在1986年由撒切尔政府推行的英国金融业政策变革，其核心旨在大幅减少监管。1996年11月，当时的日本首相桥本龙太郎提出放松金融管制，促进金融自由化，并将这一政策称为日本版的"金融大爆炸"。根据这一政策，日本放宽外汇交易限制，甚至连超市也可以从事货币兑换。——译者注

除此之外,即使恶性通胀可以让负债累累的企业日子好过一些,但是,债权人(譬如,存款的居民)还是将相应地承担全部损失。这意味着那些一直在为未来储蓄的人们将会失去他们的储蓄,使得他们在开销方面比以前更加小心谨慎。确实,对经济整体而言,通胀和通缩只是债权人与债务人之间的一种收入转移而已,这无助于全民的财富增加或者减少。

相比之下,失去一个可信任的主权货币给一个经济体带来的危害是无法估量的。毕竟,一个以物易物的经济体能够存活下来就已经是幸运的了,更遑论保持增长了。

信任或不信任,只能二选一

当我们提出上述极端案例的时候,大多数货币主义者会反驳说没必要做得这么极端,央行应当追求几个百分点的较温和的通货膨胀率。例如,克鲁格曼鼓吹日本应当设定一个 4% 左右的通货膨胀率。[8]

上述观点的问题在于,这样一个温和的通胀目标并不会导致人们失去对日本央行的信任。但是,如果人们没有丧失对日本央行的信任,那么,他们就没有理由改变自己的行为。如果人们的行为不改变,那么即使只有几个百分点的通胀也不会发生。过去这些年,这么多的量化宽松政策都没能改变人们行为的事实表明,人们对央行的信任仍然完好无损。只要信任仍在,那么就不会发生通胀,因为人们没有理由放弃他们正确的并且是负责任的偿债行为。

从根本上说,只有信任与不信任,没有一种介于两者之间的立场。如前所述,当前的货币并没有金银作为支撑。货币的价值完全取决于人们对央行的信任程度。

一些货币主义者也许又会争辩说,央行会寻求一种方法,一旦在人们失去了对其信任之后,可以再次改变立场,从而实现"软着陆"。然而,现实却并非如此简单。这是因为,如果事情到了那种地步,央行已经失去了公信力。失信只需要一天，但是重建信任即便不是十年，也需要数年的时间。结果，即使央行试图采取负责任的行为，但是没人会相信。这就意味着日本央行不可能去设定一个温和的通胀率。

即使以某种方式制造了一个温和的通胀，1993年以来"资产负债表恐惧综合征"的经验表明，正如前文所述，温和的通胀并不足以阻止企业的偿债行为。资产负债表衰退只有在债务清偿完成之日，方能宣告终结。

可以在内华达州沙漠尝试"疯狂的试验"，而不应在日本

虽然没有实例证明谁以及在何处执行过经济学家所谓的"直升机撒钱"政策，但是，有一些插曲使得这些政策险些发生。据说在第二次世界大战期间，德国和英国都印制了大量的敌国假币。由于两国都动用了国家资源来制造假币，那么这些假币的制作一定是极其精良的。这些假币是摧毁敌国经济的"武器"，但是，双方最终都没有使用，因为一旦一方使用，必然会招致另一方的报复。双方都希望避免由此造成的灾难。

虽然一些经济学家不假思索地使用"直升机撒钱"这样一个词，但最有条件启用它的那些人都意识到了其带来的灾难性的后果。如果一种货币政策的作用仅仅是破坏人们对其央行的信任，那么，这样的政策也会摧毁当代社会经济活动所依赖的重要基础。除了带来经济的毁灭，这样的政策没有任何其他效果。

国外的货币主义学者访问日本时，曾经对日本央行说："尝试一下大幅放宽货币政策吧，即使没有效果，但也不会让你付出任何代价。"据报道，日本央行回应说："还是在无人居住的内华达沙漠做你的试验吧。我们不能在人口稠密的日本进行这样的试验。"日本央行可谓一语中的。

当然，现在美国经济也处在资产负债表衰退之中，货币主义者可以在美国尝试他们的想法。不过，我们怀疑美联储自己面对这样的问题时，是否会采纳

这些建言。这是因为,对问题和困难思考得越多,按照常理,人们就会变得越谨慎。

这样的试验如果没有效果,也不会有什么成本;但是,如果有效,日本经济将会顿时陷入一个以物易物且充斥着大量外币的经济世界中,这将比现在的资产负债表衰退悲惨数百倍。

市场参与者也抛弃了货币主义

事实上,日本央行从2001年就开始采取激进的量化宽松政策,但无论是实体经济还是资本市场,都丝毫没有感受到一点效果。而且,日元进一步升值了,但是股票价格却屡创新低。这是因为日本国内外大量的投资者和市场参与者已经意识到,今天的日本私营部门对资金已经没有需求;即使日本央行施行了宽松货币政策,但政策奏效所必须依赖的传导机制却告缺失了。

在过去的几年里,在日本股票市场上,凡是执念于日本央行宽松货币政策能够刺激经济的投资者毫无例外地都亏损了。如果货币主义者几年前的预测是正确的,那么,现在日本经济应当已经强劲复苏,并已踏上扩张之路了。实际上,日本经济正朝着相反方向发展。在这个意义上,可以说广大的投资者和市场参与者已经叶落知秋,意识到了问题所在。

相比于20世纪90年代后半期,这是一个重大的转变。那时,大量的外国投资者仍然相信只要日本央行加大货币宽松力度,经济就会好转。我在这里只讨论外国投资者的原因是,日本的机构投资者和银行在与国内企业客户的日常交流中,都非常清楚地知道私营部门没有资金需求,他们根本看不到任何支持货币主义浪潮的理由。从其日常个人经验中,他们知道绝对没有理由再放松货币政策。因此,他们一直把资金投向债券市场而不是股票市场。与此形成鲜明对比的是,外国投资者认为,只要日本央行进一步加强宽松货币政策,那么经济复苏就会马上到来,因而将资金投向股市。

在实践中，即使货币政策作用于经济的机制荡然无存，理论上，市场里只要有足够多的人相信货币政策的有效性，那么宽松货币政策仍可以影响股价和汇率。可惜，现在即使是那些以前曾经相信这些观点的投资者，也开始意识到日本经济的真实现状，不再信奉这样的论调了。

格林斯潘指出了货币政策的局限性

尽管2001年初美联储主席艾伦·格林斯潘将利率下调了525个基点，但是，美国企业的资金需求不仅没有恢复，反而继续萎缩，这对信奉货币主义的人来说是一次沉重的打击。失败的原因非常清楚，因为美国企业在互联网泡沫破灭和安然事件之后一直忙于修复它们的资产负债表。美国发生的事实，也改变了那些认为只要日本央行采取更积极的行动，就可以使得日本经济康复的人的立场。

而且，在2001年10月，格林斯潘向美国国会和白宫建议实行相当于GDP 1%～1.5%的一揽子财政刺激计划。虽然这一建议是在"9·11"恐怖袭击之后美国经济陷入停滞的情况下提出的，但从美联储主席的角度而言，这也仍然是一个勇敢的举动，因为这无异于亲自承认在应对这样的危机面前，仅有货币政策是不够的。虽然以前都是美联储要求国会和白宫削减预算赤字，但这是第一次由美联储提出增加预算赤字的要求。这说明美联储主席已经意识到了货币政策的局限性。

据说格林斯潘非常仔细地研究了过去10年日本的经验，现在似乎开始担忧互联网泡沫破灭后可能带来的通缩风险。这首先表现在2000年底他对减税政策的态度发生了戏剧性的转变。

在此之前，格林斯潘仍然强烈地反对包括减税在内的财政刺激措施。然而，他在2000年底却突然同意了减税（即启动了财政刺激政策）。当时，美国股票市场上的泡沫已经失去了动力，也许是格林斯潘针对日本衰退的仔细研究，促使他做好了应对准备——如果美国也陷入同样的境地的话。他一定已经认识到,在资产负债表衰退中,单一的货币政策势单力薄,启动财政刺激是必须的。

从这个意义上来说,日本央行行长速水优不应当只是出面反对小泉政府不合理的通胀目标制,他更应该公开敦促政府采取恰当的财政措施,以确保货币政策更有效地发挥作用。除非增加公共部门的资金需求,以弥补私营部门资金需求的缺口,否则,日本央行提供的流动性就无法流出金融机构,进入实体经济的收入流之中。

弱势货币政策,并非贸易盈余国家的选项

有一种观点认为,如果日本央行不是买入日本政府债券,而是通过买入美元或者美国国债的方式来提高美元兑日元汇率,那么,这将对日本经济产生输入性通货膨胀和出口增加的积极影响。可是,最终在2001年4月,克鲁格曼承认日本缺乏资金需求并且传统货币政策失效,但他仍然声称日本央行可以通过对外汇市场的强力干预来扭转日本经济的颓势。[9]

但是,我们应当注意到,日本与美国一样,针对外汇市场的干预是政府的职责范围(对应日本财务省),而不是央行的管辖范围(对应日本央行)。因此,严格来说,由于其具有预算属性,外汇市场的干预更多应归属于财政政策的一部分,而不是货币政策的一部分。

撇开法律问题不谈,弱势日元政策的最大问题是,美国和其他贸易对象是否能够容忍日本货币贬值,特别是,当时的日本是世界上最大的贸易顺差国。如果世界上最大的贸易顺差国采用弱势日元的方式增加对美国的出口,这不仅会加剧日本的贸易失衡,而且也会扩大已经达到历史上最严重水平的美国贸易逆差。

而且,美国自身也陷入资产负债表衰退之中,与之相伴的是其制造部门受

到的打击尤为严重。随着美国的产能利用率下降到了20世纪80年代早期的水平,美国国会的许多议员无意扩大进口,否则可能会引发保护主义情绪。事实上,美国政府经常会采取反倾销手段以及其他措施来阻止进口的过快增长,特别是针对钢铁进口。

这也就意味着,美国针对日本当局采取弱势日元的政策很可能持有一个负面的态度。更准确地说,即使美国政府不强烈反对,国会也会反对。毕竟美国现在的贸易逆差已经创历史纪录,美国经济也不再处于全盛时期。事实上,早在2002年7月,美国国会中已经有一些抗议的声音,反对日本阻止日元升值。许多参与抗议的国会议员表示,他们更愿意看到美元走弱,这样将会有助于增加美国的出口。

日本当然可以在即便美国反对的情况下继续实施干预。但是,如果我们只看日本在1999年6月底通过购买美元的方式试图单边贬值日元的后果,那么将会发生什么是很明显的。当时即将退休的负责国际事务的大藏省[1]副大臣榊原英资突然放弃了其同美国长期合作的立场,转而实施大量的单边外汇干预政策,以试图使日元贬值。因此,在没有首先征得美国财政部长萨默斯同意的情况下,榊原英资第一次出手就卖出了3万亿日元,以压低日元的汇率。不仅如此,榊原英资公开表示,他将会把日元的汇率从先前的1美元兑117日元压低到1美元兑122日元以下。⑩

在美国,新任命的财政部长劳伦斯·萨默斯大声疾呼美国需要的是增加储蓄和出口。他担心,如果不能及时、有效地针对贸易失衡迅速采取行动,贸易逆差最终会损害美国经济。同时,他也非常担心日本在刺激内需方面做得不够。虽然日本经济在小渊首相财政刺激实施一周年以后明显失去了前进的动能,但是大藏省大臣宫泽喜一似乎并不急于采取行动。例如,在1999年6月,他仍然说:"在9月份发布第二季度的GDP之后,我们再决定是否追加预算。"虽然接

---

[1] 大藏省,是日本明治维新后直至2001年1月6日前存在的中央政府财政机关,主管日本财政、金融、税收。2001年1月6日,根据日本《中央省厅等改革基本法》,大藏省改组为财务省。——译者注

下来的GDP数据正如美国政府担心的那样,显示日本再次出现负增长,但是当时日本政府仍然感到既自信又自满。

日本单方面推行日元贬值的政策,只会加剧美国的贸易失衡,财政部长萨默斯显然被激怒了。他公开批评日本的外汇干预,称"美国对此不会容忍"。

日美货币当局的突然对峙让外汇市场受到惊吓。市场参与者一直认为自从1995年5月开始,美国和日本当局就在外汇市场上合作达成了一份协议。当美国财政部长声称美国需要增加储蓄和出口的时候,市场参与者已然意识到形势发生了变化,他们开始疯狂地买入日元、卖出美元。结果是日元大幅升值,几乎达到了1美元兑100日元的位置,而不是像榊原英资预期的那样贬值。

关于强势日元的分析

市场参与者的反应一点也不反常。因为美国巨额的贸易逆差意味着美元在贸易相关项下长期受到压力。在这种情况下,阻遏美元贬值的唯一方法就是吸引国际资本流入美国,以抵消美国贸易逆差导致的外国美元抛售。

美国存在巨额贸易逆差的事实意味着,丰田在美国销售雷克萨斯赚到的美元比克莱斯勒在日本销售吉普赚到的日元要多。丰田为向其国内的工人和供应商进行支付而卖出美元以换取日元,克莱斯勒为在底特律向其工人和供应商进行支付而卖出日元以换取美元,由于存在贸易不平衡,美元相较日元要承受更大的卖压。因为生意完成的时候,双方都必须将它们的所有外汇收益兑换成本国货币,如果这两家公司是外汇市场上唯一的两个参与者,那么,美元将会贬值,日元将会升值,只有这样才能使市场出清。

因此,为了阻止美元贬值,外国投资者必须填补上丰田想要卖出的美元与克莱斯勒想要买入的美元数量之间的缺口。他必须是外国投资者,因为美国国内的投资者没有日元可卖出以换取美元。

多年来,外国投资者确实提供了大量的支持,才使得美元在美国贸易逆差的重压下没有贬值。外国投资者的投资标的从美国国债到洛克菲勒中心（虽然最终又被美国买回去了）无所不有，是他们的投资支持了美元的强势。

但是，这些外国投资者对贸易问题非常敏感。这是因为当美国面临着巨额贸易逆差的时候，他们由于持有美元而承担了巨大的汇率风险。事实上，自20世纪70年代初以来，由于美元的贬值，日本的投资者在投资美国资产方面确实蒙受了天文数字般的损失。毕竟，美元从20世纪70年代初的360日元兑1美元一路跌至1995年春天的80日元兑1美元。

更重要的是，这几轮美元贬值几乎都是在贸易摩擦或贸易失衡成为重大政治问题之后发生的。当美元汇率从1美元兑240日元一路跌至1美元兑120日元时，双方在1985年9月达成了《广场协议》。当时整个美国陷入保护主义的疯狂中。日美半导体协议和进口"量化目标"实施的困难在20世纪90年代初期推动了美元贬值，90年代中期充满情绪的汽车谈判最终将美元汇率一直推低至80日元兑1美元的水平上。因此，记得这段惨痛历史的投资者不可能不受贸易问题的影响。

许多外汇市场的评论员认为，由于投机相关的外汇交易比贸易相关的外汇交易大了不止100倍，过度关注贸易情况是愚蠢的行为。没有什么比这种观点更离谱的了。尽管100∶1的说法可能是正确的，但是大多数投资者，特别是日本投资者，在做出买入美元的投资决策时，确实会非常关注贸易发展等因素。因此，他们在美元投资上损失了这么多钱就是预料之中的事了。如果所有想卖出日元头寸的投资者都关注贸易问题，那么这些问题就确实会影响汇率。事实上，这也是为什么即便日本经济疲软、利率低迷，日元却仍能保持强势货币的关键因素。

而且，投资者都有买入美元或者不买美元的自由。如果时机合适，他们甚至有卖出美元的自由。这与出口商形成鲜明的对比，出口商必须将外汇收入兑换成本国货币，用来支付国内工人的工资和供应商的货款。换言之，出口商除了在某一天结束时卖出他们所有的外汇收入之外，没有其他选择；而投资者却可以伺机而动。

这所有的一切意味着,每当贸易问题真变成了问题,或者日美之间引发了巨大的正面经济争执的时候,大多数日本投资者的本能反应是迅速与美元切割——要么直接抛售美元,要么对他们的美元投资进行对冲。他们担心贸易争端会促使美国政府采取弱势美元的措施来解决问题。他们也意识到,即使政府公开反对弱势美元的观点,也可能无法阻止美元的下跌,特别是当美国国会对美国贸易的业绩感到不满的时候。

一旦投资者采取上述行动,向美国出口的日本企业就会突然发现,在外汇市场上竟然没有了美元的买家。但与投资者不同的是,这些出口商为了支付他们国内的日元债务,除了继续卖出美元、买入日元之外别无选择。而这通常会导致日元对美元突然间大幅升值。

首先必须得到美国国会和贸易代表的同意

在 1999 年 6 月下旬,日本 3 万亿日元的汇率干预之举激怒了萨默斯,市场对日美之间的不和谐公开化感到瞠目结舌。显然,美国对日本这种以邻为壑的出口导向政策极度不满。美国方面认为,日本应当着力解决其国内需求萎缩的问题。毕竟,日本并没有因为失去出口市场而陷入衰退。正如第一章图 1—2 中"海外"曲线所示,日本的经常账户盈余自 20 世纪 90 年代初以来基本没有发生变化。日本的衰退是由于其国内企业资产负债表的问题。

这场争端至少标志着美日两国自 1995 年 5 月以来的外汇市场合作和协调机制的终结。所有这一切都发生在美国巨额贸易逆差和日本巨额贸易顺差的大背景下,日本投资者纷纷寻求避险,将日元兑美元汇率从 120 抬升到了近 100。榊原英资买入美元的干预措施完全适得其反。

榊原英资的继任者黑田诚却有着非常好的平衡能力,采取了同美国合作的态度。当日本在 1999 年 11 月最终采取了追加预算的行动后,美国也调整了其立场,日元兑美元汇率重获稳定。

这个例子说明,当日美两国之间有如此巨大的贸易不平衡问题时,双边的合作和协调对日元与美元间的汇率稳定来说是至关重要的。汇率不能够由任何一方自行决定。

但是,克鲁格曼仍然主张日本央行应当实施弱势日元的政策,即使这意味着还需买入美元。1999年底,当我有一个机会在日本杂志《文艺春秋》[①]上辩论时,我对他说:

> 你总是呼吁弱势日元。但是,我们这些在日本的人全都记得1999年7月尝试这一政策之后所发生的事情。结果,日元实际上却涨上了天。因此,在建议日本采用弱势日元政策之前,我建议你先拜访美国贸易代表和华盛顿特区的国会,以便争取到他们对你的弱势日元建议的支持。如果美国乐于给予这样的支持,日本会非常高兴将弱势日元作为一个可行的政策选项。

克鲁格曼回应称,如果日本央行在干预外汇的同时也放松货币政策,那么萨默斯部长应当会默许日本的干预。但是,萨默斯从未透露过这样的情况,当然也没有公开透露过。事实是,萨默斯在很多场合表达过日本必须采取更多的措施刺激国内需求,而不能依赖忙于减少创下贸易赤字纪录的美国。以上就是我同克鲁格曼关于汇率政策的讨论。

1999年6月发生的事件表明,对于一个拥有全球最大贸易顺差的国家而言,通过货币贬值和寄希望于出口使其摆脱资产负债表衰退的选项并不存在。此外,如果日本单方面进行违背其贸易伙伴(如美国)利益的汇率市场干预,这样的干预可能会唤起外汇市场参与人员对业已存在的巨大贸易不平衡问题的关注,进而刺激日元的升值。这就是1999年夏天真实发生的事情。

必须避免竞争性贬值

回望历史,人们可以看到,在 20 世纪 30 年代的时候,资产负债表衰退冲击了全球经济,每个国家都贬值本国货币以便依靠外部需求的力量摆脱衰退。换言之,它们都在做克鲁格曼现在建议日本做的事情。结果是丑陋的竞相贬值,随后通过提高关税大规模建立贸易壁垒。结果全球贸易急剧萎缩,全球萧条接踵而至。这也是全球范围内"合成谬误"的一个案例。

这个惨痛的历史教训告诉我们,当如此多的经济体——从美国到日本,从中国台湾到泰国——同步进入资产负债表衰退之时,无论如何,必须避免发生通过竞相贬值实行以邻为壑政策的情况。

约翰·梅纳德·凯恩斯在 1945 年首先力主创建了国际货币基金组织,以防止这类的悲剧重演,这并非偶然。虽然国内的"合成谬误"可以通过政府的积极财政政策来解决,但在缺乏一个世界政府的情况下,没有任何一个实体能够克服全球范围内的"合成谬误"。正是这个原因,促使凯恩斯创建了国际货币基金组织。正是国际货币基金组织,自 2002 年 3 月以来,一直敦促日本政府采取包括追加预算在内的更为积极的财政政策,并提醒说,不能重蹈类似 1997 年那样的覆辙。[12]

注 释

① Council on Economic and Fiscal Policy (CEFP),"Basic Policies for Macroeconomic Management and Structural Reform of the Japanese Economy," June 21, 2001. http://www5.cao.go.jp/shimon/index-e.html.

② *OECD Economic Survey 1997—1998*, *Japan*, November 1998, p.66.

③ Richard C. Koo and Koichi Iwai,"The Weakening Yen and Japan's Credit Crunch

Problem (*En-yasu ga Maneku Kuzen Zetsugo no Kashishiburi*)," *Shukan Toyo Keizai*, September 12,1998,pp. 36—43.

④ Paul Krugman,"It's Baaack: Japan's Slump and the Return of the Liquidity Trap," *Brookings Papers on Economic Activities*,No. 2,1998,pp. 137—205.

⑤ *Ibid*.

⑥ Paul Krugman,"A Leap in the Dark," *The New York Times*,July 8,2001.

⑦ Krugman,*Brookings Papers on Economic Activities*,*op. cit*.

⑧ *Ibid*.

⑨ Krugman,"A Leap in the Dark," *op. cit*.

⑩ *Nihon Keizai Shimbun*,June 27,1999.

⑪ Richard C. Koo,Debate with Paul Krugman,"Is a Strong Yen an Evil? (*Nihon Keizai En-daka wa Akuma ka*),"*Bungeishunju*,November 1999, pp. 130—143.

⑫ IMF,*World Economic Outlook*,April 2002,Chapter 1,p. 21. http://www.imf.org/external/pubs/ft/weo/2002/01/pdf/chapter1.pdf.

第四章

复苏之路

财政刺激政策必须持续

即使人们认识到了在资产负债表衰退时期财政刺激的重要性,但许多人仍然会对其使用非常谨慎,毕竟政府的存量债务极为庞大,据说接近 GDP 的 150%。

我们可以将财政扩张和资产负债表修复的问题归结为一个孰先孰后的问题——到底是财政赤字过度膨胀导致国家金融崩溃,还是大多数日本企业在此之前就修复了资产负债表。如果企业能够在国家金融崩溃之前就修复其资产负债表并做出前瞻性的投资决策,那么最终一切都会好转。但是,如果国家金融先崩溃,那一切将会以眼泪收场。

目前,并没有迹象表明日本企业开始放缓偿还贷款的节奏,尽管现在私营部门的有息负债已经远远低于历史水平。这是因为资产价格——例如,股票价格——仍在下跌。换句话说,私营部门离健康资产负债表的目标反而越来越远。与此同时,也没有迹象显示市场厌倦了过多的政府债务。恰恰相反,国债价格不断走高,收益率持续降低。这意味着日本政府债券的需求远大于供给——也就是市场依旧乐于购买日本政府债券。

当人们谈论财政赤字的可持续性时,必须清醒地认识到,这是一个由市场决定的问题,而不是由学者或者律师决定的问题。如果市场接受,那么赤字融资就能持续一段较长时间。譬如,英国的未偿政府债券存量在第二次世界大战结束之后曾高达GDP的250%,但是,这个被称为联合王国的国家依然还在。更重要的是,如果英国政府不是在战争期间因为采取大规模的财政赤字政策而击败了纳粹,那么,联合王国可能在20世纪40年代就真的消失了。

而且,一旦财政刺激推动经济复苏,那么,税收收入就能从目前低迷的水平迅速增长起来。在罗斯福总统的"新政"刺激下,美国联邦政府支出扩大了1倍,但是,在此期间,联邦政府的财政收入是原来的3倍,因而税收的增长抑制了赤字的规模。确实,赤字占政府支出的比重在1932年达到了巅峰——彼时还是胡佛担任总统。因此,一旦经济开始复苏,预算赤字可能由于税收的增加而迅速缩小。

在资产负债表衰退期间,财政政策的作用是维持人们的收入水平不下降,这也包括企业收入。只要有收入,企业就会有偿债的资源;而只要有工作,个人就可以偿还他们的住房贷款。当收入枯竭的时候,企业会破产,个人会失业,无力偿付债务。当面临资产负债表问题的企业和家庭以百万计的时候,一旦破产的浪潮席卷而至,那么从破产的多米诺骨牌被推倒的那一刻起,风险将永无止境,而这会直接将经济推入萧条。

如果日本政府能通过采取积极的财政政策帮助企业修复其资产负债表,并且只有在企业修复了其资产负债表、在私营部门恢复前瞻性的投资之后,才考虑收缩财政,那么,日本将成为成功进行人类历史上最伟大经济试验的见证者。日本将会证明,即使资产价格泡沫出现并且破灭了,但只要采取正确的政策,从实施之日起就持之以恒地执行下去,那么整个经济体将不必经历萧条就能摆脱困境。

来自股票市场和债券市场的声音,正强烈地敦促政府继续这一伟大的试验。特别是超低利率似乎表明,现在正是加强财政刺激的时候,而非减少财政刺激。疲软的股票市场似乎也对目前的经济状况发出警告——现在不是不顾宏观经济实际情况去推行所谓的结构性改革的时候,这种结构性改革只有在多年以后才会开花结果。正如第二章图2—1所示,企业有息负债的规模在大幅下降,这一事实表明,到目前为止,公共部门和私营部门的努力并没有白费。

由于日本是第一个在危机之初就采用了财政刺激政策，并在资产价格泡沫破灭的情况下保持经济平稳运行的国家，缺乏先例导致一些人对这一试验持怀疑态度。但是，我们别无选择。

只有当企业的资产负债表健康状况得到修复，并重新开始借贷的时候，政府才能够大幅削减预算赤字，那时才是真正庆祝试验成功的时候。为了保证试验取得彻底成功，政府必须证明，当那一刻到来时，它有能力不顾许多既得利益者的意愿，大幅削减支出。因此，在日本实现其最终目标之前，仍面临许多挑战。但是，一道仅由140万亿日元修筑的堤坝就成功地抵御了1 200万亿日元的洪水，这的确是一个伟大的壮举，其功绩不容低估。

基础设施建设迎来历史性机遇

巨大的财政赤字引起了一定程度的忧虑，人们担忧在某一时点如此巨量的政府债券无法被市场消化。我一直认为，市场容纳不了这么巨量政府债券的信号是利率升高。同时，私营部门融资需求复苏导致的利率升高，意味着资产负债表衰退的结束和自主复苏的恢复。到了那时，政策必须转向财政收缩，以避免财政支出对备受期待的私人投资产生挤出效应。

然而，当前的经济环境是，相比于四五年前的水平，私营部门的融资需求已经萎缩了差不多35万亿日元。反映这种萎缩的，是利率的急剧下滑。这就意味着经济离政府债券无人问津的地步越来越远。

在这期间，政府债券收益率的急剧下滑和价格上升，意味着对政府债券的需求远远大于供给。确实，之所以日本的机构投资者和银行对政府债券趋之若鹜，是因为没有人愿意接受它们的资金。这些市场信号都表明，讨论政府债券是否有人购买完全没有必要。

相反地，异常低的利率是市场以它的方式告诉政策制定者——现在面对供给侧短缺，是一个基础设施建设难得的历史机遇。毕竟，日本还是需要建设，现在进行基础设施建设,将会显著降低纳税人当前和未来的税收负担。例如,如果发行10年期1万亿日元的债券,当前10年期日本政府债券利率是1%,纳税人10年时间里支付的利息成本只有1 000亿日元。在泡沫前"正常"的年份,日本政府债券的平均收益率在5%~6%的水平上,这意味着,同样的项目,如果在资产负债表衰退结束之后、日本政府债券收益率回归到正常水平时开工,纳税人的利息成本将高达5 000亿~6 000亿日元。

换言之,如果将项目建设推迟到资产负债表衰退结束后,同一项目纳税人支付的总成本(本金加利息)将增加50%。由于日本还有许多项目需要建设,现在是一个一劳永逸的历史性机遇。必要的基建不仅能帮助日本经济摆脱资产负债表衰退的危机,而且也可以降低纳税人未来的负担。

日本政府债券认购情况良好

除了利率之外,还有其他迹象能用来检视政府发行债券的难易程度。一个指标是债券的货币面额,另外一个则是认购人的国籍。债券发行有三种类别:

(1) 债券以发行国的货币计价,由本国居民认购;

(2) 债券以发行国的货币计价,由外国居民认购;

(3) 债券以外币计价,由外国居民认购。

在三类债券中,最安全的是第(1)类,其次是第(2)类,第(3)类债券是风险最大的。事实上,大多数国家的债务违约主要是由于第(3)类债券,这其中包括俄罗斯和拉丁美洲国家。

虽然目前美国的预算赤字规模不是很大,但美国有着巨大的经常项目赤字,外国投资者持有近40%以往发行流通在外的美国国债。

如果这些外国投资者对美国经济的未来失去信心,那么,他们可能会同时抛售他们所持有的大量的美国国债。这将会给美国的金融市场带来巨大的压力,导致利率飙升。因此,美国国债基本属于第(2)种类型。

外国投资者抛售美国国债头寸也不只是存在理论上的可能性。实际上，在《广场协议》签署两年半后，1987年3月就发生过上述事件。当时G5（即五国集团）达成了美元贬值的协议，美元在悄无声息之间首次跌破了150日元的水平。为了向全球表明美元的贬值已经非常充分，稳定在150日元以上的水平符合所有各方利益，七国财长签订了《卢浮宫协议》[1]。但就在协议签署的4周之后，市场却遭受了重创。恐慌随之而来，美元大幅滑落到137日元的水平上。由于外国投资者匆忙撤离美国市场，在短短的6周之内，美国债券的收益率从7.5%飙升至9%（参见图4—1）。

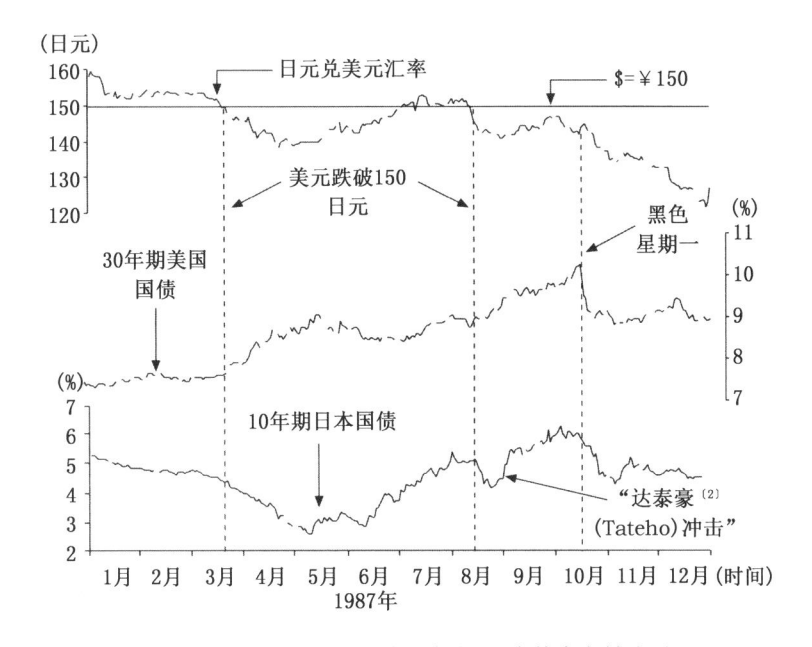

资料来源：纽约联邦储备银行；美联储理事会；日本债券交易公司。

图4—1　1987年美元贬值推高美国利率

在日美货币当局竭尽所能稳住了外汇市场之后，美元才重获稳定，债券收益率也恢复正常。在8月美元又跌破150日元，美国国债的收益率再次攀升，

---

[1] 1987年2月，美国、英国、法国、德国、日本、加拿大、意大利七国财长和中央银行行长在巴黎卢浮宫达成协议，采取联合措施，在国内宏观政策和外汇市场干预方面加强合作，以阻止当时的美元币值下滑，保持美元汇率的基本稳定。此次达成的协议被称为《卢浮宫协议》。——译者注

[2] 日本公司。这一事件是指由于达泰豪公司的债券买卖而引发国际债券市场动荡。——译者注

直至1987年10月发生臭名昭著、导致股票市场崩盘的"黑色星期一"。由于外国投资者持有巨额美国债券,美国理所当然地关注外国投资者"抛售美国"的现象,因而在其汇率政策的管理上也是极其谨慎的。

相比之下,日本当前的经常账户顺差巨大,债券都是以本币计价的,主要的购买人群是国内居民,属于上述第(1)类债券。虽然主要由外国投资者支撑的股市存在一定的问题,但是,95%的日本政府债券却由本国居民持有。而正是这些投资者,在平常与企业客户的交流中,已经了解到资产负债表衰退问题的严重性。一个对于资产负债表衰退有着清晰认知的市场,短期内不太可能陷入危机之中。

担忧日本政府债券的发售是杞人忧天

日本政府债券市场不但参与者几乎完全是日本本国投资者,而且政府债券价格也是处在历史高位,相应地,其收益率处于历史上最低水平。从这个意义上说,日本政府债券市场甚至是一种比第(1)类债券更好的类别,我们可以称之为"第零类债券"。也就是说,日本政府债券以本币计价发行,并且被本国投资者热情地抢购。

因此,现在考虑政府债券的发售问题仍为时过早。首先,在发售问题出现之前,收益率必须回归正常水平(即泡沫前10年期债券平均5%~6%的收益率),债券类型从第(1)类变成第(2)类,然后是第(3)类。即使预警信号出现[转变成第(2)类],发展到实际的发售困难也可能需要很长的时间。

如前所述,在日本政府债券是"第零类债券"的时候担心其发售是杞人忧天。在当前形势下,政策制定者的责任是解决许多更紧迫的问题,而不是去担忧遥远的未来都不一定会出现的风险。

当然,日本政府债券的价格创历史纪录,这意味着持有此类债券的投资者可能患有严重的"高原恐惧症"。哪怕有任何关于债券价格极其微小的负面信息，投资者的反应一定是在高位的时候将债券抛售。这意味着市场有非常巨大的下行风险。

然而，在最近过去的几年里，日本政府债券价格已经经历了几次剧烈下跌的冲击，但是每一次市场都很快地恢复了。根据本能反应而卖出债券的人们遭受了巨大的损失。这些教训让投资者认识到，除非私营部门确实恢复了融资需求，否则任何在债券市场上的卖空行为都是饮鸩止渴。这是因为要使利率能处于高位，就必须存在对应真实的资金需求。但是，日本政府债券市场上95%的投资者是日本本国投资者，他们清楚地知道私营部门的资金需求状况，所以市场不可能长期处于非理性状态。

当日本政府债券评级被反复下调的报道出现时，这点就得到了充分的证明。最初，每次有降级报道的时候，市场总会引起轩然大波，但是现在市场对降级传闻置若罔闻，债券价格依然坚挺，人们对这类传闻也不再感到恐慌。投资者同时也意识到，外国评级机构发布的降级报告内容与投资者每天面对的真实的日本金融市场是不一样的。

评级机构不是上帝

特别需要指出的是，从评级机构（穆迪、标准普尔和惠誉）发布的报告来看，它们自己并没有意识到日本正处于资产负债表衰退这一事实。这些评级机构没有认识到绝大多数日本企业正在偿还债务，而家庭部门仍然在一如既往地储蓄。它们没有把握住要点，即通缩压力并不是由于缺乏"改革"（姑且如此称谓）导致的，而是由于企业部门不再借入家庭部门的储蓄。

如果评级机构能够了解到，由于企业部门的"合成谬误"，家庭储蓄正在转变为通缩缺口，那么它们看待预算赤字就会有不同的态度。既然政府不能命令企业停止修复其资产负债表，那么留给政府唯一的选择就是采取措施抵消私营部门的收缩。这就是我们从20世纪30年代大萧条中所得到的教训。此外，正是由于预算赤字弥补了通缩缺口,这才保证了货币供应量不萎缩。如果削减或者取消财政支出,那么经济会变得更为糟糕。

事实上,当日本1997年在国际货币基金组织和经合组织的催促之下实施财政紧缩的时候,不仅经济崩溃了,而且预算赤字也飙升了68%,即从22万亿日元增加到了37万亿日元,而并未如预期的那样下降。

言论自由使得评级机构能够自由地发表自己的见解,但是,日本民众必须自己独立判断它们的分析或者"处方"是否符合日本的真实状况。如果这些机构的分析是有问题的,那么,它们的评级也会有问题。

每次日本被降级,日本国内外"修复财政优先"的拥趸们就会甚嚣尘上,仿佛他们听到了上帝之音似的。但是,有充足的证据表明评级机构并非上帝。最近的一个例子就是它们完全没能预测到亚洲金融危机的发生。

我们应当倾听评级机构的意见,但并不应该将其奉为绝对真理。与其他人一样,评级机构也会犯错。特别是对于日本最近的情况,市场的判断比评级机构的判断更为准确。

来自债券市场的教训

政府债券的收益率(即长期利率,下文简称为"利率")和私营部门资金需求的强弱,为财政刺激政策的实施提供了参照。

如果利率高,来自私营部门的资金需求旺盛,那么应当削减预算赤字规模。在这种情况下,如果仍然实施预算赤字,那么就有挤出私营部门投资,或者引发通货膨胀的风险。另一个极端是,尽管利率低得离谱,但私营部门的借贷需求却踪迹全无——譬如当下的日本,增加预算赤字将有利于在中长期提升经济增长率和收入水平。

然而,当提及利率作为政策的重要信号的时候,对市场不甚了了的官僚和学者们就会说"利率每分钟都在涨跌,政府的政策不能依赖于如此不稳定的东西"。的确,由于一些市场技术或者其他的因素,利率在短时间内经常大幅波动。但是,我们不应忘记,在一定时间范围内的平均利率,是反映实际买卖政府债券的投资者作出重大判断的一个综合指标。

特别是利率反映了市场参与者以下的几个重要方面:

1. 持有的政府债券在其整体投资组合(管理的资产)中所占的比例是否合适。

2. 对未来通胀的预期。

3. 对未来私营部门资金需求的预测。

4. 对未来政府债券供给的预测。

对于第 1 项,如果投资者认为其投资组合中日本政府债券的比例过高,他们将会卖出债券,这就意味着日本政府债券价格会下跌(利率上升)。因此,如果投资者确实认为其投资组合中政府债券太多了,那么,政府债券的收益率将无法维持当前 1% 的超低水平。

关于第 2 项,如果预期会发生通胀,那么持有收益率为 1% 的 10 年期日本政府债券将面临巨额资本损失的风险。因此,如果对通胀的担心变成了现实,投资者就会匆忙卖出低收益的政府债券,从而抬高利率,使政府债券的价格暴跌。

类似地,考虑第 3 项,如果私营企业的资金需求出现复苏迹象,由于在通常情况下私营企业会支付一个比政府债券高的风险溢价,那么投资者就会出售政府债券而将资金借给私营部门。例如,如果一个投资者得知索尼将发行比日本政府债券收益率高的债券,他就不会购买政府债券,或者卖出政府债券,以便腾出资金购买索尼发行的债券。这将打破政府债券的供需平衡,从而导致压低政府债券的价格,抬高收益率。

不过,这种由私营企业的新增需求带来的利率上升,显示出经济健康发展的趋势,应该受到欢迎。的确,这种类型的利率上涨应当被称为"好的利率上涨"。毕竟,经济政策的终极目标是恢复经济的健康,在资产负债表衰退的情况下,就是恢复私营部门的融资需求。

如果私营部门愿意借钱投资,那么,政府就没有必要通过赤字扩张的方式来对冲私营部门的需求缺口。也就是说,当私营部门重新开始借钱的时候,政府应尽可能快地削减赤字;否则,政府在此种环境下继续维持赤字支出水平,就会产生挤出效应。在这种环境下,利率上升就是应当着手开始削减赤字的信号。

在1987—1988年资产价格泡沫出现之前,10年期日本政府债券收益率在5%～6%的水平。因此,如果现在1%的收益率开始上升到正常水平,这意味着私营部门的资金需求回到了正常水平,这也就是开始退出刺激、修复财政的时点。

政府债券:一种非常优良的投资工具

我们最关心的是上文所述的第4项,或者说日本政府债券供需平衡的预期。由于日本小报几乎每天都会对规模骇人的预算赤字进行报道,这已经成了市场参与者最担心的问题。如果他们认为新发行债券的数量会大大超出预期,他们自然会对购买政府债券持谨慎态度。而一部分人的确可能试图在供需平衡真正恶化前卖掉所持有的政府债券。这将会压低政府债券的价格,抬升其收益率。

然而,尽管媒体每天都在强调预算赤字规模可怕,但是利率始终维持超低水平的事实却表明,投资者认为在可以预见的未来,目前体量的政府债券不会成为市场的巨大负担。如果不是这种情况,那么政府债券收益率不可能维持在如此低的水平上。换句话说,如果利率大幅上升,一定是发生了一些当前没有预期到的事件。这种情况发生的可能性并非为零,只是在目前考虑这些事情有些太过遥远了。如果每个人都认为未来政府债券的供应量会超出市场的消化能力,那么利率应当比现在的水平要高出许多。

目前的政府债券收益率,是上述投资者进行综合判断后的一个结果,包含了对未来日本政府债券供给的担忧。也就是说,市场已经贴现了所有这些因素和担忧。因此,认为利率明天会突然大幅上升,并且在高位维持很长一段时间的观点是不合理的,除非我们认为市场上的参与者都是傻瓜,并忽略了一些非常重要的问题。

毋庸多言,利率可能因为某些外部冲击而短期暴涨,但是,必须有足够的资金需求,利率才能维持在高位。检视最近一些年日本的债券市场,我们发现了几次由于短期冲击导致利率暴涨的情况,但是,如此前所述,由于在高利率水平上缺乏资金需求,利率又再次回归到先前的水平。

很多人对预算赤字和政府债券持批评态度。但是,这些人当中又有多少会同意他们的养老金或者人寿保险费不投资政府债券呢?如今,如果现在不投资日本政府债券,那就意味着他们的养老金将会大幅缩水,而人寿保险费将会增加数倍。

在目前形势下,对管理着公众养老金或者人寿保险业务的机构投资者而言,日本政府债券是非常优良的投资工具。主张实行紧缩以修复财政的人一直不停地质询政府是否有能力偿还其债务,但是日本民众的资金配置流向则传递了另一个信息。越来越高的政府债券价格实际上表明人们希望政府借更多的钱,而不是更少。在缺少私营部门资金需求的情况下,如果政府决定缩减债务规模,那么日本民众将是受损最严重的群体。这正是1997—1998年财政改革所带来的灾难。

债券市场是经济的保护者

无须多言,市场并不总是对的。有时股票市场会突然崩盘,或者外汇市场可能产生剧烈波动,几天之内日元兑美元汇率波幅高达20日元。然而,因为金融工具本身的属性,债券市场往往会吸引最谨慎的投资者。这是由于股价一旦呈现上涨(下跌)趋势,股票往往会陷入自我延续的良性(或恶性)循环。因为股票价格的上升将带来财富效应，使得人们更富有，这会诱导人们进行更多的支出，从而增加公司收入，进一步地推升公司股价。这种良性（或恶性）循环的典型例子就是泡沫（或市场崩盘）。相形之下，债券市场就没有这一特点。

这是因为当经济好转、通胀的担忧出现时，投资者会因为担心利率升高而卖掉他们持有的债券，从而使得他们持有的债券出现资本损失（第2项）。由此导致的债券价格下跌（利率上升）有助于经济的降温。相反地，当通胀恐惧由于经济恶化而转变为通缩恐惧时，人们开始购买债券，其价格上升（利率下降），这对经济提供了支撑。

因此，债券市场是经济的稳定器，具有逆周期特征。由此，债券市场从不会偏离经济正轨太远。正是因为这种逆周期效应，债券市场经常被称为"经济的保护者"。

此外，股价的波动取决于每个公司的管理和盈利前景，而债券市场——特别是政府债券市场——基本上反映的只是这个国家整体的经济状况。因此，债券市场最适合测量经济的"体温"。

外汇市场传递出的信息，本质上是对两国经济进行比较评估的结果。因此，外汇并不是由单个国家的情况来决定的。

不幸的是，日本债券市场并不具备美国债券市场的那种公民身份。[1] 当人们谈论日本市场的时候，通常都是特指股票市场或者外汇市场。但是，在资产负债表衰退的世界中，这种忽视尤其危险，因为在债券市场人们能观察到最关键的经济信号。如果日本的政策制定者能够更多地倾听一下来自债券市场的声音，那么他们的表现会好得多。

日本政府债券的收益率在1997年实行财政紧缩政策的时候达到了2.3%。现在，即使30多万亿日元预算赤字超过1997年初的40%，但利率仍然维持在1%，较财政紧缩之前的水平低了57%。目前的收益率也许是有记录以来最低的长期利率。这应当被理解为日本经济的呼声，通过信使（即债券市场）告诉政

---

[1] 意指日本国债市场缺乏独立性和自主性。——译者注

府——现在是实行积极财政政策的时候,而不是收紧财政。

如果桥本首相更多地关注一下债券市场,那么,他本可以避免1997年推出财政紧缩的严重错误,当时利率已经创了历史新低。由于未能注意到债券市场的信号,桥本的财政改革努力只是摧毁了经济,增加了预算赤字。同样,如果政策制定者注意到这一点,他们本可以避免对财政刺激措施采取不必要的谨慎态度。他们应当意识到,即使赤字再大,但债券的收益率却会始终维持在创纪录的低位。

从1996财年算起,日本的预算赤字已经增加了40%,而同期利率却下跌了57%,这一事实表明,私营部门对资金需求的下降幅度大于预算赤字的增加幅度。事实上,预算赤字从1996年增加了15万亿日元,到1999年达到了37万亿日元,而同期私营部门的资金需求差不多萎缩了35万亿日元。换言之,私营部门资金需求的下滑速度要比政府债券供给的下降速度快。

客观而言,当前日本政府债券的收益率仍然维持在创纪录的低位,尽管媒体对预算赤字的规模表示了强烈的担忧,但应当将其视为实际投资者(而不是那些只说不做的评论员)在仔细研究了前述4点因素之后得出的一个均衡结果。

尽管那些没有关注到日本私营部门资金需求疲软的国内外评论员大肆渲染预算赤字规模的危害,但债券市场的反应却正好相反。尽管长期利率较低,但市场认为,除非采取更积极的财政刺激政策,否则日本经济可能会进一步恶化。

也许预算赤字在未来某个时点会达到一个上限,但是,迄今为止日本民众的行为表明,这样的上限仍然遥遥无期,这不是政策制定者现在应该担心的问题。

全球化与实际利率

本书通篇都在阐述,不良贷款处置和修复财政并非目前日本经济面临的首要问题,这些都可以慢慢来。这两个问题的根源都在于当前日本的超低利率。

如果日本政府债券发行困难,那么,利率不会如此之低。同样,如果银行的不良贷款是经济复苏的制约因素,那么,银行的贷款利率也不应当如此之低。

每当提及这些问题,国内外的评论员都会反驳道:"但是,日本的实际利率非常高。"由于日本的物价一直在下滑,实际利率水平比名义利率水平要高。然而,对于那些经济活动主要局限在日本的家庭和个人而言,实际利率的讨论是有一定意义的;可是,对于在全球经济中挣扎求生的企业部门来说,讨论仅根据国内价格计算的实际利率是否有意义,这值得怀疑。

这是因为,如果国内需求不足导致了价格下跌,企业可以选择将产品出口到那些需求和价格水平正在上涨的海外地区。事实上,在过去的几年里,日本企业一直将其旗下的资源集中投资于充满活力的海外市场,特别是美国市场,而非不景气的国内市场。

而且,当2001年通货紧缩已经成为日本的一个严重问题时,日元兑美元汇率远低于上年度100日元兑1美元的水平。这就意味着,许多日本企业相比于一年前强势日元的时候,能更自主地为其海外商品设定某一价格。考虑到这一点,实际利率也许比名义利率要低很多。

即便企业享受着弱势日元和外需扩张的好处,但是,大多数日本企业仍然选择降低债务水平。因为它们认为自己必须尽快压缩债务,降低杠杆比率,所以对利率水平毫不在乎。如前所述,当1993年日本还处于通胀的时候,就已经发生了全国范围内修复资产负债表的热潮。因为人们已经认识到20世纪80年代他们在追逐错误的资产价格,价格不太可能在短期内回升。因此,假设在某个利率水平上人们会停止修复资产负债表转而开始重新借钱,是毫无意义的。

虽然实际利率是非常受经济学家欢迎的一个分析工具,但是,日本的国内与海外企业却很少谈论实际利率。而且,在过去的10年里,半导体和个人电脑产品价格跌幅最大。换言之,那些部门的实际利率应该是最高的。然而,在过去的10年里,这些部门却是在厂房和设备上投资最多的。

即使那些拥有大量出口业务的企业也在尽快偿还债务,这一事实表明,实际利率制约了经济增长的观念似乎是错谬的。一位日本顶级电子公司的高管曾经这样说："如果我们现在不压缩我们的债务,那么,在下一次风暴中,我们也将被淘汰。"这表明,他更关心的是资产负债表问题,而不是实际利率水平。

更重要的是,实际利率之所以高,是因为经济疲软。经济之所以疲软,是因为如此众多的公司都在同时偿还债务。因此,资产负债表问题是因,实际利率是果,而不是相反。在这种情况下,想通过降低实际利率来扭转经济衰退趋势是一厢情愿。我们不可能把高烧的病人扔进冰柜。这治不好病!

两种类型的通缩

此外,即使是经济疲弱导致了价格的下跌,但与国外的价格相比,这些价格的下跌是在非常高位的水平上进行的。因此,在谈论日本的通缩和高实际利率的时候,我们必须考虑到日本经济中零售和分销部门所发生的巨大结构性变化。更准确地说,直到1995年前后,日本市场基本上仍然对外国商品关闭大门,结果导致日本国内外的价格悬殊。

然而,在1995年前后,随着日元兑美元汇率达到了79.75日元兑1美元的高位,越来越多的日本制造商将企业迁移到了海外,官方的和非官方的贸易壁垒逐渐开始瓦解。贸易壁垒之所以被打破,不仅仅是因为外国人试图在日本销售商品,同时在国外生产的日本公司也试图在日本国内进行销售。诸如100日元店和优衣库(UNIQLO)这类新兴企业开始了所谓的价格破坏进程,最终结果是将国内的价格水平降到与国际水平接轨。

尽管这样的进程对那些以前从未面临过此类竞争的企业来讲,意味着降低价格和通货紧缩,但这并不是一种由于缺少货币供应或总需求带来的通缩。的确,这是一种姗姗来迟却非常健康的价格调整。

换句话说,有两种不同类型的价格下降:一种是跌至全球价格水平;另一种是跌破全球价格水平。前者代表了健康的结构性变化,但后者却代表了让人担忧的总需求萎缩或者错误的货币政策。

当今的日本，绝大多数价格的下滑属于前一类型，只有非常少数属于后者。毕竟，与国际水平相比，日本的价格水平依然畸高。但是，如果大多数价格的下跌属于前一类型，那么央行就不必为此忧心忡忡，因为它在扭转全球化趋势方面几乎无能为力。

似乎国外的经济学家过分强调了日本的"通缩问题"和"高企的实际利率"，这或许是由于他们并未生活在日本，也不知道大多数通缩实际上是由迟来的全球价格调整造成的。相比较而言，美国和欧洲在很久以前就为低成本制造的进口商品开放了其国内市场。结果导致这些国家新增的低价进口商品对其国内物价水平的边际效应有限。

另一方面，大多数日本人仍然记得不久前刚刚发生的牛肉和橙子贵得令人望而却步的日子。最近，当2001年全球汽油价格迅速攀升时，日本却正沉浸在汽油价格急剧下降的喜悦中。之所以那个时候价格会下降，是因为日本政府解除了对汽油市场的管制，导致汽油供应商之间的竞争大大加剧。这一市场开放的因素极大地抵消了原油价格上涨带来的影响，结果导致汽油价格反而出现下降。

这一反常的价格变动之所以会出现，是因为日本仍处于由一个封闭市场向完全开放市场的转型途中。对于经济学家和政策制定者而言，在谈论高企的实际利率和货币政策的影响时，了解日本通缩数字背后的原因是至关重要的。

虽然许多经济学家通常将通缩归咎于日本停滞不前的经济，但是，当前经济增速最高的国家——中国——也有通缩。自1997年中期以来，中国的CPI每年下降1‰～2‰；然而，自1998年中期以来，日本的CPI只下降了0‰～1‰，如图4—2所示。我采访的一位中国官员如是说："价格只是跌到了国际水平线上。"而且这样的价格下跌不一定会妨碍经济的增长，中国的情况已充分证明了这一点。

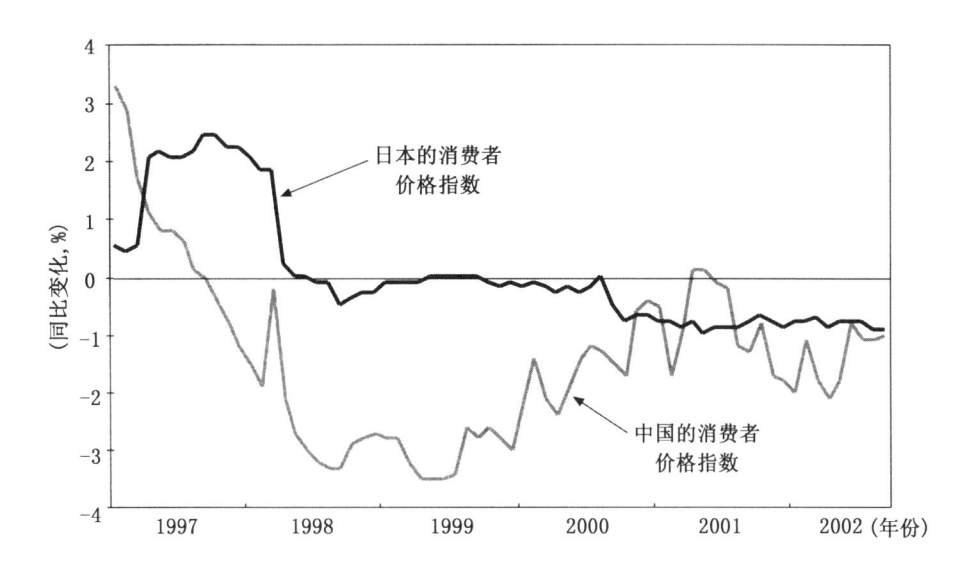

资料来源:公共管理、民政、邮电部门,《消费者价格指数》;中国国家统计局,《居民消费价格指数》。

图 4—2　中国和日本的通货紧缩

1996 年来自纽约的资产拆卖者涌入东京酒店

直至现在,大多数的讨论依旧集中于如何避免陷入恶性循环。因为在当前资产负债表衰退的险境下,陷入恶性循环的风险如影随行,政策制定者必须始终对此保持警惕。可是,日本经济可能的道路却绝不限于当前的停滞或者陷入恶性循环。事实上,仍然有可能让日本经济进入经济增长和资产价格上涨齐头并进的良性循环之中。

在危机四伏的日本,谈论这样的良性循环听起来也许不可思议。但是,在过去的 12 年里,至少有两次这样的机会,当时的日本经济确实处于资产价格上升,同时经济快速增长的良性循环之中。第一次是 1995—1996 年(日本 1996

年的实际 GDP 增长率为 4.4%，这在 G7[1] 各国中是最高的）；第二次是 1999—2000 年，当时股票市场大幅上涨，市值增长了 213 万亿日元，几乎是日本当年 GDP 的一半。

但是，两次机会都被日本大藏省突然的财政刹车扼杀在半途之中。第一次，大藏省说服桥本首相通过增加税收、减少支出来削减预算赤字，结果马上将经济推入了连续 5 个季度的负增长中。接踵而至的资产价格下跌也导致了大规模的银行危机。第二次，良性循环的势头又被挥霍了，当时大藏省拒绝迅速引入必要的补充预算，结果通缩压力卷土重来。后续接任的小泉首相不明智地承诺将日本政府债券的年发行量控制在 30 万亿日元以下，这导致了资产价格的大幅下跌和经济连续 3 个季度的负增长。

两次经济前行的势头都被不幸中断了，实在令人遗憾，如果没有那么快踩刹车，也许现在日本已经爬出了资产负债表衰退的泥潭。特别是 1995—1996 年的那次机会更是可惜，当时大量来自美国的资产拆卖者以及海外华人投资者涌入东京的酒店，寻找可以收购的商业地产。这些国际投资者涌入日本，表明地产价格已经降到了国际合理水准。也就是说，租金与不动产价格之比已经回落到了国际水平。如果这些投资者持续买入这些资产，这将会为投资者提供一个房地产价值的底线，并使日本企业的资产负债表后续的修复变得更加容易。

不幸的是，也就是在那个时候，在大藏省的敦促之下，桥本首相决定启动增税和削减支出的财政改革。随后，资产价格和经济双双崩溃，形势十分严峻，所有来日本购买资产的国外投资者迅速逃离，这加剧了不动产价值的恶化。包括资产价格在内的主要经济指标都远低于 1996 年水平的事实表明，7 年后的今天日本仍然没能从 1997 年削减预算赤字的错误决策所造成的伤害中恢复过来。换句话说，如果桥本首相没有在 1997 年启动财政改革，取而代之的是继续秉承前些年的财政刺激政策，那么，很有可能在本书出版的时候，日本经济的资产负债表问题早已是明日黄花了。

---

[1] 西方主要工业国家晤商政策的论坛，成员国包括美国、英国、法国、德国、日本、意大利和加拿大 7 个西方发达国家。——译者注

换言之,虽然我一直强调日本的财政政策是历史上最成功的财政政策之一,但如果不是这样频繁地停停走走的话,那将会更加成功。起初的药方对了,但后来采用的却是疗效最差的方式。

1995—1996年以及1999—2000年的两次复苏窗口,都是依靠强有力的财政刺激推动的。在前一次,是美国政府迫使日本政府采取刺激措施以提升内需;作为交换,美国政府帮助日本打压强势日元。在后面那一次,是小渊首相的决定才将日本经济从1997—1998年完全失败的调控中拉了出来,是调控的失败促成了强有力的财政应对措施。

开启良性循环的条件

以上论述表明,开启并维持良性循环的关键是实施大规模的财政刺激,并暂时保持这种刺激。同时,政府必须向国内和海外承诺不会过早地踩刹车。也就是说,在日本的大多数企业对其资产负债表感到满意之前,日本政府不会釜底抽薪。同时,政府也必须向民众解释为何需要在资产负债表衰退期间实施财政刺激。

这样的承诺是必须的,因为许多日本商人和海外投资者在上两次良性循环开启时投入了大量的资金却铩羽而归,财政刺激被愚蠢地取消,投资者面对的只有经济和股票市场的崩溃。结果,日本商人和海外投资者现在对日本政府宣布的任何"反通缩措施"都极度怀疑。即使出台了实质性的刺激措施,这些投资者也会彷徨不前,因为他们会担心没有后续政策跟进,担心财务省那帮财政改革者沐猴而冠、重新得势,将日本经济的复苏再次搞砸了。因此,为了安抚他们的担忧,政府必须首先做出承诺,保证过去的错误不会再一次重演。

为财政刺激政策进行辩解是有必要的,因为国内外很少有人意识到日本正完全处在一场资产负债表衰退之中,每个人都在试图偿债以改善其资产负债表。他们没有意识到,即使是在零利率的环境里,日本的绝大多数企业仍然选择偿还债务。但是,既然企业所做的选择有其道理,那么,政府就必须采取行动以抵消来自私营部门的通缩压力。如果不能对此解释清楚,无知的媒体就会将财政刺激简单地描述成一场最糟糕的政治分肥举动,这将导致公众更加怀疑政府的意图。

在过去的10年里,日本企业已经成功地大幅减少了其有息负债。但在此期间,桥本政府和现任的小泉政府却在填补通缩缺口方面作为有限,结果导致了经济衰退,资产价格暴跌。实际上,这样的错误政策使我们离健康资产负债表的目标越来越远,结果我们陷入了偿债和资产价格持续下跌的恶性循环中。而在这段时间里,财政赤字一直在不断攀升。

缩短实现目标的时间

正如第二章提及的,在大多数企业成功修复其资产负债表之前,经济不可能踏上自我维持型的复苏之路。从这个角度来说,我们需要面对两个问题:

(1)未来需要保持多大的财政刺激规模?

(2)有什么方法能加速这一进程?

关于第(1)个问题,正如我在第二章图2—4中提供的2000财年GDP统计数据所显示的那样,到目前为止,企业的资产负债表应当已经恢复到了泡沫前的水平。但是,随后资产价格下跌和经济疲弱却使得我们离目标越来越远。

如果经济步入了良性循环,那么目标会变得更接近实现。也就是说,对于第(1)个问题,并没有恒定的答案——答案同经济的健康程度有机地联系在一起。目前,由于小泉政府对财政刺激不感兴趣,实际上是在放任经济恶化和资产价格下跌,结果对大多数公司而言,它们离实现资产负债表修复的目标越来越远了。

而且,如果经济持续低迷,企业往往会变得更加谨慎,进而加速偿还贷款。如前所述,日本企业的杠杆比率仍比美国企业高出1.7倍。虽然在经济高速增长期,高杠杆率是可以接受的;但是,在经济低增长期,高杠杆率对企业来说可能就是致命的。目前处于经济低增长时期,正是这一现实促使日本企业偿还贷款。

如果我们承认(1)是由(2)的结果决定的,那么政策制定者应当将所有的精力转移到寻求缩短资产负债表修复进程的方法上。换言之,政策制定者必须尽快找到一条道路,使得日本经济能够尽快回到良性循环。

战争——谁将受益?

过去,只有战争才能解决严重的资产负债表衰退,包括20世纪30年代的大萧条。这是一个众所周知的事实,但是,战争解决资产负债表衰退的机制却没有得到充分的解释。换句话说,许多批评者只是简单地说战争代表了解决问题的一种特殊情势,除此之外,对此再无深入的思考。

然而,这并不意味着没有战争以及随之而来的死亡与破坏,就无法克服资产负债表的衰退。战争并不是通过杀戮和破坏来解决资产负债表衰退问题的,而是战争迫使政府对存在的威胁做出反应——下达大量军需品订单,同时要求严格按照时限交货。

具体而论,当战争来临之际,政府将采购数以千计的战斗机和几十艘军舰。而且,根本没有时间可以拖延,因为延迟交货就意味着即使不输掉整个战争,也必然会输掉某场战役。换言之,交货时间和交货数量同样重要。大量的订单被分配给那些资产负债表存在问题的企业,因为战争期间主要考虑的是生产能力和技术实力,而不是财务状况。

大量交货时间紧迫的订单使企业现存的产能捉襟见肘。这些紧急订单迫使企业加大资本投入,雇用更多的工人以便能按时交货。于是,突然间企业的行为被迫按照前瞻预期进行——一种它们在和平时期绝对没想到的方式。

如果企业要进行资本投资,那么,它们就需要现金。但是,那些面临资产负债表问题的企业手头上是不可能有充足资金的。可是,金融机构会非常乐意把钱借给这些手里拿着大量订单的企业,因为这些订单都来自政府——这是最值得信赖的客户。

一旦出现这种情况,那些滞留在金融机构内的货币就会突然被注入实体经济中,从而创造额外的收入流。因此,即使很多企业仍面临着资产负债表问题,但随着产出和收入流的迅速增长,经济也会朝着复苏的方向奔腾而去。

此外,当产出和收入都恢复的时候,人们会感觉更好,往往会花更多的钱,这很快就会在政府需求——需求产生的起点——之外形成新的需求。最终,这将导致经济就此步入一个良性循环——经济增长更加健康,资产价格上升,从而使我们更接近资产负债表调整的目标。

换言之,克服资产负债表衰退的不是战争,而是来自政府的大量需在极短期内交货的订单,将经济拉出了恶性循环的泥潭,远离了合成谬误。

即使央行以通胀为目标,并基于企业债务最终会被通胀侵蚀而鼓励企业借入更多的资金,那些被资产负债表问题困扰的企业,在解决资产负债表问题之前,也不太可能对此作出反应。但是,为了能够扩充产能以交付来自政府的真实订单,即便那些背负着严重资产负债表问题的企业也会告贷负债。正因为如此,在资产负债表衰退期间,可能产生影响的是财政政策,而不是货币政策。

过去 12 年间,政府的支出始终过于谨慎

如果我们能从这个角度来看日本目前面临的问题,很显然,过去 10 年政府支出即便称不上微不足道,但也绝没有创造出超额需求,以致出现经济短缺。的确没有任何迹象表明,企业为了满足严苛的交货时限而努力奋争。相反,企业更普遍的想法是:尽可能长时间地依赖有限的订单活下去。因为订单总是零零星星的,即便 140 万亿日元的财政刺激也几乎不足以阻止经济陷入恶性循环。而且,正如前面提到的,由于经济持续下滑,人们逐渐变得更加悲观。这促

使企业努力降低它们的杠杆率,而这又加剧了本已非常严重的偿债潮,整个国家的合成谬误由此变得更为严重。

自从小泉政府掌权之后,除了谈论冻结公共支出之外,几乎一事无成。换言之,日本政府在资产负债表衰退期间的所作所为已经越来越远离正确的道路。因此,即使那些依赖政府订单生存的企业,也没有任何增加资本开支的想法,更不愿意雇用更多的工人。日本政府和财政当局正以收效最差的方式贯彻其财政支出政策。结果就是财政赤字不断增加,经济却无法进入良性循环。

秦朝给我们的启示

在考虑如何阻止经济持续萎缩时,也许我们应当考虑一下一个来自中国古代的事例。秦朝皇帝嬴政是第一个统一中国的皇帝,并修建了万里长城。在他统一中国之前,嬴政要求郑国——一个才华卓越的土木工程师——设计一条大水渠以便扩大灌溉系统,从而促进农业生产。

但是,灌溉渠开工 3 年之后仍未完工,经过调查发现,原来工程师郑国实际上是敌国的间谍。他将秦国所有的资源集中到灌溉渠的修建之中,以"疲秦"的策略,达到阻止秦国攻击其他国家的目的。真相大白后,所有人都认为秦王嬴政会立即将郑国处死。可是,秦王嬴政告诉郑国,如果工程能够在一年内完工——而不是原定的 5 年,那么就可以饶他一命。结果,郑国翌年就完成了这项工程。这项工程的建成,奠定了秦统一中国的重要物质基础。

如果秦始皇是一个心胸狭隘的领导人,那么,他一发现郑国心怀鬼胎就会将其立即处死,这项工程也将被废止,全国数年的努力也将付诸东流。自然,统一进程也可能因此变得遥遥无期。

我觉得这个故事也与日本的现状有一些关联。说到日本的公共建设工程,其背后隐藏着修建公路和水坝的支持者,他们中的一些人只是为了自己选区的工程预算而工作,而不是真正考虑公共建设工程。

在经历了数十年这样的政治分肥之后,日本民众对这种在这个国家中盛行的信口雌黄的行为十分反感,这反过来又让所有公共建设工程的支出处于危险之中。

但是,如果所有的公共建设工程支出都被冻结,那些半途之中的工程可能会被废弃,这会产生巨大的浪费。此外,如果以公共建设工程为基础的城市规划最终因此中断,那也意味着经济的巨大损失。

通过工期减半创造需求

要克服上面所说的公众的厌恶感,将经济推入一个良性循环的轨道,一个可行的办法就是效仿秦王嬴政,大幅缩短最有意义的公共建设工程的完工期限。例如,如果整体预算规模不变,但是完工期限减半,这可能会让承包商竭尽全力地赶工。他们也将会变得更专注于工作,因为如果不能在截止期限前完工,他们将在下一轮公共建设工程招标中失去应标的资格。

如果工期减半,这会导致产能、工人、水泥和钢材的突然短缺。如果工程要求在4年之内完成的话,产能和供给可能是过剩的;但是,一旦工期缩短到2年,那么,产能一定会出现不足。如果发生这种情况,那么,整个日本就会面临供给的短缺,这类似于战时的政府支出效果,也许会将经济推向一个良性循环之中。

例如,仍有超过2 000公里的高速公路待建。这么多的高速公路规划看起来似有浪费之嫌,所以首先要做的就是按照小泉首相和猪濑直树——一个直言不讳的私有化的拥护者——的建议,将拟建的高速公路工程中可能使用频率最低的20%去掉。当然,由于需求过多而经常拥堵的路线不在削减之列。

同时,对于剩下80%的工程,政府应当要求建筑商将完工时间缩减一半,但把最初所有的预算都预留给这80%。那些无法达到要求的承包商就失去了后续承包公共建设工程的资格。对地方政府也应当如此要求。当然,在工作中偷工减料会遭受惩罚。由于日本人可能比其他国家的人更严格地遵守完工日期,因而这些承包商应该最终会如期完成这一挑战。

如果上述举措将经济推入良性循环的轨道,那么,下一阶段的公共项目就可以按同样的方式操作——预算金额不缩减,但是要求在一半的时间内完成。这样的势头必须维持至少3～4年。

如果这样的情况持续几轮,一项又一项工程完工,公众就会改变那种公共建设工程从来都只是不断吞噬资金的无底洞,并且永远无法竣工的印象。甚至人们会对接连完工的项目感到骄傲和自豪。

当然,也可能是由于政府无法获得所需的土地(参见第十一章)而导致工程无法推进,这通过工期减半的方式是无法解决的。这样的情况需要特殊对待,例如,免除向政府出售土地所获利益的资本利得税和继承税。

如果这真的能将整个经济推入良性循环,那么,资产价格应当会停止下跌,并大概率回升。若真如此,那么资产负债表调整的最终目标将会变得更容易实现。最初预计5年才能够达到的目标,也许3年甚至2年内就能实现。如果这带动了私营部门投资的复苏并足以产生挤出效应,那就应当停止实施刺激政策,因为这意味着资产负债表衰退已告终结。

仅仅资产价格停止下跌的信号就足以轻松地缓解人们的焦虑。只要资产价格不企稳,人们就根本不可能规划未来。一旦资产价格稳定了,人们就会精确地知道修复资产负债表需要多少时间。那么,相应地,人们就会根据其资产负债表修复的情况而做出前瞻性的规划。

即使债券市场在短期内因为财政赤字的暴涨而遭遇抛售,但是,一旦资产负债表衰退接近尾声,那么修复财政的紧缩政策就可能再次出现。这种长期预期的改善,很有可能导致债券市场出现一个更为积极的反馈。而且,如果经济好转,资产价格就会随之上升。

相比之下,在目前这种半心半意、走走停停的财政刺激下,经济可能在很长的时间里都无法步入良性循环,而且政府赤字会在更长的衰退期内越积越多,最终在某个时点上人们可能会开始卖出债券。

与其每年以一种时行时停的方式花掉 30 万亿日元,并不断增加财政赤字,不如政府采取行动,创造一种"类战争经济模式",要求大量的订单严格在限定期限前交货,从而促使经济由供给过剩转向需求过剩的氛围,或许有可能使资产负债表衰退以一种比预期快得多的速度结束。

最危险又最有前途的经济

如果日本能够向世界明确表示,财政刺激是必要的,由于其企业部门资产负债表的原因而专注于偿还债务,而家庭部门则在继续储蓄,那么,投资者将会接受财政刺激,而不是对此加以反对。而且,一旦理解了这一点,国际投资者将会以完全不同的视角重新审视日本经济。

在主要的三个经济体——美国、欧洲和日本——中,如果各自的政府不采取任何行动,那么日本面临的风险显然将是最大的。毕竟日本已经经历了长达 10 年的经济衰退,资产价格的急剧下跌意味着个人和企业(包括银行)在很大程度上都被削弱了。然而,为了维持经济零增长,日本需要的政府赤字支出需达到 GDP 的 6%~7%,如果政府一旦停止这么做,那么日本经济将会马上崩溃而陷入萧条。相比之下,美国和欧洲的经济活动仍处于较高的水平,即使最近经济出现了一些放缓的迹象。因此,如果没有政府干预,日本将是三个经济体中最危险的一个。

另一方面,在这三个经济体中,如果日本政府施政恰当,日本的反应可能是最为正面的。这是因为美国和欧洲两年前才经历了一场股票市场的大泡沫,股票价格创历史新高。但随后泡沫破灭,导致许多人不仅损失了他们的财富,也失去了投资的方向感。那些以为自己会赚取更多钱财的人们,这时才发现自己已身陷泡沫之中。

在失去了判断投资好坏的参照系之后,这些人很容易被各种各样的新闻所左右,因为他们不确定该相信什么。这就加剧了市场的波动,只有当新的判断标准形成之后,市场才会逐渐稳定下来,而这样一个过程需要费时甚久。在此期间,无论政府采取什么措施,市场的动荡都会一直持续下去。

事实上,泡沫破灭之后,美国和欧洲股市的乐观情绪和悲观情绪每隔几天或几周就会如坐过山车般地交替出现。由于人们失去了方向感,市场仅仅根据发布的指数或者公告而剧烈波动。因此,今天也许是某大型IT公司让人失望的盈利预期,而第二天也许是艾伦·格林斯潘的乐观声明。

事实确实如此,即使美国和欧洲的经济形势较日本好很多,但是在稳定性方面仍然存在重大的不确定性。也就是说,经济形势和股票价格可能进一步上涨,但另一方面也可能朝着相反的方向剧烈波动。

在泡沫破灭后,日本也出现过这种情况。例如,在1992—1993年期间,人们普遍认为"太阳会再次升起",生活仍然会重回昔日的美好时光,但几周后,在普遍的悲观情绪面前,市场不得不再次屈服。在这种情况下,不论当局采取什么样的货币政策和财政政策,都不能消弭市场的不稳定性。的确,在人们重拾其对资产价格判断能力的信心之前,这种市场的不稳定性就不会消除。

此外,就欧洲的情况而言,《马斯特里赫特条约》[1]阻止了欧洲各国政府积极采取财政刺激政策以稳定经济。一旦欧洲陷入资产负债表衰退,那么这种限制将会带来致命的后果。鉴于德国和欧洲其他国家的股票价格下跌比较严重,政策制定者应当未雨绸缪,在全面衰退来临之前,为资产负债表衰退做好准备。

投资者开始意识到,日本经济下行的风险微乎其微

然而,在日本,泡沫是十多年前破灭的,资产价格已经大幅下跌。与峰值相比,商业不动产的价格已经平均下跌了85%左右,股票价格也下跌了近70%。

---

[1] 1991年12月9—10日,欧共体12个成员国在荷兰的马斯特里赫特草签了以欧洲经济与货币联盟和政治联盟为目标的《欧洲联盟条约》;1992年2月7日,欧共体各成员国的外长和财政部长在马斯特里赫特正式签署了该条约。因签署地在马斯特里赫特,故又称为《马斯特里赫特条约》。——译者注

这就意味着(除了前面提到日本商人和海外投资者的质疑之外),如果日本政府采取正确的政策——在这种情势下,意味着激进的财政支出——并向世界解释清楚为什么这么做,那么,日本的经济和股票市场很可能会做出迅速而积极的反应。换言之,如果政府如前所述,以适当的承诺和理由实施足够大的财政刺激计划,那么,日本作为一个投资目的地,将具有巨大的上行潜力,而不会出现美国和欧洲存在的那种下行风险。甚至可以断言,如果1997年以来所犯的所有政策错误都被纠正的话,日本的资产价格甚至有可能重回1996年底的高位。

如果政府采取上面所提及的措施,同时如果国内外的投资者意识到这一点,这些投资者就会带着钱重归日本。虽然许多国际投资者目前对日本股票配置的权重不高,但这也为增加流入日本市场的资金提供了潜在的机会。如果真的发生这种情况,那么我们可能会看到人们争相"买入日本"的热潮,也就是说,日元和日本股价会同步上升。这会与我们曾经看到的"抛售日本"的行为迥然不同。

资产价格的上涨,显示经济即将步入良性循环

如果资产价格上涨的情况出现,尽管日元走强会对经济产生负面影响,但是股价上涨对经济构成重大利好,特别是处在资产负债表衰退的背景下。这是因为股票和其他资产价格的回升,使得企业部门能更接近实现清洁资产负债表的目标。

此外,股价上涨能给人以信心,使经济熠熠生辉,促进更多的人花钱。随着政府(通过财政刺激)和私人支出的增加,企业的收入将会提升。这反过来又促进了股价的进一步上升。如此,经济就步入了良性循环。只要作为经济良性循环主要驱动力的财政刺激能够持续,那么,良性循环周期就会持续很长一段时间,特别是在资产价格已经跌到如此低的情况下。

的确,前任小渊首相推行的激进的财政刺激政策导致股票价格的飙升,推动股票市值增加了 213 万亿日元。这一时期恰逢全球的互联网泡沫,所以客观地说,大约一半也就是 100 万亿日元,应当归功于互联网泡沫而不是政府的财政刺激政策。但是,即便如此,与当前水平相比,100 万亿日元的股票市值增长仍将对经济产生重大推动作用。

重蹈覆辙

当时,毫无疑问,随着消费者信心的改善,日本经济已经开启了良性循环。但不幸的是,日本大藏省又一次对财政支出踩了刹车。特别是当时的大藏省大臣宫泽喜一顶不住大藏省官员们的压力,志得意满地表示,只有在政府看到每年 9 月份公布的第二季度 GDP 统计数据后,才会制定补充预算。这意味着,最早要到 11 月份才会出台补充预算。这使得每年春末夏季的几个月里,巨大的通缩缺口会浮出水面。如此一来,已经开始形成的良性循环就这样中止了,日本又回到了此前那种走走停停的境地。

鉴于大藏省官员们有着私心颇重的财政紧缩狂热这一事实(下文解释),他们完全"有能力"重蹈覆辙,这就有了同样的事情可能再次发生的危险。

另一方面,只要日本国内的和其他国家的政治家们对此保持警惕,并采取措施将这种可能性降到最低,如此开启并维持一个良性的经济循环就有了站得住脚的理由。

这可能是世界市场唯一的锚定点

另外,从国际视角看,日本经济和股票市场对恰当的政府政策做出反应,这一事实具有极为重要的意义。这是因为全球股票市场都在担心,这个世界上没有任何一个市场能够起到锚定点的作用。在当前市场存在诸多不确定和不稳定的环境下，这尤其令人担忧。特别是在一个一体化的世界市场中，各类投资者同一时间参与到所有的市场中，一旦一个市场开始下跌，这也会导致其他市场的同步下跌。因此，当纽约股市下跌的时候，东京股市往往也会出现同样的下跌。当东京股市下跌的时候，就给欧洲市场投下阴影。欧洲股市的糟糕表现随后又会困扰美国股市。例如，在1987年10月所谓的"黑色星期一"中，所有股市一个接一个地下跌。

由于美国和欧洲市场仍然处于后泡沫时期的不稳定状态，同时两个经济体都在遭受着经济减速的痛苦，因而全球股票市场发生令人不快的风险的可能性仍然存在。但是，如果日本政府采取上述措施，并开始推动经济和股市走高，这将为全球市场提供一个重要的锚定点，因为在其估值的背后有坚实的理由。如果东京股市在纽约股市下跌的情况下保持稳定，那么欧洲股市或许也能够顶住抛售的压力。如果东京和欧洲股市能够经受住冲击，那么纽约股市也能获得恢复稳定所需的喘息空间。换言之，如果要避免全球性崩盘，那三个市场中至少要有一个必须坚如磐石。

日本市场如果想起到锚定点作用，那么必须吸引到其他经济体的资金。这可能会对其他市场有一定的负面影响，可是，对于包括美国市场在内的其他市场参与者而言，有一个能够阻止全球股票市场崩溃的锚比根本没有这个锚要有价值得多。目前，只有日本市场具备了发挥这一作用的必要条件。虽然这是以日本政府采取正确的行动为前提的，尽管它实际上还没有开始行动，让人欣慰的是，这样的可能性是存在的。

事实上，我们已经没有时间可供浪费了。日本政府越早采取恰当的行动，对日本经济和全球市场就越有利。正在摆脱资产负债表衰退的日本政府，也将受到所有其他目前正遭受同样问题困扰的国家的赞赏。

大藏省的存在"依赖于"预算平衡

那么,为什么日本大藏省一直坚持削减预算赤字呢?实际上,大藏省分发了数以百万计的小册子让人们惊恐不已,觉得今天的预算赤字就意味着明天的巨额增税,因此我们必须尽快缩减预算赤字。

这个问题的答案在于,大藏省处于一个特殊的位置。在日本,大藏省享有着世界上其他政府机构所不享有的权力和声望。事实上,包括首相在内的民选官员,以及所有其他部门的官员,都非常谨慎地应对着大藏省,更遑论私营部门的企业家了。在很多方面,大藏省官员就是上帝。

日本大藏省特殊的地位,源自其官员在预算过程中有权说"不"。即使大藏省的官员们并不是公众选举产生的,但他们可以随心所欲地推翻民主程序。由于他们控制着预算,包括首相在内的所有人为了能有所为,都必须向大藏省"磕头"。

在当今的社会中,中央银行独立于政府,以保护货币政策免受政客突发奇想的干扰。在日本,财政政策很大程度上是在民主决策程序之外的。这在几十年前就是如此了,可能是假设受过良好教育和有良好纪律的日本官僚,在分配预算优先事项方面,会比当选的政客做得更好。

回顾历史,至少在20世纪80年代末期之前,这样的制度安排的确起到了一些作用,大藏省的否决权抑制了政府大量挤出私营部门投资需求的冲动。但是,与此同时,他们却对民主进程造成了不可估量的危害,因为他们的权力极大地削弱了民选政府的作用,以至于民选政府不得不为了拨款而向大藏省曲意逢迎。此外,政客们也不必因为没有履行选举承诺而承担责任。因为他们可以将其归咎于大藏省的阻挠。

虽然一直到20世纪80年代末期,大藏省的官员仍然赢得了公众的尊重,但是90年代一系列的丑闻和糟糕的经济记录使得大藏省的声誉严重受损。这些丑闻暴露了这些官员的傲慢和愚蠢。他们预测1997年财政改革不会伤害日本经济，这一错谬耗尽了他们仅存的声誉。例如，从20世纪90年代后半期开始，很少有人会相信他们的经济预测或银行统计数据了。

这种困境导致了1998年大藏省重大改组，日本央行摆脱大藏省的影响而独立了出去，银行监管职能重组了一个独立的机构——金融厅。[1] 大藏省的影响和声望都跌入了低谷。

自然，大藏省的官员不得不思考如何能重建大藏省的影响力，他们为此重拾初心。换言之，大藏省重新祭起对预算的否决权。毕竟，如果没有这项权力，那么他们的影响力就泯然如美国财政部一般了。但是，由于此前大藏省的形象受损，他们需要一个正当的理由来为其否决权辩护，没有什么比巨额预算赤字更理想的借口了。事实上，大藏省确实将预算赤字作为其否定预算的借口，以期重新获得在过去10年中失去的影响力。

为了让这一策略奏效，就必须将预算赤字描绘得一无是处。如果预算赤字被积极看待并且被视为对资产负债表衰退有益，那么大藏省的官员将不能用这样的借口来证明其拥有否决权的合理性。但是，如果他们不能否定预算，那就不会有人尊重他们。

这样的诉求让他们很难承认日本正处于资产负债表衰退之中，因为如果这么做，将为对预算赤字进行积极评估打开大门。因而尽管有足够多的反面证据，但是他们仍然坚持认为日本经济衰退的根源是结构性的。结果，尽管绝大多数企业即使在零利率的环境下也在继续偿还债务，但资产负债表问题从来没有成为经济衰退的官方理由。而且，他们需要将今天的赤字与明天可怕的增税等同起来，以使人们不会试图去推翻他们否定预算的权力。

不得不承认，大藏省官员们的努力在很大程度上取得了成功。他们为了平衡预算做了大量的宣传，从而让媒体和政客们很难将财政刺激视为一种积极的举措，由此使日本失去了对抗资产负债表衰退的最佳工具。

大藏省已经成功地维持了权力，包括首相在内的许多民选官员不得不向大

---

[1] 1998年6月，由日本首相府直辖的"金融厅"成立。该机构负责对大多数金融机构的监管。2000年7月后，原属大藏省的金融政策制定权被移交给金融厅。——译者注

藏省卑躬屈膝。但是,这些官员们仍然成功地摧毁了本可使日本摆脱资产负债表衰退的两次经济复苏势头。在 1997 年彻底惨败之后,财政部门的官员们彻底失去了否决权。除了增加日本人民的痛苦和留下大量的预算赤字之外,其余均乏善可陈。

形成鲜明反差的是,20 世纪 50 年代到 80 年代之间,他们的否决权却起到了积极的作用,因为他们阻止了政府对私营部门投资的挤出。然而,从 20 世纪 90 年代开始,当日本进入资产负债表衰退后,因为财政当局大权在握,并一心想要削减预算赤字,所以它成了日本经济复苏的唯一最大障碍。

削减开支而不是增加税收

拜日本财政当局持续不懈的宣传所赐,"预算赤字无非是延后增税"的观念现已深深地扎根于日本的财政政策酝酿过程之中。然而,增税只是偿还政府债务的许多可选方案之一(例如,削减开支、债务展期等)。不仅如此,通常情况下,增税是最坏的选择。

这一点从美联储前主席保罗·沃尔克到现任主席艾伦·格林斯潘长期坚持的观点中可见一斑。在 20 世纪 80 年代,美国的预算赤字是一个很大的问题,他们认为,应通过削减支出的方式削减预算赤字,而不是增加税收的方式。美国和英国进行的结构性改革,譬如里根总统和撒切尔首相实施的改革,全部都是以减税、削减开支、放松管制为核心内容的"小政府"改革。

更重要的是,是增加税收还是削减开支,应当留给未来一代来选择,而不应当由当代人来决定。如果资产负债表问题已经解决,必要的社会基础设施业已完成,那么,那代人自然会选择削减支出而不是增加税收的方式来解决赤字问题。从这个意义上说,"政府债务是延后增税"一说,表现了当代人的傲慢,同时也是对下一代的不尊重。

第五章

宏观经济学中缺失的一环

"看不见的手"有损经济发展

尽管很多人反对使用财政刺激措施,其理由是这有违于私营部门可以自我修复的原则;但应当指出的是,在资产负债表衰退的情况下,个体企业都在做正确且负责任的事。问题是,当这种正确且负责任的事恰好是债务最小化的时候,合成谬误就会将整个经济推入通缩周期之中。

既然个体企业都在做正确的事情,政府就不能告之不要还债。这就意味着,为了维持经济稳定,政府作为合成谬误之外唯一实体,必须与私营部门反向而行,以便于对冲来自私营部门的通缩压力。这就是人类从20世纪30年代经济大萧条中学到的教训,这也是为什么日本在90年代能设法免于萧条的原因。财政刺激之所以有必要,是因为人们正尝试通过采取正确且负责任的行动来进行自救。

亚当·斯密关于"看不见的手"会带来繁荣和增长的论断的主要前提之一,是企业追求利润最大化。但是,在当今的日本以及在安然事件后美国的许多地区,很多企业实际上追求的是债务最小化,而非利润最大化。这就意味着整个经济未能满足斯密的基本前提。

不仅如此,当企业寻求债务最小化的时候,如前所述,"看不见的手"所起的作用恰恰相反,会使经济陷入一个紧缩的平衡中。即使经济体中所有公司在微观层面上都采取正确且负责的行动,但当正确且负责的行动恰好使债务最小化时，则依然会通过合成谬误使经济陷入萧条。这是一个与传统经济学完全不同的世界，传统经济学是基于企业追求利润最大化的假设，但不幸的是，今天一些国家恰好正处于这样一个陌生的世界里。

大多数经济学家也许认识到这样一种可能性，即不论什么时候，总有一定数量的公司由于前期错误的商业决策而被迫寻求财务稳健，而不是寻求更有前瞻性的目标，例如利润最大化。但是，人们始终认为，上述这样的企业只是很少的一部分，大多数企业是追求前瞻性目标的。然而，他们忽略的一个情况是，在特殊情势中，尤其是在全国性的资产价格泡沫破灭之后，寻求前瞻性目标的企业数量与保守预期的企业数量的比例可能会发生逆转。

我们之所以将宏观经济学作为一个独立于微观经济学的学科来研究，主要是因为有时候微观行为的加总并不等同于宏观经济学的结果。这一点在资产负债表衰退期间最为明显，这时整个经济都会陷入合成谬误。有的人甚至认为，之所以宏观经济学存在，就是因为在经济学里存在合成谬误。如果不是因为存在这种可能性，那么，微观行为的加总就足以理解宏观经济，也就没有必要将宏观经济学作为一门独立学科来研究了。

资产负债表问题：凯恩斯主义和货币主义的共同盲点

对于日本旷日持久、看似棘手的经济衰退，全球的许多经济学家很感兴趣，并在过去的10年里提出了各种分析和建议。事实上，日本20世纪90年代的经历已经为经济学提供了大量重要的经验教训。其中一点就是，日本的经历充分地证明了货币主义的局限性，以及凯恩斯主义经济学所一直忽视的问题。

从第二次世界大战结束到20世纪70年代初，当时的经济学家大多数是凯恩斯主义者。他们自然倾向于凯恩斯理论，他们经历了20世纪30年代的大萧条，亲眼见证了货币政策的无能，以及陷入困境的经济体是多么渴望实行财政刺激政策。

然而，在第二次世界大战后，直至 20 世纪 80 年代末，任何一个主要的工业化经济体都没有出现重大的资产负债表问题。除了 1982 年的拉丁美洲国家之外，大多数国家的资产负债表很干净，大多数企业是抱有前瞻性预期的。尽管有那么一段时期，企业和个人厌恶借款，但这只被视为大萧条的后遗症，并且随着时间的推移，这种后遗症也逐步消退了。因此，财政政策对经济稳定提供基础性支撑的必要性也迅速降低了。1959 年，美国利率回到了 20 世纪 20 年代的水平上。

就全球层面而言，在第二次世界大战期间被完全摧毁的地区有着强烈的重建需求。战胜国可以通过向饱受战争蹂躏的国家增加出口，以此来解决产能过剩的问题。

这就意味着，在 20 世纪 50 年代前后，凯恩斯主义政策几乎没有用武之地，因为这些政策只有在资产负债表衰退的时候才最有效。此外，在资产负债表没有受损的正常时期，采用积极的财政政策，总会由于利率上升而导致挤出私人资本的投资。也就是说，当私营部门的资产负债表保持健康、企业没有遭受"债务恐惧综合征"等极端情况困扰的时候，就完全有可能通过放松或者收紧货币的方式调控经济的运行。

然而，在 20 世纪 50 年代和 60 年代，凯恩斯理论被奉为万能理论，经济的每一次微调均以凯恩斯理论为指导。当时没人注意到凯恩斯主义只适用于资产负债表衰退时期。尽管那个时代有一些包括米尔顿·弗里德曼在内的非凯恩斯主义者，但是人数不多，当时的主流经济学家大多是凯恩斯主义者。

结果，尽管政府为使凯恩斯主义政策发挥作用付出了巨大努力，却收效甚微；预算赤字持续增加，通胀和利率缓慢上升。这反过来又抑制了私营部门的投资。

20 世纪 60 年代末价格的缓慢上涨和 1973 年的第一次石油危机，带来了通胀与低增长并存的问题，即当时称之为"滞胀"的经济现象。由于通胀在很大程度上是一种货币现象，因而货币主义学派的观点能更好地解决这一问题，于是，整个经济学界开始将注意力从凯恩斯主义转向货币主义。20 世纪 60—70 年代凯恩斯主义理念的幻灭更使得货币主义大为流行。

虽然货币主义和凯恩斯主义在20世纪70年代中期的影响力处于伯仲之间，但是，美国70年代末高达两位数的通胀率则使胜负的天平完全倾向于货币主义学派。在1979年10月，美联储主席保罗·沃尔克采纳了货币主义学派的许多观点，颁布了《货币控制法案》以遏制两位数的通胀率。例如，该法案特别强调货币供给目标，这正是货币主义学派很长时间以来一直吁请的。虽然货币供给目标制的实施并没有像最初预想的那么顺利，但是宏观经济学界从此完全被货币主义学派主导了。

20世纪90年代，大多数宏观经济学家是货币主义者；仅存的凯恩斯主义者都是年纪七八十岁的老教授了。这也就意味着如今的大多数经济学教授是货币主义者。

日本"实验"失败

尽管货币主义学派的主张于20世纪30年代在公众中声誉扫地，但是，80—90年代迅速成长起来的货币主义学派又开始对大萧条做出自己的阐释。他们开始声称，如果美联储没有在1931年提高利率，那么始于1929年的美国大萧条本来是可以避免的。他们确实在试图改写历史。

他们试图改写历史，是因为公认的大萧条期间货币政策无效的观点与他们的信念是完全背离的；他们认为，如果运用得当，货币政策总是有效的。因此，大萧条是他们无法接受的一个历史证据。

大约就在这个时候，一个完美的"凯恩斯主义世界"，再一次在泡沫破灭后的日本，以货币政策的失效证明了其存在的意义。对世界各地的货币主义者来说，这是上帝给予的一次证明其理念的机会，即便在萧条时期，只要运用得当，货币政策仍可以发挥作用。如果他们的政策建议成功扭转日本经济颓势，那就意味着只要货币政策更加扩张，即便大萧条亦可避免。这也是为什么过去10

年中有如此多的货币主义者涌向日本的原因。

他们鼓吹"量化宽松和通胀目标制",建议日本央行进一步采取宽松货币政策。他们声称,如果日本央行能进一步采取措施,日本经济就会柳暗花明。由于之后的每个宽松货币政策都没能奏效,所以他们就不断要求日本央行采取更多措施。他们甚至建议,如果商业银行拒绝央行提供的流动性,那么日本央行本身可以直接购买或者直接承销日本政府债券,以便向市场注入流动性。保罗·克鲁格曼的建议就是一个典型的例子,甚至包括《金融时报》和《华尔街日报》在内的知名经济类报纸都给出了类似的建议。但是,如果医生只知道加大药物剂量而病人却没有产生积极的反应,那么,患者就有理由怀疑医生是无的放矢。

如果货币主义者的世界真的存在于日本,那么每次货币宽松都应当产生一些效果,因为在边际上,总有人会对央行提供的额外流动性和更低的利率有所反应。但实际情况是,尽管短期利率从8%下跌到了0%,经济却仍没有任何反应,这一事实应当使货币主义者意识到,这里一定是什么地方产生了严重的错误。

撺掇日本央行直接购买日本政府债券,这表明了货币主义者对一个关键问题缺乏基本的了解——目前,日本最缺乏的是资金的需求方,而不是供给方。也就是说,他们应当注意到,私营部门的家庭和企业要么是在储蓄,要么是在偿还债务;有很多贷款人,却没有借款人。现在日本最不缺的就是流动性,最缺乏的是愿意借入资金的人。

如果日本央行成为一个额外的资金出借方,被迫直接认购政府债券,这会使本已严峻的资金供给过剩情况进一步恶化。然而,"制造"出更多的贷款人根本就于事无补,因为问题的瓶颈根本不在供给端。

相反,这样会进一步压低长期利率。较低的长期利率受到经济社会的普遍欢迎,但是,当低到当下日本所处的水平时(10年期政府债券收益率为1%),会引发其他问题。特别是,在今天的超低利率水平下,事实上几乎所有的寿险公司均被负息差所困,所有的企业养老金计划都在亏本,非常糟糕。这些困境让人们更为焦虑。央行大举购买政府债券的行为也剥夺了银行的收益,而这样的收益,是银行重建其财务实力所需的必要条件。在日本央行加入之后,金融机构之间本已过度的竞争变得更加激烈了。这种过度的竞争正在削弱所有的金融机构。尽管低利率本应有益于经济,但是,在利率如此低而经济体中的利率敏感部门仍然没有被观察到有积极反应的时候,低利率对经济和银行部门的净效应实际上可能是负的。

那些意识到私营部门对资金缺乏需求的货币主义者们开始鼓吹,如果日本央行不购买政府债券,就应当转而购买非金融资产。然而,世界上没有一家中央银行有权利去购买自己消费范围之外的非金融资产。这一权利被授予了作为人民代表的政府。这种权利被称为财政政策。因此,人们对货币主义者的主张研究得越多,就越会发现,有证据表明货币政策在资产负债表衰退的背景下是无效的,而财政政策才是恰当的选择。

换言之,日本的经验已经证明,当资产负债表受损、人们追求债务最小化而不是利润最大化的时候,货币政策是无效的。这一事实,向目前货币主义学派主导的经济学界传递出一条非常重要的信息。

凯恩斯主义理论没有讨论资产负债表问题

另一方面,日本的经验同时暴露了凯恩斯及其追随者的分析框架存在严重缺陷。特别是他们在建构理论时没有提及任何资产负债表的问题。因此,与货币主义学派一样,他们也忽视了企业行为的目的可能是债务最小化而不是利润最大化。例如,凯恩斯不得不辩称,企业若停止投资,那么一定是由于资本的边际收益出现下降。可是,对于资本的边际收益为什么会下降,他从未提出过令人信服的证据。[①]

更重要的是,尽管凯恩斯主义者认识到存在"流动性陷阱"的可能性,即货币政策变得完全无效,但他们未能解释为什么一个在不久之前对货币政策反应如此敏感的经济体,突然间对货币政策毫无反应。也许这是因为凯恩斯本人是一位有钱人,毋庸担忧债务之故。凯恩斯战后的追随者们——凯恩斯主义者——就更没有理由担心资产负债表问题了,因为在20世纪90年代日本陷入资产负债表衰退之前,世界上任何地方都不曾遇到过资产负债表衰退问题。也许这就是为何在他们的观念中明显缺乏资产负债表修复的概念。

凯恩斯讨论了经济陷入"流动性陷阱"的可能性,但是他对为何产生这个问题的解释却非常牵强。例如,他认为,当利率低到了持有(有息)债券或现金没有任何区别的时候,大多数人会选择持有现金,等待下一次高收益的投资机会。凯恩斯称其为"投机性货币需求"。但是,与货币主义者一样,凯恩斯未能解释为什么当利率下跌时,经济却没有发生任何变化。

凯恩斯主义者和货币主义者都没有注意到,利率的下滑是由于私营部门缺乏资金需求所致,因为大量的企业和家庭为了修复资产负债表而选择优先偿还债务。从这个意义上说,截至目前,凯恩斯主义的理论一直是非常不完善的,因为它没有看到其试图解释的经济现象背后的根本驱动因素。

即使凯恩斯给出了解决资产负债表衰退的正确方法,即政府的赤字支出,但其推理的逻辑,是基于乘数效应和长期失业人群的劳动力边际无效性做出的。[②]他并没有论证赤字支出为何是资产负债表衰退的解决方案——这时,企业的经营目标不再是利润最大化。甚至凯恩斯为了能够在其模型中解释衰退和流动性陷阱,而提出了"投机性货币需求"这样的概念,实际上,这种现象产生的真正原因却是出自资产负债表问题。

作为资产负债表现象的流动性陷阱

换言之,这里提出资产负债表的观点表明,流动性陷阱本身与利率没有什么关系。这是因为,当企业将其优先事项从利润最大化转向恢复良好的财务状况(即负债最小化)的时候,它不仅削弱了总需求,而且由于私营部门资金需求的消失,使得经济对于央行的货币政策反应极其迟钝。

总需求的突然下降使得央行感到紧张,促使其下调利率。但是,由于企业已经处在资产负债表修复模式之中,因此,即便利率再低,经济也不会有任何反应。这使得央行颇感震惊,如同陷入恐慌一般,由此再次下调利率。但是,仍然没有任何积极的反应,经济继续走弱,因为企业的行为已经变得对利率没有反应。由于央行在经济恶化的时候不能无所作为,它就会不断下调利率,直到低无可低;或者直到所有人都认识到,既然没有任何效果,那么就没有必要再进一步下调利率。

这个最终的结果,就是通常所称的"流动性陷阱"。这是资产负债表衰退和央行对经济衰退的恐慌性反应共同作用的结果。因为传统的经济学没有考虑到企业的资产负债表问题,所以形成流动性陷阱的机制没有得到相应的分析。

更重要的是,日本最近的经验(互联网泡沫破灭后以及安然事件发生后的美国经验也一样)表明,流动性陷阱本身同利率水平无关。在企业将其首要经营目标从利润最大化转向债务最小化之日,便是产生流动性陷阱之时。这是因为在这种情况下,经济对利率已然麻木。这无关当时的利率水平。

可是,当企业转向负债最小化的时候,这将会导致私营部门资金需求和总需求的收缩。正如前文所述,这反过来又会导致央行做出恐慌性反应,直到央行造就出一个超低利率的世界。当我们将资产负债表问题纳入讨论的时候,经济学界终于明白了为何利率在下滑到如此低的水平时,经济却对此一点反应也没有。

以日本为例,一直到20世纪80年代末期,日本的经济一直充满活力,对货币政策也十分敏感,一个例证是利率到了2.5%就引发了全国性的资产价格泡沫。然而,从20世纪90年代开始,日本经济对货币政策就完全没有了任何反应。

日本在20世纪80年代和90年代最大的不同,在于银行和企业资产负债表的健康状况。在20世纪80年代末之前,几乎所有的日本银行都享有"3A"信用评级,企业的资产负债表也非常健康。相比于负债而言,企业拥有充足的资产。

但是，自20世纪90年代初以来，资产价格的暴跌给企业的资产负债表造成了严重的破坏。因此，企业都试图去修复自己的资产负债表。这是一种值得高度赞扬与负责任的行为，但最终却因为每个人在同一时间做了同样的事从而导致了合成谬误。正是这种合成谬误导致了货币政策失效。这是凯恩斯主义和货币主义的分析框架中都缺失却非常重要的一点。

如果我们将资产负债表问题纳入凯恩斯主义的分析框架内，那么，就可以充分解释为什么一个强劲的经济体会在资产价格崩溃之后突然停滞不前，也可以解释流动性陷阱形成的微观机制。因此，凯恩斯主义革命在纳入20世纪90年代日本的经验教训之后，就可以完成其理论上的自洽。

与此同时，资产负债表分析也解释了为什么看似有效的凯恩斯主义措施，在20世纪50年代到70年代期间均未能产生令人满意的结果。在此期间，根本没有资产负债表问题，积极的财政政策只会导致私营部门的投资被挤出市场。如果凯恩斯意识到了资产负债表的重要性，并将其纳入他的分析之中作为他政策建言的关键点，那么，20世纪50年代和60年代的凯恩斯主义者本可以通过避免滥用财政政策来规避其信誉的损失。

通货紧缩是资产负债表衰退的表征，而非其原因

受货币主义学派思维熏陶的经济学家继续辩称，引进通胀将会解决日本所面临的主要难题——通货紧缩。他们从未提及通缩产生的原因；保罗·克鲁格曼甚至撰文写到，根本没有必要解释为什么经济会陷入通缩。[3]他们的看法是，不论通缩起因何在，随着通胀的到来，一切都会好起来的。

然而，如果不能够了解通缩的起因——受损的资产负债表，那就不可能去分析日本经济并使其走向复苏之路。在日本，大约是1993年前后，人们出于对自身资产负债表的担忧而突然停止了借贷，但是当时消费者价格同比增长了

1.3％，经济处在通胀状态。日本的企业开始削减支出和投资，急于偿还债务，而根本不考虑经济正处在通胀之中的现实情况。

这意味着，即使通胀回头，也不能够保证这些企业会改变它们的偿债行为，停止偿还债务。"通胀目标制"的论调完全忽略了这个事实。换句话说，除非实际通胀率达到一个令人震惊的水平，否则大多数企业仍然会将修复资产负债表作为最紧迫的优先事项。只要它们继续这么做，那么通胀或基于通胀的经济复苏就不太可能实现。

问题的根源不在于经济是处于通缩还是通胀状态，而在于经济是否存在资产负债表问题。如果没有重大的资产负债表问题，经济就会对货币政策的变动做出反应；但是，当出现资产负债表问题时，情况就不是这样了。从这个意义上说，当下日本的资产负债表衰退也暴露了货币主义的局限性。

费雪的债务通缩与资产负债表衰退

人们认为，凯恩斯找到了针对资产负债表衰退的救治之策，却没有找到衰退的起因。而且，由于他没有说明在什么样的情况下应该使用这样的方法，因此，在20世纪50—60年代，这些凯恩斯主义政策被不加甄别地滥用了，从而导致了凯恩斯主义可信度的丧失。而另一个极端是，欧文·费雪在1933年提出了债务通缩概念。④他找到了一些经济衰退发生的原因，却没找到解决的办法。许多经济学文献的读者或许会问，资产负债表衰退理论与费雪的债务通缩理论有何不同？在这里，我们做一个简要的比较。

费雪的债务通缩，就像资产负债表衰退一样，始于一种过度负债的状态，并导致人们的偿债行为。根据费雪的说法，从那时起，要经历9个阶段才会导致债务通缩：(1)债务清偿导致低价抛售和(2)存款减小，因为需要偿还银行贷款，进而导致流通速度的放缓。这种存款规模和流通速度的收缩会由于低价抛售而加剧，导致(3)价格水平的下降，换言之，就是货币升值。假设，如上所述，价格的下跌没有受到再通胀或者其他因素的干扰,那么,(4)企业净资产会更大幅度地下降,从而导致破产和(5)盈利的下滑。在一个资本主义私人盈利最大化的社会中,这就会导致所经营的企业亏损,进而造成了在(6)产出、贸易和劳动力就业数量上的减少。这些损失、破产和失业导致了(7)悲观主义情绪蔓延和丧失信心,这反过来造成了(8)囤积居奇和流通速度的进一步放缓。

上述8个阶段的变化促使(9)错综复杂的利率波动,特别是名义利率(货币利率)的下滑,以及实际利率(商品利率)的上升。⑤

虽然这套理论里面包含了许多资产负债表衰退中也关涉的概念,但是,其因果关系却是截然相反的。正如费雪多次指出的那样,通缩是他的理论中关键的驱动要素,如果没有通缩,经济只会遭受温和的周期性衰退。从第(1)项到第(5)项均关涉价格水平和货币变化,而没有实体经济的变化。因此,在费雪的模型中,产出的下降出现在这个过程的尾段[第(6)项]。

然而,在资产负债表衰退的过程中,通缩在很大程度上是衰退的一个结果,而不是衰退的原因。在这种类型的衰退中,产出下降是首先出现的,因为企业部门此时已经停止借入及消耗家庭部门产生的储蓄。由此产生的实体经济衰退导致了价格的下跌,特别是资产价格的下跌。因此,资产负债表衰退的主要驱动力,是企业部门经营目标从利润最大化转向债务最小化,这不仅导致总需求的收缩,而且使得经济对利率变化毫无反应。

虽然两个理论都始于债务清偿,但费雪的理论主要是由价格的下跌驱动的,而资产负债表衰退则是由企业部门的借款少于家庭部门的储蓄引起的。

但是,要想让费雪的理论机制发挥作用,价格下降的速度必须快于债务偿还的速度,这样实际存量债务才会增长。由于货币供应是债务水平的函数,这就意味着价格下跌的速度必须快于货币供给的收缩。要做到这一点,货币的流通速度[第(2)项]必须下降。(货币的流通速度指的是在给定时间内货币易手的次数。)

虽然诸如农产品价格等商品市场的价格可以下降得很快,但在一个工业化经济体中,货币总体流通速度的下降必定会伴随着真实要素——比如收入和产出——的下跌。也就是说,若没有经济体中真实要素——譬如总需求——的收缩,货币流通速度的下降就是不切实际的。

更为重要的是,由于费雪过分强调货币收缩和价格下跌是萧条的关键驱动因素,因而他针对萧条提出的救治措施也几乎是以货币政策为主——央行应当执行通货再膨胀的政策。但是,这就是他的观点中自相矛盾之处。这是因为他已经认定,在其理论第(1)项中,人们开始清偿债务,而债务的清偿则导致其第(2)项中资金供应的减少。如果是这样的话,无论央行注入多少流动性,都不会增加货币供给,使得经济再通胀。正如第三章所述,货币供应的增加依赖于私营部门或者公共部门对资金需求的增加。由于费雪公开反对政府增加债务[6],因此,在缺少私营部门和公共部门借款人的情况下,央行根本无法实现再通胀的经济目标。而这正是我们在20世纪30年代大萧条中得到的教训。

当然,通缩也可能是由货币政策制定者造成的。例如,某项使货币保持过于强势的汇率政策,或者过于紧缩的货币政策都可能引起通缩。但是,这些通缩都可以简单地通过逆转汇率或者货币政策加以解决。

然而,当通缩是由全国性的企业资产负债表修复行为引起时,那么,只有在大多数资产负债表得到实际修复之后,通缩才会消除。要做到这一点,政府必须维持财政刺激,保证经济的运行,以便于企业有足够的收入来偿还债务。

上述内容表明,通缩产生的原因不止一种。因此,政策制定者首先要确定他们面对的是哪种类型的通缩,并据此制定解决方法。

虽然费雪的债务通缩理论很有趣,但他过分强调价格和货币是经济低迷的主要驱动因素,这使得其理论不切实际。即使真实情况是这样的,他关于央行可以通过再通胀的方式来挽救经济的结论,也与现实世界和他自己的理论自相矛盾。当每个人都在偿债的时候,央行是无法实现经济再通胀的。不幸的是,最近日本财务省认为,通缩是一种货币现象,日本央行应当对此负责。[7]这表明财务省官员的认知仍囿于费雪在1933年所作的思考范畴之内。

IS-LM 框架下的资产负债表衰退

在经济学中,在标准的 IS-LM 分析框架下,资产负债表衰退的含义又是如何的呢?首先,当企业进入了债务最小化的模式,并对利率信号没有反应的时候,IS 曲线基本上是垂直的,其位置主要由政府支出的规模决定。以日本为例,即使在零利率的环境下,企业部门作为一个整体,每年偿债的规模接近 20 万亿日元,私营部门的 IS 曲线不再存在于一个合理的范围内,因为私营部门的储蓄和投资行为与利率没有任何关系。这在传统的经济学里被认为是一种不切实际的理论可能性。但是,随着全国范围内资产价格泡沫的破灭,这种可能性往往就会变成现实。在这种情况下,政府的支出对于 IS 曲线的形成变得至关重要。由于政府的支出通常不是利率的函数,因而由此产生的 IS 曲线很可能是垂直的。

LM 曲线也存在问题,由于私营部门缺乏资金需求,导致货币乘数的大小取决于政府的借款规模。因此,政府借的钱越多,货币供应量也就越大。因此,在资产负债表衰退期间,LM 曲线的位置取决于央行的立场以及政府的借款数量。

在这种情况下,LM 曲线的形状并不是特别重要,原因有三:首先,正如前面提及的原因,即使没有"投机性货币需求",我们也可能遭遇流动性陷阱。其次,收入水平在很大程度上取决于垂直的 IS 曲线的位置,而垂直的 IS 曲线又主要是由政府的支出规模决定的。最后,由于私营部门缺乏资金需求,因而政府赤字融资规模的扩大会导致货币供应量的上升,使得 LM 曲线右移。换句话说,在资产负债表衰退期间,政府赤字支出的增加使 IS 曲线和 LM 曲线都向右移动。其净效应类似于传统 IS-LM 分析框架下 LM 曲线水平或者近似水平时候的结果。以上曲线如图 5−1 所示。

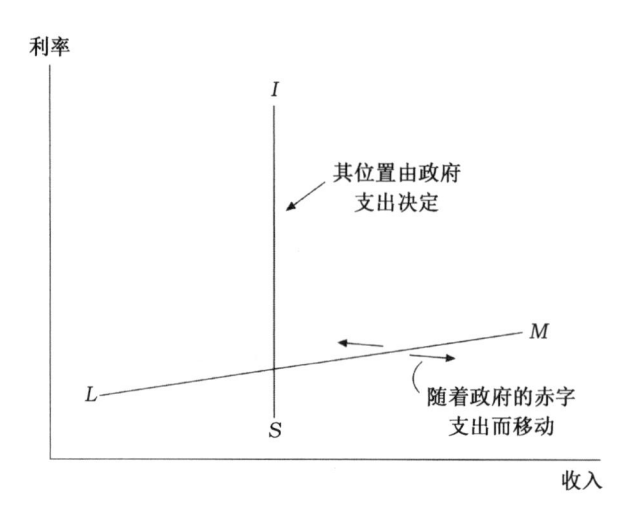

图中标注:
- 纵轴: 利率
- 横轴: 收入
- 曲线标记: I、S、L、M
- 其位置由政府支出决定
- 随着政府的赤字支出而移动

图5-1 资产负债表衰退期间的 IS-LM 曲线

预算赤字并非收入的代际转移

人们经常表达的一个严重担忧是,预算赤字可能会成为子孙后代的沉重负担。一些评论员甚至认为,执行预算赤字就像在使用子孙的信用卡透支一样。尽管从道德层面看,人们对大规模借款感到焦躁不安是可以理解的,但当借款人恰好是政府的时候,这个问题就需要重新加以审视了。

尽管"透支子孙信用卡"的观点表面看起来是正确的,但需要指出的是,预算赤字的实际负担仍然是由产生赤字的这代人承担的。因为只有当这代人没有全部花掉自己的收入,而是用其余额来购买政府债券时,这样政府才能够实施预算赤字。购买政府债券实际上减少了人们可自由支配资金的数量,这意味着预算赤字的负担仍然由这一代人来承担。

另一方面,对于下一代人而言,即使因为赎回债券的原因而被增加税收,他们也可以使用他们所有收入,因为赎回债券的资金仍然支付给了他们。从这个意义上来说,很难说他们承担了上一代人的预算赤字的负担。

如果用数字表示，假设政府和私营部门的收入或者税收都是 100 日元，政府发行了 20 日元的债券，由私营部门购买。这意味着，对当代人来说，私营部门可以支出 80 日元，政府可以支出 120 日元，总支出是 200 日元。在下一代，当政府债券被赎回时，私营部门可支配支出为 120 日元，包括政府债券的赎回所得 20 日元，而政府只能支出 80 日元。总支出仍然是 200 日元。因此，每代人的总支出仍然是 200 日元，两代人之间没有产生收入的代际转移。在这个例子中，收入转移只是在当代从私营部门转移到了公共部门，而在下一代又从公共部门转移回私营部门。

一些经济学家反驳了这一观点，认为当代人仍然可以支出 100 日元，只需要将 20 日元的政府债券卖给下一代人；或者在退休之后，在税负较轻的时候收到债券的赎回款项。在这样的情况下，下一代人只能支出 80 日元，因为他们必须为赎回政府债券而纳税。因此，他们声称这是一种收入的代际转移。

但是，如果当代人可以在任何时候（譬如明天）向下一代人出售政府债券，那么，当代人就没有理由持有这些债券。因此，为了从理论上证明上述观点的合理性，他们必须说明既然当代人可以在任何时候把政府债券卖给下一代人，那么，为什么现在却仍首选持有这些债券呢。

更重要的是，债券将在当代人退休后被赎回，因而下一代人只能支出 80 日元的观点，意味着当代人在其一生中花费了政府债券出售的全部所得，或者花光了债券赎回所得资金。这意味着，当代人（公共部门和私营部门）没有给后代留下任何遗产，但这种假设完全是不现实的。

在实践中，政府债券和其他金融资产，以及社会基础设施、房屋、大量的私人和公共资产，这些都是代代相传的。这些资产可能还包括上一代人在退休之后收到的债券赎回收益。但当所有这些资产被下一代继承的时候，代际的收入转移问题就变得不那么重要了，其意义甚至可能完全相反。因为大多数谈论"子孙信用卡"的人，是在假设这代人发行的政府债券将会全部转嫁给我们的孙辈，但实际上他们只是在担心一个子虚乌有的问题。

政府预算赤字只有在一种特殊的情况下才会导致发生收入的代际转移，那就是当代人退休后将债券或赎回，或转卖给下一代，当代人花光了所有从债券赎回或者出售中所得的收入。[1] 由于这些都是不现实的假设条件，因此，我们可以放心地推断，因预算赤字所造成的收入代际转移不是一个很严重的问题。

将一个健康的经济传递给下一代更为重要

有些人认为，如果公共工程需要通过赤字融资来完成，那么，所建造的东西必须可以让子孙后代用得上。虽然这样的观点从私人债务的角度来看貌似很有道理，但是对于公共债务而言，还需要一个不同的标准。代际相传的不仅仅是金融和实物资产，还包括整个经济的健康状况。有时候，下一代人更渴望继承的是一个受到足够呵护的经济体、一个即使受预算赤字困扰却走在复苏之路上的经济体，而不是一个虽然没有赤字却状况危笃、失血不止、行将就木的经济体。

为了更清楚地理解这一点，让我们假设在美国有1933年之前的一代——A代（即当代），以及1933年之后的一代——B代（即下一代）。尽管经济陷入严重的资产负债表衰退状态，但是胡佛总统领导下的A代却拒绝通过财政刺激的方式来支持经济发展。由于拒绝增加财政支出，因此，A代没有给B代留下任何政府债务负担。（实际上，A代确实留下了一定债务，只是这里假设当时没有留下任何赤字。）取而代之的是，留下了一个处于大萧条之中的经济体，失业率远远超过20%，GDP仅为1929年峰值的一半。

结果，B代为了能治愈经济的巨大创伤，不得不进行巨量的公共支出。到1944年，美国的预算赤字已经超过了GDP的30%，这才最终使这个国家走出了大萧条。

如果A代像目前的日本一样，通过财政支出将经济维持在1929年或者

---

[1] 即前文所指无论是公共部门还是私营部门，均未给后代留下任何遗产的特例。——译者注

1930年的水平上,并阻止危机的蔓延,那么,B代所面对的负担和痛苦将会小得多。即使B代不得不买入A代所发行的所有政府债券,如果A代通过财政支出防止了经济坠入深渊,那么这一境况就更为可取。

这对日本而言也是如此。如果将1998年6月之前的人称为A代,1998年6月之后的人称为B代,那么,前者就是通过增税和削减支出来实施财政修复政策而将经济拖向崩溃边缘的一代。这些政策的实施促使国内外的投资者纷纷逃离日本,导致出现了"抛售日本"的市场现象。结果,日元和股市的同时下跌不仅重创了日本的金融系统,也伤害了整个亚洲经济。

1998年6月,当时的日本首相桥本承认自己犯了一个错误,通过追加高达16万亿日元的补充预算,对财政政策进行180度的大转弯。换言之,政府重新致力于维持经济的稳定。不幸的是,损害已经造成,对经济的伤害是如此广泛和深刻,以至于经济的恢复需要更多的财政刺激以及救助银行系统的一揽子方案。结果,随后的救治成本(即预算赤字),从财政修复政策实施之前1996年的22万亿日元急剧扩大至1999年的37万亿日元。截至目前,预算赤字为30万亿~35万亿日元。

如果A代没有在1997年采取错误的财政修复政策,那么累积的预算赤字将至少比目前的水平低30万亿日元,而且经济也会比现在的情况好得多。毕竟,在财政紧缩政策实施之前的1996年,日本的经济增长率达到了4.4%,是G7当中最高的。因此,如果没有在1997年实施削减财政刺激的政策,那么,前一年的增长势头是可以延续的,经济就不会崩坏至长达5个季度的负增长。换句话说,如果A代没有在1997年启动财政紧缩计划,那么B代的境况本来会好得多。

从这个角度来看,当我们说我们用预算赤字建造的东西应当是下一代可以使用的东西的时候,这不仅仅是指实物资本,同样也包括整个经济体的健康状况。继承一个即使有一些预算赤字但尚保持健康的经济体,往往比一个虽然没有赤字却半瘫痪的经济体要理想得多。

在胡佛总统错误的"稳健的政府财政"政策而导致的大萧条期间,数百万年轻人穷得读不起书，被迫谋职求生。他们的人生规划不啻被政府毁掉了。如果不是由于战争导致大萧条的结束，整整一代人可能会失去受教育和工作的机会。

日本已经有370万人失业，他们中的许多人难以维持生计。许多家庭不得不削减他们在孩子教育上的支出，因而很多学生被迫放弃了学业。这代人的困境，就是由错误的财政紧缩政策所造成的。

虽然财政紧缩政策的鼓吹者总是告诫我们说，不能将债务留给我们的孩子，但是上面所引述的两个例子表明，即使一代人试图减少预算赤字（因为担心其后代负担过重），如果经济恰好处在资产负债表衰退状态，那么，预算赤字和经济都可能会因此变得更加恶化。

经济学家在讨论收入的代际转移问题时，其关于政府预算赤字的辩论中，很少涉及经济体的健康传承问题，以及政府债券以外的资产继承问题。由于不包括这些问题，他们得到的结论往往不利于政府实施预算赤字。这种疏忽，再加上他们对资产负债表衰退的进程缺乏理解，从而使得他们面对唯一能治愈资产负债表衰退的方案时，显得过于谨慎。

"一个糟糕的预算赤字"挤出私营部门投资

上述讨论似乎表明，确实没有理由对预算赤字感到恐慌。这样的恐慌显然是庸人自扰。上述讨论似乎支持这样的看法，因为预算赤字是严格从会计的角度来看待的。只有当代际没有继承关系的时候，才会产生收入的代际转移问题。收入转移的结论是，假设预算赤字本身对经济增长的路径没有任何不利影响。但是，一旦考虑到增长路径的问题，就会得出一些不同的结论。

预算赤字扩大，而私营部门有强烈投资的意愿，那么，私营部门与公共部门借款人之间对资金的竞争会导致利率升高，而这很有可能导致挤出私营部门的投资。

如果我们假设中期最稳健的经济增长,是倚赖于私营部门资本存量的积累,而不是基于公共部门的积累(因为私营部门通常比公共部门能够更有效地配置资源),那么,利率的上升和由此产生的对私营部门投资的挤出将会抑制经济的中期增长率。换言之,如果政府挤出了私营部门积累的资本存量,那么经济的潜在增长率将低于没有政府干预的情况下所能达到的潜在增长率。

例如,如果经济本来能以年均3%的增长率发展10年,但是,由于政府对私营部门投资的挤出效应只实现了2%的年均增长,那么10年后的GDP水平将会远低于没有政府干预的情况下所能达到的GDP水平。也就是说,挤出私营部门投资的预算赤字也会减少下一代的收入。这与收入代际转移中提及的"使用后代的信用卡"情况并不相同,但它仍然会影响未来后代的收入水平。

导致私营部门投资被挤出的预算赤字,显然是有害的。除非在诸如战争和自然灾害等极端紧急的情况下,否则当私营部门投资需求强劲的时候,不应实行赤字财政。能够对私营部门投资产生挤出效应的预算赤字,是"糟糕的预算赤字"。

资产负债表衰退期间"好的预算赤字"

另一个极端是日本目前所经历的资产负债表衰退,相较于可用的储蓄而言,私营部门的投资需求明显不足。在这种类型的衰退中,许多公司将通过优先偿还债务来修复资产负债表。结果,金融机构资金泛滥,利率创历史新低。总而言之,这里呈现的并不是一个公共部门和私营部门争夺资金的场景。

此外,由于家庭部门仍在储蓄,而企业部门却不再借贷,由此产生的巨大的通缩缺口会将经济拖入恶性循环,最终走向萧条。在这种情况下,除非政府借入并花掉这些资金,填补通缩缺口,否则经济有陷入恶性循环的风险,就像我们在1997—1998年看到的那样。如第一章中所述,如果放任这种情况发展下去,经济将会最终走向紧缩均衡,而那时人们已经贫困到根本毫无任何储蓄了。

到那时,大多数人的收入可能只有以前的一小部分,正如我们在20世纪30年代大萧条中所看到的那样。此外,一旦经济衰败到这种地步,那么其恢复就需要耗费大量的时间和巨大的财政支出。

因此,在资产负债表衰退期间,如果政府没能进行足够的财政支出而任由经济急剧下滑的话,那么不仅会降低下一代人的生活水平,而且还会增加他们的预算赤字。如果政府采取积极的财政措施,人们的收入原本能维持在1 000日元,但由于政府的无所作为,人们的收入水平下滑到了只有500日元,那么政府就会因为没能及时启动财政刺激,从而导致下一代人生活水平降低。因此,在资产负债表衰退期间,积极主动的预算赤字被称为"好的预算赤字"。

这表明,从中长期来看,预算赤字既可以提高也可以压低经济增长率,以及收入水平(与没有财政刺激的情况相比)。挤出私营部门投资的预算赤字会降低中长期的经济增长率,而资产负债表衰退期间积极主动的预算赤字却可以提高中长期的经济增长率。

总之,可以说在一个大多数企业追求利润最大化的正常世界里,私营部门的资金需求会对利率的变化做出反应。在这样的世界里,货币主义者关于企业的经营状况可以由货币政策来进行调控的主张是可行的。在这个世界中,应当限制财政支出,因为这会产生挤出效应。换言之,政府规模越小,对经济越有利。在日本20世纪90年代初陷入资产负债表衰退之前,第二次世界大战以后的主要经济体处在这样的一个世界里。

然而,当全国性的资产价格泡沫出现并可能几十年才破灭一次的时候,由于大多数公司将其优先考虑的经营目标调整为负债最小化,企业的资金需求就会急剧减少。于是,经济对利率的变化就不会有任何反应,由此导致资产负债表衰退。在这种衰退中,货币供应和GDP都依赖于政府的财政政策,政府是唯一的借款人。在这样的世界中,如果政府放弃其作为唯一借款人的角色,那么通过宽松货币政策形成的货币供给就无法流出金融机构而进入实体经济中去。当经济处于这种状态的时候,政府规模越大,财政政策越积极主动,就对经济越有利。

向政策制定者发出经济处于何种状态的信号,就是私营部门的资金需求和利率水平。如果经济处于正常状态,强劲的资金需求会形成一个正常的利率水平,前者会随着后者的变化迅速做出反应。如果经济处于资产负债表衰退的状态,非常疲弱的资金需求将会伴随着出乎意料的低利率,在后者变动的时候,前者几乎没有任何响应。

重要的是,要清楚地区分资产负债表衰退和其他类型的衰退。在一个不是资产负债表衰退的情况下,或者在企业并没有明显表现出资产负债表衰退后遗症(即债务恐惧综合征)的情况下,应当使用货币政策对经济进行微调。这是因为,如果使用财政政策来平抑经济波动,就会产生挤出效应,经济的中长期增长率被压制的风险也将会随之增加。战后凯恩斯主义者认为,财政政策可以在经济的任何阶段对商业周期进行微调。这显然是错误的。

在大萧条时期,凯恩斯是对的。当时的资产负债表问题非常严重。但是,在第二次世界大战后的30年里——一个经济中不存在资产负债表问题的周期内,仍然实施凯恩斯主义的政策,则是误入歧途。

现在清楚的是,在过去30年里实行凯恩斯主义的政策是错误的,因为凯恩斯本人在其理论中就没有考虑过资产负债表问题。由于凯恩斯主义理论缺失了关键的定义特征,从而造成了这一理论在那一年代被滥用,进而导致了凯恩斯主义理论可信度的丧失。

不幸的是,许多日本国内外的经济学家仍然没有意识到日本正处在资产负债表衰退之中。因此,他们仍然坚持认为,"日本由于实施财政支出政策从而可能迟滞了必要的结构性改革"的推出,或者"日本央行还有很多事情可以做"。10年后,在其他国家也重蹈覆辙之后,同样这一批经济学家也许会说"当经济处于资产负债表衰退的状态时,应当实施凯恩斯主义理论"。

注 释

① John Maynard Keynes, *The General Theory of Employment, Interest, and Money* (New York: Harcourt, Brace & World, 1964), pp. 110–115.

② *Ibid.*, pp. 128—129.

③ Paul Krugman, "It's Baaack: Japan's Slump and the Return of the Liquidity Trap," *Brookings Papers on Economic Activities*, No. 2, 1998, p. 172.

④ Irving Fisher, "The Debt-Deflation Theory of Great Depressions," *Econometrica*, October 1933, pp. 337—357.

⑤ *Ibid.*, p. 342.

⑥ *Ibid.*, p. 347.

⑦ Hiroshi Watanabe, Director General, Ministry of Finance, quoted in *Reuters*, January 22, 2003. http://www.briefing.reuters.com/cgi-bin/tlogin.exe.

第六章

仓促处置不良贷款绝非明智之举

清理不良贷款问题无助于经济恢复

目前,货币政策已经失去效力的状况,对清理银行的不良贷款问题具有重大影响。不良贷款问题的处置一直被吹捧为小泉内阁改革的一个核心部分,日本国内外的很多专家呼吁尽快解决这个问题。

然而,鉴于资产负债表问题在日本普遍存在,目前尽快处置不良贷款的举措不仅是错误的,而且非常危险。大多数公众受到类似"不良"或者"坏账"这类术语的影响,觉得只要这个问题得以解决,日本的经济就会得到改善。这一政策建言还需要我们更为仔细地加以审视。

根据前述章节所描述的货币环境,事实上,即使整个不良贷款问题得到了解决,我们也没有理由相信经济能够就此改善。这是因为即使不良贷款问题一时延宕,也不会制约经济复苏。

不良贷款问题之所以不是制约因素,是因为,如果不良贷款问题确实制约了日本经济复苏的话,那么,正如本书开头所提到的那样,日本的利率水平就应该高得多。更准确地说,如果不良贷款问题真的对经济构成制约,人们就有理由相信,银行因为背负着大量的不良贷款而不能进行有效的信用扩张,因为大量的不良贷款问题会降低银行的资本充足率水平。因此,即使存在着信用良好的借款者和有吸引力的投资项目,但银行家的放贷能力却使得这些项目无法获得贷款,或者为此陷入争论不休的境地。

但是，正如本书开始所提及的那样，如果不良贷款真的制约了经济复苏的话，那么，日本的银行贷款利率一定会迅速上升。这是因为，如果有大量信用良好并且愿意贷款的借款人，而银行能够出借的信贷数量有限的话，那么，就会出现对有限信贷额度进行竞争的局面。潜在的借款者将会就此开展一场竞购战，以获取银行有限的资金额度，进而导致银行贷款利率的大幅蹿升。

事实上，1991—1993年期间，美国就遇到这样的问题，尽管美联储已将货币市场利率压低至3%左右，但美国银行的贷款利率却依然保持在超过6%的高水准上。与此同时，由于杠杆收购（LBO）和商业地产市场的崩溃，严重侵蚀了美国商业银行的资本充足率，由此造成了全国范围内的信贷危机。由于资本金的问题，即使央行提供了充足的流动性，但是商业银行依旧难以扩张信贷。结果就导致了银行难以放贷，而借款人为了争夺有限的贷款则是火力全开，从而导致贷款利率大幅上升。（正如第八章第一、二节解释的那样，虽然有些利率结构是美联储有意为之，但是，如果没有强劲的信贷需求，那么利率也不可能维持在这么高的水平上。）

如果银行的贷款利率真的上升，我们就可以说银行提供资金的能力是瓶颈，经济停滞不前是因为银行的不良贷款问题。若是如此，那就应当尽快解决银行的不良贷款问题，即使需要注入大量的公共资金也应毫不吝惜。

但是，上述情况根本没有在日本发生。与之相反，日本的利率持续下降，现在已经几乎无限接近于零，达到了历史最低水平。而且，短期货币市场利率与银行贷款利率息差仍然很小。正如第三章所描述的那样，之所以会出现这种情况，是因为企业部门现在是资金的净提供方，每年向银行系统提供高达20万亿日元的资金。也就是说，资金的需求比供给下滑得更快，这就导致银行为了争夺有限的借款人而展开激烈的竞争。

这意味着，即使现在上帝现身解决了日本银行的所有不良贷款问题，日本的经济也复苏无望，因为瓶颈是在资金的需求端，而不是资金的供给端。但是，如果上帝能够将日本企业所有的债务积压都清除掉，那么日本经济实际上很有可能会得以改善，因为那些企业再也不用为了未偿还债务而担惊受怕。至少，企业每年偿还20万亿日元债务的行为会停止,这将消弭相当于GDP 4%的通缩缺口。然而,陷入困境的企业的债务实在太过庞大,即使上帝也无力妙手回春。因而当瓶颈出现在资金的需求端,那就没有必要去仓促处理日本银行系统内部的不良贷款问题。

即便银行运转正常也于事无补

经常会有这样的争议,即许多潜在的借款人曾去银行申请借款,却被拒贷,因此有人认为,银行肯定出现了惜贷的行为。政治家和记者似乎比大众更能接受这种说法。但是,人们应该谨慎对待这种观点的可信度。

毫无疑问,银行已经比10年前显得更加谨慎了。不幸的是,大多数借款人却仍然记得当年银行是多么慷慨,很多人认为只要他们恢复到以前的状况,那么银行的贷款态度就会"正常化"。确实,很多人至今还记得,在那些美好的日子里,只需要一个电话,银行马上就会争先恐后地将钱送到你的手上。正是基于这样的比较,他们觉得银行的态度变强硬了,放贷意愿也很低。

可是,造成这种反差的原因是银行在泡沫时期的行为太不正常了。即使这种转变反差巨大,但今天的情况相比于泡沫时期的行为更接近于"正常"。正如第三章图3-1所示,除了1997—1998年全球范围内的信贷紧缩之外,日本央行针对日本5 000多家借款公司所进行的《短观调查》显示,在过去10年的大部分时间里,日本银行是非常愿意提供贷款的。因此,人们应当对这种银行身上的惜贷标签持谨慎的态度,因为银行只是在进行适度的信用筛选。

这并不是说,日本银行的放贷能力令人满意。恰恰相反,银行的风险评估能力远非完美。某些商界人士甚至认为,今天的日本根本没有真正意义上的银行,有的只是一些超大型的典当行。而越是成功的商界人士,他们对银行就越挑剔。的确,日本银行在再次参与全球市场的竞争之前,需要大幅提升自己的信用评估能力。

不过，经常被忽略的一点是，即使日本所有的银行都掌握了最新的风险评估技术，并试图以新获取的评估技能进行最为激进的放贷行为，但与今天日本经济中存在的通缩缺口相比，增加的贷款数额仍是杯水车薪。毕竟，在这样的经济环境中，尽管利率为零，企业部门作为一个整体每年偿还高达 20 万亿日元规模的债务，而家庭部门的储蓄每年更是直上 30 万亿日元。认为提高银行的风险偏好就能够填补这个高达 50 万亿日元的缺口是不现实的。因此，尽管提高日本银行的放贷能力对单个银行的生存而言十分重要，但这并不是日本经济所面临的最大挑战。

日本不应仿效美国解决储贷危机的方案

那么，为什么仓促地处置不良贷款问题是危险的呢？这是因为只有当银行问题相比于经济体的总规模较小时，快速解决不良贷款问题才有意义。

首先，值得注意的是，那些主张快速解决不良贷款问题的人，要么根本没有实际的银行监管经验，要么只有处理 1989 年储贷危机（S&L Crisis）的相关履历。换言之，他们的主张仅仅是基于对储贷危机的成功处理之上。那些经验比处理储贷危机更为丰富的人士，对在日本照搬美国的经验缺乏热情。的确，在过去的 20 年里，美国的银行业经历过比储贷危机更严重的危机，而美国当局所采取的解决方法也各不相同。

至于储贷危机，面对大量储贷机构的倒闭，美国政府于 1989 年创立了重组信托公司（Resolution Trust Corporation，RTC）——一家公共金融机构，目的是清算倒闭的储贷机构的资产。联邦政府已经为这些机构建立了一个存款保险体系——联邦储蓄与贷款保险公司（FSLIC）。然而，由于储贷机构破产的数量太多，FSLIC 自身也于 1989 年破产，这迫使联邦政府创建了 RTC。

RTC 非常迅速地抛售了破产的储贷机构的资产，这导致资产价格出现了一些短期下跌，但随后的复苏扭转了美国经济的颓势。那些在低位买入这些资产的投资者赚取了巨额利润,这有效地安抚了投资者,反过来又为资产价格奠定了基础。RTC大胆的举措一举解决了不良贷款问题,扭转了美国经济衰退的轨迹。

鉴于美国政府的成功,小泉内阁也试图推行"大胆的结构性改革计划",这份由负责金融厅和经济财政政策的竹中平藏大臣起草的计划建议,日本应当按照RTC[在日本被称为RCC,即"重组和修正公司"(Resolution and Correction Corporation)]的方案,力争迅速解决不良贷款问题。[①]该计划宣称,快速解决不良贷款问题是小泉内阁的首要任务。

然而,问题是,美国储贷危机的案例不适合日本。原因是储贷机构占美国经济的比重非常小。事实上,尽管有数千家储贷机构,但其持有的资产只占美国总资产的5%。[②]而这5%中也只有一部分变成了坏账,剩余的95%仍然是可靠的资产。

另外,问题只是发生在储贷行业内部。在1989年,其他类型的金融服务提供商——包括保险公司、商业银行、投资信托等——均运行良好,引发储贷机构危机的因素并没有波及这些金融机构。北欧银行危机爆发时担任瑞典央行副行长的斯特凡·英格维斯(Stefan Ingves)也指出了这一重要观点,他在最近的一次演说中指出:"被广为关注的美国储贷危机……并不是一个真正的系统性危机。相反,其影响的是一个运作正常的大型金融市场的一部分。"[③]如果其中的95%是好的而只有5%受到了影响,那么,患者可以通过外科手术以切除这坏掉的5%。

但是,救助方案仍然耗费了美国纳税人1 600亿美元。[④]虽然其中95%的资产非常健康,只有5%的那部分资产被清算,但所花费的纳税人的成本则接近于美国GDP的3%。这是美国解决储贷危机的方式。

另一方面,在日本,全国范围内的资产价格下跌已经导致商业地产下滑了85%,高尔夫俱乐部会籍价格下跌了93%。据统计,由于资产价格的下跌,日本损失了1 200万亿日元的财富,相当于日本两年半的GDP。并且,金融机构承担了大部分损失,这意味着日本可能有95%的金融机构由此遭受了某种程度上的损失。也许只有5％的日本金融机构是健康的，剩下的95％存在诸如不良贷款、信用评级下滑，以及（或者）资本充足率下降的问题。

迅速处置不良贷款只会毁灭其价值

5％的资产是问题资产，而其余95％则是健康的；若将这种情况下的处置方法运用于95％的资产有问题，而仅有5％的资产是健康的场景下，那么，会导致什么样的后果？毫无疑问，这将摧毁经济。如果95％的资产被挂牌出售，而只有5％的人愿意购买，那么，这将导致极大的混乱。如果待售资产位于东京市中心，外国投资者也许会入场，但如果是位于其他区县的资产，就不可能有买家出现。在这种市场环境下，试图快速处置不良贷款问题只会大幅压低资产价格，使得资产负债表问题雪上加霜——这对每个人包括银行而言都是如此。

事实上，如果某个区域城市的黄金地段一旦有一个借款者违约，银行会就此试图清理借款人的资产。虽然银行将其资产挂牌出售，却找不到买家，在大多数企业陷入资产负债表危机的情况下，这也是意料之中的。由于缺乏买家，资产的价格就必须一直下调到能够找到买家的水平。问题是，如果用此成交价格对同一地区其他借款者的资产重新定价，银行就会发现其他借款者的借款将被归为问题贷款，因为抵押品的价值已经下降到其初始估值的一小部分。

这解释了为什么日本的形势会如此危险。在买家稀少的情况下鼓吹迅速处理不良贷款不仅脱离实际，同时也是非常冒失的。

斯特凡·英格维斯认为，在20世纪90年代早期的北欧银行危机中，当局竭力确保银行的资产价值"通过审慎管理"能够得以保全，而不是在快速抛售中被摧毁。这是因为北欧银行危机是一场系统性的银行危机，在这场危机中，"没有一个私人投资者能够苟活——因为他们很少有经历系统性风险的经验"[5]。

遗憾的是，包括前财政部长保罗·奥尼尔（Paul O'Neill）在内的美国高级官员们都没有遇到过像今天日本所面临的这种系统性危机。他们唯一的经验均来自对储贷危机的处理,因此,他们敦促日本仿效美国的经验。但是,储贷危机中只有5%的资产陷入困境,这与日本现在95%的资产出问题的境况完全不同。当下的日本照搬RTC的危机处理模式是荒谬的。

日本的情况与1982年的拉美债务危机相似

美国曾经经历过日本现在的情况吗？在最近的历史上,美国所经历的与现在日本的境况最相似的一次危机,是1982年的拉丁美洲债务危机。在20世纪70年代后半期到1982年间,包括所有大银行在内的数百家美国银行组成了财团,向拉丁美洲国家提供巨量的资金,这些国家包括墨西哥、巴西、阿根廷、智利以及委内瑞拉。就像1997年货币危机之前的"亚洲奇迹"一样,从20世纪70年代末期到1982年8月,在银行家中也流行着"拉丁美洲奇迹"的说法。当时,美国有超过15 000家银行——不仅所有大型银行,还有大量的中小银行——参与了拉丁美洲的贷款热潮。日本、加拿大、阿拉伯国家和欧洲的大银行也纷纷加入了向拉美贷款的浪潮之中。

1982年爆发的英国与阿根廷之间的马岛战争[1],迫使这些银行重新评估向拉美放贷的风险。所有的问题立刻原形毕露。在1982年8月,墨西哥意识到自己没有足够的美元偿还外债。随后,巴西、阿根廷、委内瑞拉和智利也相继陷入债务困境中,从而引发了一场大规模的银行危机。

在这一年,仅美国最大的8家银行对欠发达国家——主要是拉丁美洲国家——的贷款余额,合计就高达380亿美元,相当于其资本金的147%。这就意味着,在那一刻,这些美国的大银行实际上已经破产了。包括上面提及的美国8家银行提供的380亿美元在内的高达1 760亿美元的贷款,事实上已经陷入了

---

[1] 阿根廷将该岛称为"马尔维纳斯(Malvinas)群岛",英国则称之为"福克兰(Falkland)群岛"。1982年,英国和阿根廷为争夺此岛爆发战争。国内将这场战争称为"马岛战争"。本书英文版称之为"福克兰群岛战争"。——译者注

违约的境地。[6]

这与今天日本所面临的系统性风险何其相似,因为不仅是几家银行,而是整个银行系统都陷入了拉美的泥潭之中。当时的美联储主席保罗·沃尔克同日本央行行长前川春雄(Haruo Maekawa)在当年8月那个关键的星期五(日本的周六)晚上举行了一次电话会议,以寻求日本的帮助。据日本央行行长前川的秘书回忆,沃尔克对前川说的第一句话是:美国的银行系统业务可能无法撑到周一。

美国政府中负责监管国际银团贷款市场的机构之一是纽约联邦储备银行——美国的中央银行——研究部下面的国际金融市场小组。银团贷款业务的负责人就是我本人。那段日子我还历历在目。我还记得,当危机袭来的时候,我似乎觉得我眼前就像在地动山摇似的。

事实上,从1979年到墨西哥债务危机爆发之前的每个星期,纽约联邦储备银行——美国政府中唯一一家有能力评估国家风险的机构——都会督促美国主要银行的高管人员关注风险。我们质询其为何向拉丁美洲国家贷出如此多的美元,这些国家大多在独裁统治之下,通货膨胀率飞涨,经济管理和经常账户的状况都非常糟糕。我们警告他们,贷款给这些国家将会作茧自缚,他们应该减少拉美头寸的敞口风险。

尽管在危机来临4年之前,纽约联邦储备银行就发出了这样的警告,而当时美国的银行根本就置之不理。不仅如此,从1979年到1982年,美国银行在拉美的贷款敞口头寸增长了一倍。[7]

部分美国银行之所以如此莽撞行事,是因为当时美国的商业票据市场发展迅速,银行不断丢失传统业务(向美国的企业出借运营资本)。同时,据说有着美国银行业教父地位的花旗银行董事长沃尔特·里斯顿(Walter Wriston)呼吁美国的银行向海外公共机构借贷,宣称私营企业可能会破产,但是政府不会。这导致了美国银行业向海外公共机构贷款的爆炸性增长。在世界各国中,拉丁美洲国家是最具吸引力的地方,因为美国银行业认为其对拉美国家甚为了解,并且这些借款人也为此支付高额利息。

由于上述原因，当盛宴散场，一场真正的债务危机就此引爆。我们身在纽约联邦储备银行，告诫自己："这是他们玩火烧身。我们已经警告过他们了，让我们把他们搞回来！将他们带回纽约并迫使其重组现有的业务。"

不要给银行逃避责任的借口

然而，在危机爆发的那天，我们收到了当时在华盛顿的保罗·沃尔克的一条个人指令。他的指令让我们震惊不已。他大致是说："不论发生什么事情，确保美国的银行继续留在拉丁美洲，并继续贷款给这些国家，不要给这些银行逃离拉丁美洲的借口。"

当时我们想的是："这是他们玩火烧身。让我们把他们搞回来！"然而，我们收到的命令却截然相反。这条指令要求，即使我们不得不向他们低头，我们也应当要求银行继续向拉丁美洲国家提供贷款。这道命令对我们来说犹如晴天霹雳。但是，没过多久，我们就明白了背后的原因。

如果一家银行试图逃离墨西哥并拿走这个国家仅剩的美元，那也许这家银行可能会得以自救。但是，这会导致墨西哥无美元可供支配，其他所有的银行将面临墨西哥的大规模违约，然后像瘟疫一样在拉美国家中蔓延开来，最终使大多数美国货币中心银行倒闭。也就是说，如果一家银行试图逃离拉美，那么每家银行都会试图逃离拉美。如果任由这种情况发展下去，那借款人就不得不正式宣布违约。这意味着几乎所有的美国大银行都将破产。如果美国所有的大银行在同一个周一集体倒闭，那将会造成市场恐慌，这种恐慌不仅会让美国经济崩溃，而且也会让世界陷入萧条。问题是如此严重，这已经不是一场普通的危机，而是一场大规模的系统性危机。

鉴于这一事实，我们不得不呼吁美国数百家银行，要求其不仅不能从拉美撤离资金，还要继续向这些国家贷款。事实上，我在那段时间的工作就是列出一个名单，上面都是对墨西哥敞口头寸超过100万美元的银行的名字。名单随后给地区联邦储备银行,以便于银行相关的主管官员劝告这些银行继续借款给拉丁美洲国家。这些主管官员同时也强调,我们都在一条船上,休戚与共。虽然纽约联邦储备银行的同事私下里都感到非常愤怒,但是我们不得不尽量控制自己的个人情绪,要求这些银行继续向巴西和阿根廷提供贷款。

在1982年8月之后不久,所有发放给拉丁美洲国家的贷款事实上已经成为不良贷款。但是,沃尔克指示美国的三家银行监管机构不要将这些贷款视为不良贷款。如果监管机构将这些贷款列为不良贷款,这些银行就有理由撤离拉美市场。也就是说,如果银行在其报表上一直披露不良贷款,那么股东将会起诉管理层。由于银行有撤离的权利,如果有一家撤离拉美,那么其他银行也会试图溜之大吉。这个过程将摧毁整个银行和经济体系。如果发生这种情况,那不仅拉美会变成类似于1997年亚洲金融危机时的印度尼西亚,同时整个美国的金融系统也会土崩瓦解。

美国货币当局还必须确保外国银行不会从拉美撤资,也不会削减对那些拉美敞口头寸巨大的美国银行的信贷额度。虽然外国银行的拉美敞口头寸远低于美国的主要银行,但是,为了全球稳定,这些银行同意了上述请求。通过以上各方的通力合作,最终确保了美国银行系统的稳定。

日本应以拉美债务危机的处理经验为镜鉴

尽管这样的手段近乎凌驾于法律之上,但最终美国金融当局当时还是以高压的姿态宣布拉美国家的贷款并非不良贷款,并迫使银行继续向这些国家提供贷款。在这一过程中,他们也努力帮助借款人和贷款人恢复财务健康,同时最大限度地减少银行的任何道德风险。事实上,纽约联邦储备银行当时建立了一套监管系统,以便于能够检测美国的银行与墨西哥之间每一美元的流动。

此外,美国当局也并没有试图将危机的责任归咎于任何一家特定的银行。尽管当局知道所有美国银行的问题贷款的规模不断扩大,但是,他们并没有以此大做文章，或者谴责美国银行的管理层。为了宏观经济层面上的稳定，微观经济学的正统观念被搁置于一边。当发生了如此大的系统性风险的时候，所有银行的精诚合作和相互团结是关键，此时需要的就是像这样的高层所做出的判断和统一安排。

如果一家美国银行向美国地方法庭起诉，要求宣布墨西哥正式违约，那法庭将别无选择，只能宣布违约。但是，这样的一个正式判例将会立即摧毁美国的银行系统。这样的风险通过采用我们现在所说的"护航方案"得以遏制。纽约联邦储备银行组建了一支由数百家银行组成的"护航队"，并设法阻止每家银行做出违背共同利益的行为，以防止危机的扩散。当时的"护航方案"并没有现如今所表达的那种贬义。

美国政府花了3～4年的时间，一方面改善拉美国家借款人的财务状况，另一方面提高银行的稳健程度。1987年，银行还获得了大规模的减税待遇。在借贷双方都重获稳定之后，银行才开始用布雷迪债券[1]冲销其拉美国家的头寸，同时世界银行和国际货币基金组织则帮助这些拉美国家改善其经济管理。通过这一过程的努力，银行逐渐放弃了它们的债权。

当危机爆发时，美国政府从未要求立即解决不良贷款问题，因为不良贷款问题是如此严重，很显然，如果这么做将会摧毁整个美国乃至全球的经济。事实上，花旗银行在1987年5月恢复过来的时候，曾试图将它对拉美国家的贷款作为不良贷款加以处置，沃尔克公开表示反对。他担心，如果一旦某家恢复实力的银行为了使其财务报表看起来更稳健而这么做了，就创造一种让其他银行都觉得也有必要这么做的氛围，这将导致先前费力甚巨才在借款人与贷款人之间达成的全部协议面临崩溃的风险。

因此，始于1982年的危机耗费了十几年的时间才得以解决。虽然非常耗

---

〔1〕 以时任美国财政部长尼古拉斯·布雷迪（Nicholas Brady）的名字命名的一种债券，旨在将商业银行持有的对拉美国家的主权债务，转化为负债国发行的主要以美元计价的可交易债券，目的是提高债务流动性、分散风险，同时修复商业银行的资产负债表问题。墨西哥是第一个发行这一债券的国家，其具体做法是：首先，原有债务获得30%的减免；其次，墨西哥将剩余债务转化为浮动利率债券，并在20年后一次性还本；最后，债券的抵押物为墨西哥政府购买的20年期的美国零息债券。——译者注

时,但问题最终被全部解决了。这表明,无论问题多么严重,只要处理得当,那么问题还是有可能得到妥善处置的。

更为重要的是,除了1987年针对银行的税收减免和通过国际货币基金组织间接向拉丁美洲国家注资之外,美国纳税人没有付出任何代价。1982年拉丁美洲债务危机爆发时,其严重程度是美国储贷危机规模的近10倍。可是,由于处理得当,纳税人的负担为零,而储贷危机却耗费了纳税人1 600亿美元。

拉美债务危机给今天的日本提供了极有价值的镜鉴。当时美国所有的大银行和数以百计的中小型银行都深陷泥潭,这与日本目前的情况非常相似。沃尔克很快意识到这是一场系统性危机,因而将金融系统整体的稳定性置于首位,并不是一味地倚赖微观经济学的正统理念。虽然历时十余年,有时还采用了一些超越法律框架的手段,但是,问题最终在没有让纳税人付出任何代价的情况下得以圆满解决。从另外一方面看,在处理储贷危机中采用的RTC方案虽然迅速地解决了问题,展现了极高的效率,却耗费了纳税人1 600亿美元。

检视一下最近关于日本不良贷款处置的各种争论,让我吃惊的是,几乎无人提及拉美债务危机。这场危机已经被包括学术界和大众媒体在内的美国公众所遗忘,这或许是由于危机发生在20年前并且没有花费纳税人一分钱的缘故。

这场危机被遗忘的另一个原因是,所有问题都在美联储和商业银行的范围内被化解掉了,考虑到当时美国银行的糟糕状况,双方都没有太多理由公开它们在此期间做了什么。结果,美国的国会并没有为了解决危机而修改预算。这使得包括学术界在内的外部人士很难获得与这场危机相关的信息,这与储贷危机不一样。也许是因为沃尔克的解决方案太过完美,以至于那些日子的教训逐渐被大家所遗忘。

沃尔克担心日美对危机的认知存在差距

2001年6月,保罗·沃尔克在接受《东洋经济周刊》的采访时表达了与美国公众完全相左的看法。他的原话如下：

> 我美国的同事认为，只有当日本的不良贷款问题得到解决，日本的情况才会得到改善。我无法认同这样的观点……如果立即处置不良贷款问题，给纳税人造成的财政负担将会非常沉重，对经济的冲击也会太大。但是，因为不良贷款问题仍需尽快解决，所以，我们必须掌握在多大程度上限制速度，从而了解到底能多快进行处理。

我给杂志的编辑部门致电，想索要一下当时采访时沃尔克的英文稿件。但他们告诉我当时并没有英文稿件，采访是应沃尔克的要求安排的。这表明沃尔克对危机来临有非常强的预感，因为美国政府高层对问题的看法错得极为离谱。

侥幸的是，仍然有一部分美国人还记得1982年拉美债务危机爆发时究竟发生了什么事情。由于系统性的金融危机并不是经常发生，很少有人有处理这类危机的经验。因此，对于像沃尔克这类经验丰富的人，日本应当更仔细地倾听他的意见，而对于那些试图迫使日本采取不合理方案的建议应当加以拒绝。

如果从曼哈顿到旧金山，美国主要城市的商业地产价格下跌了85％，那么，没有一个美国人会建议采用RTC的方案来处理问题。在美国，没有一个购买者的资产负债表强健到能够买下这些资产。美联储主席和财政部长可能会说，解决这些问题的唯一办法，就是慢慢来，这正是日本时下所应做的事情。

我曾经有机会验证了这一假设。2011年4月，我所在公司的母公司——野村证券公司——邀请了一位美国前财政部高管来东京演讲。在演讲中，这位官员讲述了美国是如何处理储贷危机的，并且强调如果日本像当时的美国那样迅速采取行动，那么资产价格将会迅速触底，日本就能够摆脱不良贷款问题所造成的困局。接着，听众中有人举手说："坐在你旁边的辜朝明对这个问题有着不同的看法。请听听他的意见，然后再做一下评论吧。"

当时，我正坐在会议主持人旁边，我并没有准备发表意见，但是既然我的客户要求我发言，我便指出了日本当下的银行问题与当年美国的储贷危机的不同之处在于其规模大小是完全不一样的。我指出，储贷危机发生时，不仅储贷机构的资产数量只占美国资产总量的5％，而且当时的问题也仅限于储贷机构体系内，其他金融机构都十分健康。然而，在日本，有95％的金融机构存在各类问题，可能只有5％的金融机构是没有问题的。我补充说，如果只有5％的资产因为有问题而被出售，而其他95％的资产是良好的，那就会有买家；但是，如果情况截然相反，那就会造成巨大的动荡。

显然，当时那位平日充满自信的前政府官员对我的发言感到震惊，他立刻退缩了，说道："我没有意识到美国和日本的情况是如此大相径庭。或许我对这件事情的看法过于草率了。"这是我第一次听到他在自己的评价中使用了"草率"这个词。然后他转向我，问道："如果是这样的话，你会如何应对？"

我指出，在这种情况下，我们应当采取1982年拉美债务危机中美国所采用的模式，我根据我第一手的经验解释了当时发生的事情。他说："也许你是对的。虽然及时处理不良贷款十分重要，但保持资产价格和经济整体的稳定有时候更重要。"这个小插曲表明，有些美国政府高层官员并没有完全了解日本银行所面临的问题。

国外对日本的看法将会发生改变

的确，大多数敦促日本借鉴RTC当年经验的人在含蓄地假设，日本资产价格的下跌幅度与1989年美国的下跌幅度相同。当他们从数据中看到下跌幅度高达85％的时候，往往会对问题的严重性感到震惊。这些人并不了解日本的真实情况。

事实上，在2011年7月，我曾有幸与美国的政府官员在华盛顿讨论日本银行的不良贷款问题。我告诉他们："你们建议日本采用美国在1989年采用的RTC模式来处理不良贷款问题。可是，你们是否测算过，如果日本接受了你们的建议，这将给日本纳税人带来多大的负担？"正如我之前描述的那样，采用

RTC模式来处理不良贷款问题就已经耗费了美国纳税人足足1 600亿美元。

正如我所预料的,他们的回答是"不知道"。这样信口开河根本就是不负责任。他们要求日本采用当5%的金融机构陷入困境时美国曾使用的RTC模式,以解决日本当下95%的金融机构受损的困境,而他们还没有考虑到可能会发生的成本。如果他们计算了成本,就会马上发现,在日本采用RTC模式的成本将会是一个天文数字,这种要求是极不现实的。这是一个从未诊断过病人的大夫开出的药方,而不幸的是,这个病人的名字叫"日本"。

如果日本清楚地向外界解释其现在的境况,那么,外界就会对此加以理解。不幸的是,情况变得越来越混乱,因为竹中平藏坚持实施RTC当年的做法,而他既没有银行监管经验,又不是处理银行危机的专家,小泉首相在这一问题上应保持谨慎。

现在,人们在对快速处理不良贷款问题会将日本置于险境的看法上,逐渐达成了一致。譬如,我在2001年3月就此问题专门撰文阐述,在纽约发表之后,被美国国家商业经济协会授予了艾布拉姆森奖(Abramson Prize)。格林斯潘曾任这个协会主席,这表明协会认同这篇论文的价值。在这篇"2001年度最佳"的论文中,我所阐述的观点与我在本书中所持有的观点是一样的。顺带提及的是,庆祝活动于2001年9月10日晚在纽约的世贸中心举行。我去纽约出席了庆祝活动,并在世贸中心同国家商业经济协会的其他成员一直待到第二天早上,然后,恐怖袭击就发生了。

虽然一些美国官员没有意识到日本的问题是资金需求严重萎缩造成的,却仍在催促日本尽快解决不良贷款问题。他们认为,不良贷款问题才是日本经济的瓶颈所在,但是一旦事实被更好地知晓了之后,用不了多少时间,美国对日本的立场就会发生改变。

例如,保罗·克鲁格曼最终认识到日本的症结在于缺少资金需求,并且认为,迅速处理不良贷款问题并不是促进日本经济复苏的适当措施。⑨就像我之前所阐述的那样,如果不良贷款问题是制约因素,那么利率应当会走高。但是,实际上利率还在不停地下跌。而且,日本货币市场和债券市场的超低利率无时无刻不在向世界诉说着日本资金需求已严重萎缩。因此，外部世界最终意识到这一事实只是时间的问题。

当这一切昭然若揭之后，美国对日本处理不良贷款的立场就会发生改变。但是，日本的沟通力度明显不够。从这个角度看，除非日本更积极地传递正确的信息，否则日本可能会被迫"吃错药"。当"吃错药"导致灾难性的后果时，美国也只能说一句"对不起，我们不知道"。但是，我们这些生活在日本的人不仅将要面临经济的崩溃，而且还要承担因采取了错误的措施而产生的巨额修复成本。

经济将会受益于债转股或债务减免

处置不良贷款的经济后果，将在很大程度上取决于其实施形式。如果这种处置的方式是通过清算破产的借款人，使其退出经营，那么，由此导致的破产和失业的连锁反应，将会以资产负债表衰退的方式极大地损害社会经济。此外，资产的快速出售和经济的恶化将会进一步压低资产价格，从而产生更多的不良贷款。

小泉政府一直在强调改革所带来的"阵痛"，当时竹中也承认改革将会增加成千上万的失业人口，这表明日本政府正在考虑这种方法。鉴于日本问题规模巨大，这样的改革可能会使日本经济陷入极其危险的恶性循环之中。

而另一方面，可以考虑类似债转股的方案（即将债权人变成债务人的股东），以及债务减免等方法。这些方法对经济产生的副作用将是最小的，虽然在这个过程中银行会蒙受损失，但是这些如释重负的借款人又可以实施前瞻性的经营策略。这类措施对经济有着非常积极的影响。

在如今的日本，对破产的借款人进行清算几乎没有任何价值，私营部门和政府部门都应该积极推动债转股以及债务减免，以使得尽可能多的企业能够实施前瞻性经营策略。换言之，如果银行无论怎样都将面对同样的损失，那么，银行就应当采取能够促使经济走向扩张性均衡的措施。在1982年拉丁美洲发生债务危机的时候，当时的美国与现在的日本一样，面临着巨大的系统性风险，这个问题最终是通过发行布雷迪债券等债务减免的方式加以解决的。

当然，债务减免会带来道德风险，因此必须处置得当。但是，在资产负债表衰退期间，政策目标的主要取向是尽可能地防止经济陷入合成谬误之中。除极端情况外，减值和清算应当尽可能保持在最低限度，以免进一步加剧经济的萎缩。

但是，也有人强烈反对通过债转股或者债务减免的方式来解决不良贷款问题，而是要求对借款人进行清算。他们认为，正是上述的措施使本该破产清算的公司继续苟延残喘，由此导致了过度竞争，使得这些"坏"企业压低了"好"企业的盈利能力，从而使得整个经济变得极为脆弱。许多日本企业的高管和海外评论员认同这种观点。

几年前，我也从美联储的一位高级官员那里听到过类似的论调。他说，金融机构之间的过度竞争导致的利差收窄，会削弱整个金融系统；那些通过大幅降低资本充足率而引发过度竞争的银行，应当被赶出市场。

就微观视角而言，这位官员的看法是完全正确的。过度竞争会削弱每一个人[11]，而且只有破产才能对一个公司实施最有力的约束。同时，对于那些经营良好的公司来说，最好的奖赏就是让那些管理糟糕的公司从市场上消失。

总需求不足时，企业的清算会使经济更加萎靡

不过，这只是一个企业高管看待问题的微观视角。对于一个政策制定者来说，也许需要从宏观层面上以完全不同的视角重新加以审视。因为大多数企业的管理层认为，如果一个陷入困境的公司A从市场上被清除出去，总需求并不会因此发生改变，而幸存的公司又可以分享破产公司的市场份额。但是，在所有人都在偿债的全国性资产负债表衰退期间，每一个行业都有20%~30%的过

剩产能。因此，激进地清算，企业除了会让经济整体萎缩20%～30%之外，不会产生其他任何效果。

陷入困境的公司A在其所处的行业中，也许被视为导致过度竞争的罪魁祸首，可是，公司A存在时所创造的总需求，也许比关闭公司A并解雇其员工产生的价值大很多倍。也就是说，当所有行业都有类似A一样的公司的时候，同时清算这些公司将会导致经济中总需求的大幅萎缩。

然而，在微观层面上运营的企业管理层并没有看到这种风险。相反，他们都在对自己说："如果只有公司A退出市场，那剩下的我们就可以获得相当不错的利润。都是这个家伙造成我们处境悲惨。"他们希望除了自己以外，其他所有人都退出经营。

胡佛总统时期的财政部长安德鲁·梅隆揭示了过快清算这些企业的风险。当他"清除了一切腐朽的东西"之后，美国的国民生产总值只剩下了一半，这意味着对幸存企业的需求也缩减了一半。此外，那些破产企业的员工也成为公共负担的一部分，进一步加重了社会的税负。社会的法律、秩序和道德也进而恶化。

如果过度竞争只是源于一个行业内少数企业的行为，而其他大多数行业是健康的，那么，通过破产清算将这类企业出清就是一件正确的事情。但是，当需求不足和过度竞争是全国范围内所有行业的合成谬误造成时，那么，唯一的解决方案就是增加总需求。如果形势使然，企业和银行仍然需要破产出清，那么，政府唯一能做的就是准备名实相符、规模庞大的财政刺激计划，以便于抵消企业收缩造成的通缩影响。如此大规模的财政刺激所带来的效率损失，实际上可能会抵消企业快速破产所带来的效率提升。

如果整体上只有5%的企业受到不良贷款的影响，与美国储贷危机的规模相仿，根据美联储官员曾经的建议，清算最差的企业是可以解决问题的。然而，当经济体中95%的企业出现问题的时候，就需要从一个完全不同的视角加以考量。

日本缺乏风险投资

另一个不幸的事实是，日本缺乏真正意义上的风险投资。这也是为什么人们对银行期望过高，而银行却不愿意贷款给那些开创新事业的人，譬如风险投资企业。

人们已经忘记了"风险"这个词的含义。这个词通常与"冒险"的含义是相同的，这一术语在一般意义上意味着大约只有 1/8 的公司最终才能成功。也就是说，这意味着有 7/8 的公司难逃最终归于倒闭或者被其他公司完全收购的命运。它们之所以被称为风险企业，就是因为平均而言，大约只有 1/8 的公司才能获得最终的成功。

在美国，所谓的风险投资家都是充满着冒险精神的人，拥有可观的资产，并且非常了解其投资的领域。他们自担风险，把自己的钱押在那些只有 1/8 可能成功的企业上。毋庸置疑，他们会非常仔细地检查业务，特别关注新产品的开发，要求管理层无论如何都要遵守最初承诺的时间表。他们制定投资策略的方式是这样的：一旦一家企业成功，就能充分抵消其他许多企业失败所带来的损失，并仍然可以为他们带来巨额利润。

另一方面，由于日本已经是一个典型的中产阶级社会，所以它没能培育出这种具有冒险精神并且富有的风险投资家。不仅如此，日本的税收系统可能是世界上最具有公有制特色的，这也阻碍了这类人的出现。

日本的执政党在几年前就已经意识到这一问题的严重性，并修改了法律以便将股票期权收益作为一次性收入而征收一个较低的税率。执政党希望借此培育出一批成功的风险投资家，从而引导这些富人能够开展进一步的投资，进而扩大风险投资的范围。可是，最近，总是渴求更多税收收入的国税厅却宣布将对股票期权收益纳入一般性收入的征税范畴，并进行追溯调整，这造成了极大的混乱，使得过去在股票期权中收益颇丰的人们收到了大量的税单。在这种背信弃义、前后矛盾的税收政策环境下,健全的风险投资体系在日本永远不可能建立起来。

另一方面,日本银行的员工有稳定的薪水,他们难以承受因为 7/8 的企业倒闭而带来的重大风险。从银行员工的立场出发,1/8 的成功率意味着平均来说在一个公司成功之前,至少会有 3 个或者 4 个企业失败。在靠薪水生活的雇员眼里,如果其借款客户中有这么多企业会破产,那他一定会被解雇,或者被调到偏远的省份,工作可能只是骑着自行车在村民之间转悠,收取他们的储蓄。政府的银行监管人员也不会容忍这种冒险行为。提供风险投资根本就不是这些只拿薪水的银行雇员所关心的工作。

换言之,期待日本的银行表现得像一个风险投资家一样是不现实的。风险投资的主体应该是风险投资人,而非银行。然而,由于日本没能培养出风险投资家,人们就把期望转移到了银行身上,责备银行未能将钱借给那些对此有需求的人。但是,这种期望即使不会带来灾难,也只能带来失望。日本需要做的是培育风险投资家,而不是只知道批评银行未能向风险较高的企业贷款。

韩国成功并非源自银行系统的改革

据说,韩国经济的繁荣是由于银行体系激进的兼并收购。基于这一辉煌的成功经验,很多人建议日本亦步亦趋地加以仿效,通过结构性的银行改革推动日本重回良性增长的经济轨道。

毫无疑问,韩国的确对它的银行系统进行了重大改革,韩国经济也始终保持繁荣。不过,在判断目前韩国经济的繁荣与银行改革之间是否存在因果关系的时候,我们应持谨慎态度。

自亚洲金融危机以来,韩元已贬值了 40%。由于韩国与日本一样,是一个出口导向型国家,本币高达 40% 幅度的贬值自然带来了外需的大幅增加。事实上,韩元曾一度下跌了 73%,这使韩国的汽车生产厂商在美国播放了一则将两辆韩国汽车和一辆日本汽车放到一起的广告,然后问美国消费者:"如果支付相同的价格,你会怎么选?"同样,如果今天日本的汇率是200日元兑1美元,那么,日本也将会摆脱资产负债表衰退而步入繁荣。

关键在于,韩国经济复苏的主要引擎是由韩元疲软带来的其产品在出口市场上竞争力的恢复。韩国经济的复苏应当主要归功于汇率的调整,如果没有汇率贬值,进行再多的银行改革都无济于事。

韩国能够(或者是迫于亚洲金融危机)调整汇率,根源在于韩国是一个经常项目下的赤字国家。如果一个拥有巨额贸易逆差的国家对其货币进行贬值,这并不会招致贸易对手的抱怨,因为这是为了恢复贸易平衡所采取的完全合理的政策措施。

政策应当与初始条件相匹配

相比之下,日本是拥有全球最大贸易顺差的国家之一。这种情况已经持续了几十年。如果一个拥有如此巨大贸易顺差的国家仅仅因为国内需求不足而试图让本国货币贬值,那全球的其他国家将不会保持沉默。如果日本试图使日元贬值,那一定会受到严厉的批评。

事实上,在过去的30多年里,日本曾多次试图压低日元汇率。但是,每次他们的努力都因华盛顿和其他国家批评的喧嚣声戛然而止。这些批评主要涉及日本巨大的贸易顺差问题。而且每次一旦贸易问题登上了报纸的头条,那么外汇市场将会推高日元汇率,而不是压低日元汇率。正如第三章提及的,最近一次是负责国际事务的日本大藏省副大臣榊原英资在1999年6月试图干涉外汇市场以压低日元汇率,却招致美国财政部长萨默斯的强烈反对。同其原本的目的正好相反,榊原英资的努力最终导致了日元大幅升值。

这意味着,日本和韩国在经济学意义上的初始条件完全不同。韩国的初始条件是:它是一个赤字国家。一个赤字国家意味着国内储蓄的不足。对一个贸易赤字国家而言,恰当的做法就是保持本币汇率的弱势地位,以期依赖外需平衡赤字。

日本的初始条件是:它是一个贸易顺差国家,国内储蓄过剩。对一个贸易盈余国家来说,其恰当的做法是通过财政政策刺激增加内需。换言之,政府应当借钱以消耗掉国内过剩的储蓄。

这可能会给人造成这样一种印象,即日本因为其贸易盈余而明显处于一个不利的位置上。但是,货币贬值也就意味着国内的劳动力和资产被廉价地卖给国外投资者,毫无疑问,这会导致贸易条件的恶化,从而对本国居民的福利造成负面影响。也就是说,韩国是将自己置于极度穷困的"死地"后,再寻求"后生"。

正如图6-1所示,事实已经充分地说明了这一点,虽然韩国的经济现在表现良好,但是以美元计算的韩国名义GDP只有亚洲泡沫破灭前1996年GDP水平的81%。相比之下,目前日本以美元计算的名义GDP比资产泡沫破灭前的1989年上升了37%。

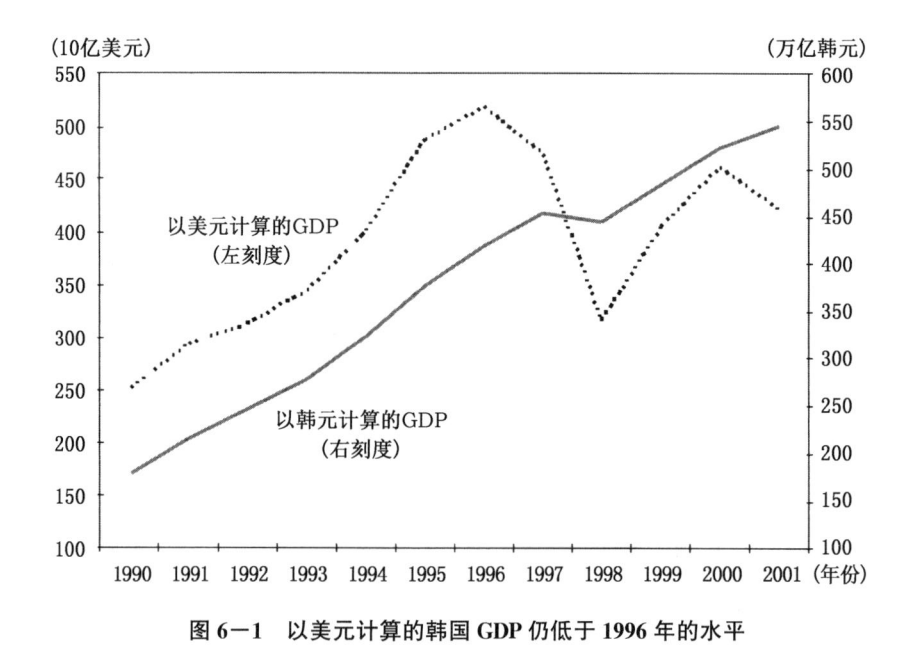

图6-1 以美元计算的韩国GDP仍低于1996年的水平

因此,孰优孰劣很难下一定论:究竟是通过货币贬值依赖外需好,还是通过财政政策刺激内需好？两者各有利弊。重要的是，每个国家都要充分了解自己的初始条件，并采取与之相匹配的政策。就目前来看，日本和韩国似乎都这么做了，尽管日本能够而且应该在财政刺激的力度方面更上一层楼。

就初始条件而言，中国因为不良贷款问题，其最初的境况更为糟糕。据说，中国的银行不良贷款占 GDP 的 40%。这一点并不夸张，大多数中国的国有企业对于在一个更加开放和充满竞争性的经济中生存与发展颇感棘手。

外国投资银行家和资产重组机构在调研了中国的情况之后，都促请中国政府尽快解决其不良贷款问题。虽然中国政府在一开始被这样的说辞打动，但最终还是决定走自己的路。尽管处理不良贷款问题的进展缓慢，甚至造成了通缩，但中国的经济却每年始终维持在 7%~8% 的增速水平上，这向全世界证明了处理不良贷款并不是经济增长的先决条件。

中国之所以决定走自己的路，可能是因为问题太大了，如果操之过急，将会使经济和社会陷入完全混乱不堪的局面。中国政府可能也意识到不良贷款问题并非经济增长的瓶颈，其他国家遇到类似的系统性问题的时候——譬如在 1982 年拉美债务危机中的美国和 20 世纪 90 年代的北欧国家，其不良贷款的处置都非常缓慢，耗时颇多。

注 释

① Council on Economic and Fiscal Policy(CEFP), "Basic Policies for Macroeconomic Management and Structural Reform of the Japanese Economy," June 21, 2001. http://www5.cao.go.jp/shimon/index-e.html.

② FDIC, *History of the Eighties: Lessons for the Future* (December 1997), *Volume Ⅰ: An Examination of the Banking Crises of the 1980s and Early 1990s*, Chapter 4, "The Savings and Loan Crisis and Its Relationship to Banking," p. 168. http://www.fdic.gov/bank/historical/history/167_188.pdf; Department of Commerce, "Economic Report of the President 1996."

③ "The Nordic Banking Crisis from an International Perspective," Speech by Stefan Ingves, IMF Director, Monetary and Exchange Affairs Department, Seminar on Financial Crises, Kredittilsynet, the Banking, Insurance and Securities Commission of Norway, Oslo, September 11, 2002. http://www.imf.org/external/np/speeches/2002/091102.htm.

④ FDIC, *op. cit.*, p. 169.

⑤ Speech by Stefan Ingves, *op. cit.*

⑥ FDIC, *op. cit.*, Chapter 5, "The LDC Debt Crisis," p. 192. http://www.fdic.gov/bank/historical/history/191_210.pdf.

⑦ *Ibid.*, p. 210.

⑧ Paul A. Volcker, "Prompt Disposal of NPLs is Needed, but Setting a Speed Limit on the Pace of Disposal is also Important(*Jinsoku na Furyo-saiken Shori ga Hitsuyo daga Shori no Seigensokudo wa Daiji*)," *Shukan Toyo Keizai*, June 23, 2001, p. 58.

⑨ Paul Krugman, "A Leap in the Dark," *The New York Times*, July 8, 2001.

⑩ 这里的"过度竞争"应包括日本央行购买日本国债这一举动。这一举措使得收益率曲线趋于平缓，也削弱了所有金融机构的实力。

第七章

了解误区：一个真实的故事

到目前为止的讨论表明,不应当强制处置不良贷款问题。但是,有人仍然认为,日本到目前为止所做的事情,不是延缓就是耽误了问题的解决。他们声称,政府没有有效地控制银行的数量,日本的银行直到前几年仍然为数甚多;政府并没有积极地督促银行披露信息;政府在没有尽职调查的情况下向银行注资。这些人认为,政府的这些政策使得银行安于现状,延宕了本来可以很快加以解决的不良贷款问题。

诸如此类的观点广泛地见诸英文媒体,因此,本书的很多读者可能认为这些观点是正确的。但是,由于英文媒体对日本经济的报道失之偏颇,以及对日本经济及其组织构架缺乏了解,读者由此可能会产生严重的误解。

银行的数量并不是关键问题

首先,日本的银行问题与银行的数量无关。问题的根源在于,相对于日本银行和资本市场必须投放的储蓄规模而言,信誉良好且有意愿的借款人严重短缺。如前所述,尽管家庭部门一如既往地储蓄,但作为借款者的企业部门现在每年偿还高达 20 万亿日元的债务。结果,由于借款人严重短缺,贷款人为此展开了激烈的竞争。这就是为什么资本市场债券收益率和银行贷款利率双双处于历史最低水平的原因。这对包括银行和资本市场在内的整个金融部门来说,都是一个问题。

问题是由资本需求相对于潜在资本供给的严重不足导致的,因此,无论怎样大幅缩减银行数量,这一问题都难以解决。在目前的环境下,只要不是只有一家银行,那么,竞争法则就将主导这个市场,无论市场上有多少家银行,利差都会维持在一个非常低的水平上。相反,如果信贷供给的资金有限而同时存在大量借款者,无论银行数量多寡,所有的银行都可以获得一个较大的利差。事实上,这样的情况在1991年和1993年的美国曾经发生过。

日本的银行当前面临的困境是一个宏观问题,并不可能通过银行管理层的努力加以解决。从这个意义上讲,只要企业部门仍处于资产负债表修复的状态下,那么银行就仍然是一个结构性低迷的行业。在企业完成其资产负债表的修复并愿意重新开始借贷之前,修复日本银行系统包括盈利能力低下的问题,均希望渺茫。不幸的是,包括财务大臣盐川正十郎(Masajuro Shiokawa)在内的大多数人无法理解这一点。

十几年前,美国有15 000家左右的银行,但没人认为这是一个问题,只要没有准入限制,那么,市场会决定需要多少银行。相比之下,日本的银行业一直到几年前都有着很严格的进入壁垒。结果,银行的数量很可能要少于由市场原则决定的均衡数量。不过,当下日本银行的进入壁垒在一定程度上要比美国低,美国仍然不鼓励其他行业进入银行业。在这种情况下,任何人都不适合去讨论银行的数量到底是"过多"还是"过少"。只有在传统的中央计划经济体制下,政策制定者才有权决定一个经济体内银行的"适当数量"。

没有保障措施就不能披露信息

日本之所以迟迟不披露信息,是因为其存款保险基金的余额已为零。美国联邦储蓄与贷款保险公司针对储贷危机的存款保险基金,在1989年同样也被消耗殆尽,政府不得不又成立了重组信托公司。但是,日本的存款保险基金好些年都是空账,直到1998年2月才终于得到了补充。

因此,在1998年2月之前,如果日本央行或者大藏省的官员呼吁并敦促银行披露其真实的财务健康状况,他们将面对银行的质疑:"你确定我们可以如实披露?如果我们披露了这些糟糕的数据,那将会引发针对银行的挤兑风潮,在存款保险基金是空账的情况下,你将如何应对?"考虑到日本银行业问题的规模,这样的反诘将使得任何国家的任何负责任的银行监管机构都陷入沉默。

披露的信息表明,大量银行陷入泥潭的话,那将会发生挤兑风潮。如果公众意识到存款保险系统也在唱"空城计",随之而来的恐慌将会在短时间内摧毁整个金融体系。准备好保障措施——适当规模的存款保险基金余额——是披露信息的前提条件,特别是在问题已经如此严重的情况下。因此,当系统性风险无处不在的时候,并且在没有提供足够的保障措施——存款保险基金余额——的情况下,就强迫银行披露资产负债情况是一种极其不负责任和危险的行为。

如果在分析师和媒体的催促下,银行披露了资产负债情况,并因此导致发生全国性的恐慌,那么,分析师和记者也不会为此承担责任。他们轻松地逃避问题,并说:"我是对的。问题比先前报道的要严重得多。"媒体之所以敦促银行披露信息,这是他们的本职工作,这是可以理解的。但是,在银行没有保障措施的情况下,负责任的货币当局不应该强迫银行披露相关信息,因为由此导致的崩溃性的后果是由公众承担的。

不幸的是,大多数呼吁披露更多信息的评论员始终没有明白,在披露相关信息之前,银行必须准备好保障措施——足够的存款保险基金余额。此外,那些评论员,尤其是日本媒体的那些评论员,都公开反对动用任何公共资金拯救银行危机,因而提供这笔保障资金几乎成了一件无法完成的工作。很多评论员后来立场有所松动,他们声言,在进行了充分的披露后可以考虑动用公共资金来修复银行系统。他们没有认识到,在银行危机中,事情的处理不能按照这样的顺序进行。

的确,在1997年10月之前,日本民众对于动用公共资金来解决银行体系问题的抵触情绪超出了任何人的想象。例如,在1992年,在当时的宫泽喜一首相暗示动用公共资金进行救助的时候,便遭遇了民众的强烈反对,以至于他不得不马上收回他的言论。当时,我是唯一一个公开支持动用公共资金来解决银行体系问题的人。其他人对这个提议都持反对意见,他们认为,如果银行真的有问题,那么首先应当由银行自己解决。

1997年10月之前,民众没有感受到切肤之痛

与美国这种经常因为遭到信贷紧缩而导致银行危机不同,日本民众之所以没有感受到切肤之痛,是因为当时日本银行仍然在向包括借款人在内的公众提供高品质的服务,对借款人的服务特别好。正如前面所提及的,私营部门资金需求的下滑速度远远快于银行资金供给的收缩速度,结果银行为争夺借款人大有孤注一掷的势头。的确,许多公司的高管曾接受银行的酒宴款待,对于这些高管而言,这可是平生头一回,企业与银行的角色完全颠倒了过来。因此,在1997年10月之前,银行非常愿意放贷,正如日本央行所做的《短观调查》所显示的那样(参见第三章图3—1)。

这意味着,在此之前,银行界的问题对居民的生活几无影响。结果,公众就无法理解为什么公共资金要被用来救助银行。由于存在这样的阻力,导致存款保险系统始终处于空账状态,进而造成银行难以实现信息披露。这就是日本为什么迟迟不进行信息披露的关键原因。

换句话说,如果对人们生活产生负面影响的信贷危机早于1997年10月发生,政府针对整个银行的救援行动也可以更早开始。因此,同样的问题导致货币政策有效性下降——信贷需求的下降速度快于银行资金供给的收缩速度,也造成政府应对银行系统危机的努力显得姗姗来迟。

信贷危机最终在1997年10月爆发了。危机的根源在于1997年错误的努力——当时日本首相桥本龙太郎试图削减赤字,这促使大量国内外投资者逃离日本,这种现象后来被称作"贱卖日本"或者"抛售日本"。这立即导致日本股市和日元汇率同时下跌,这两类资产的下跌直接打击了日本的银行资本。1997年

10月,日本政府发布了资本监管新规,再加上日元汇率和股票市场的下跌,这些因素促成了一场突如其来的全国性信贷危机。

突然之间,各大银行发现,如果它们想要在1998年3月之前达到国际清算银行(BIS)关于资本充足率的标准,就必须削减15万亿日元的资产[①],这大约相当于日本GDP的3%,而此时距离上述时限仅有6个月的时间了。如果考虑到其他中小型银行,那么需要削减的资产规模会更大。随后各家银行都疯狂地削减信贷规模,由此造成了全国范围内大规模的信贷紧缩,参见图3—1。

在信贷危机发生之后,日本公众第一次感受到了切肤之痛,政府的反应也很敏锐。在危机开始时,政府制订了30万亿日元(约合2 300亿美元)的一揽子计划,并且在1998年2月中旬之前就制订并通过了该计划。考虑到日本民众对使用公共资金救助银行的做法持有强烈的抵触情绪,日本政府这次救助计划的实施简直快如闪电。这样的速度也从侧面证实了信贷危机的破坏性之严重。也是通过这一揽子计划,才在1998年2月向银行提供了充足的安全保障——向存款保险系统注入了约17万亿日元的资金。

这是一笔巨款,按照1美元兑换106日元的汇率计算,这笔钱的规模相当于美国救助储贷危机的全部成本。当这17万亿日元一到位,大藏省银行厅的官员们就赶到了日本银行家联合会,要求他们立即按照美国证券交易委员会(SEC)的标准披露信息。大藏省的官员天真地认为,有了这17万亿日元,他们可以应对所有局面,因为17万亿日元足以处理5～6家类似北海道拓殖银行(1997年11月日本第一家倒闭的城市银行)规模的银行倒闭。[②]

由于存款保险账户有了钱,那些一直以存款保险空账为托词的银行,就没有任何借口继续拒绝进行信息披露了。根据美国证券交易委员会的标准编制、截至1998年3月的年度财务报表于当年5月公布,最终为信息披露铺平了道路。自此以后,更多的信息得以披露,同样,这也有17万亿日元存款保险的功劳。自1998年2月后，日本金融厅也变得越来越激进，要求银行统一采取行动。[1] 从这个意义上看，可以说是这17万亿日元终于让日本银行的监管开始规范化。

日本的银行业长期倚赖政府的保驾护航，或者说，整个"舰队"的护航速度之所以受到其中航速最慢的"舰只"的拖累，是拜存款保险系统空账运行所赐。在这种呵护下，经营良好的银行经常被要求对业绩不佳的银行给予支持。由于难以从整个银行系统外部获取资金（包括公共资金），大藏省除了悉心呵护外也别无其他的选择。

与人们——特别是英语国家的人士——的普遍看法相反，日本没有人喜欢这种行政保护系统：大藏省不喜欢，银行业同样也不喜欢。事实上，据说在20世纪90年代中期的银行圈子里面，没有人希望收到大藏省的邀请函。因为这类邀请必然意味着，该银行将被要求为其他一些管理不善的银行提供援助。但是，由于没有外部资金来源，大藏省和整个银行界也别无其他良策。

注入存款保险系统的17万亿日元，使得银行彻底摆脱了这种行政干预。的确，除了在国外媒体有所报道，自从1998年2月之后日本国内的这类行政干预已少有耳闻了。

注资遭到了海外的强烈反对

除了向存款保险系统注入了17万亿日元外，政府还拨出13万亿日元充实了银行的自有资本。这一举措的目的是向银行注入资本金，以求结束自1997年10月以来全国的信贷紧缩局面。但是，当该计划公布的时候，却遭到了来自日本国内外的严厉批评。

---

[1] 日本金融厅成立于1998年6月。在本次中文版出版前，经询辜朝明先生确认，此处2月后的"日本金融厅"应是大藏省的银行局；6月成立的"日本金融厅"基本上是由银行局的银行监管人员组成，且在同一栋大楼内办公。——译者注

美国当时的财政部副部长劳伦斯·萨默斯高调批评日本，认为应当先让那些"坏"的银行倒闭，再将资金注入那些剩下的"好"的银行，并且在公共资金注入之前应该向银行设置严格的重组条件。1998年3月中旬，日本政府宣布所有的主要银行可以无条件地获取所需的资本，显然萨默斯对此感到不满。

萨默斯并不是唯一一个反对日本政府此举的人。几乎所有的西方媒体——包括《纽约时报》《华盛顿邮报》《华尔街日报》以及《金融时报》——都强烈地表示反对。据报道，国外的货币当局通过这些媒体获得相关信息之后，都向日本大藏省表示抗议。它们的理由是，日本应当先区分"好"的银行和"坏"的银行，并且使"坏"的银行破产，然后才能将资本注入"好"的银行。另外一些人认为，银行如果没有充足的资本金，那就应当自筹资金，政府注资对应对危局毫无意义。这些人声称，如果银行被迫自行努力筹资，那将使它们成为更强大、更负责任的银行。

特别是海外大众媒体宣称，日本政府的真实意图是为了维持为银行业保驾护航的协议，整个计划的目的是维护自民党与银行业之间达成的共谋协议。例如，1998年2月9日，英国《金融时报》"莱克星顿"（Lex）专栏指出："……如果银行有了更多的资本，银行将会更积极地放贷，这样就可以避免这场痛苦的信贷危机。这场危机已经伤害了很多支持政府的小企业主。因此，这个计划似乎是为了让现状苟延下去，而不是彻底解决日本银行系统的问题。"

不过，事实并没有如此不堪。事实上，无论是在政治领域还是金融领域，真实情况与西方媒体所报道的正好相反。从政治上来讲，自民党对银行业非常不满。1993年8月到1994年4月，在细川护熙执政期间，自民党成为在野党，遭到了银行业的冷遇。因而自民党确实想通过对注资施加非常苛刻的条件，让这些银行知道究竟谁才是真正的"话事人"。

当国会在1998年2月通过了公共资金注入法案之后，注资计划实际上要求将银行分为三类：最差的银行必须破产，而资金只会注入相对较好的两类银行。而且，那些希望接受公共资金注入的银行，被要求制定管理层的重组规划，并且由直言不讳的庆应义塾大学佐佐波杨子教授领导的七人委员会会同检察院进行评估和判决,以便对其计划的优点及银行管理的不足之处作出判定。这些审核都是公开的,这就意味着自民党计划通过人民法庭对银行高管进行裁决。

面对两难的困境,政策工具只能择其一

是我阻止了政府和自民党这么做。在电视和其他媒体上,我告诉公众,当务之急应当是尽快结束这场始于1997年10月的信贷危机。这是因为,正如图3-1所示,信贷危机是如此严重,它实际上正在扼杀经济。的确,当时的银行分行经理被要求每6个月须削减10%的贷款额度,以满足国际清算银行对资本充足率的要求。虽然从满足国际清算银行资本充足率的角度来说,银行这么做是正确的,但是,如果所有的银行都每6个月削减10%的贷款,那么,没有任何一个经济体能够存活下来。

我认为,在这种环境下,通过对银行施加苛刻的约束来换取资本的注入,将会适得其反。为了结束这场席卷全国的信贷紧缩,银行家们必须放宽其信贷审核标准;而公众所要求施加的约束条件,将会迫使银行家们为了提高其净资产收益率(ROE)和资产收益率(ROA),而对其客户进行选择性授信。也就是说,终结信贷危机与增强银行管理能力这两个目标是相互矛盾的。

更为重要的是,据我所知,没有哪个头脑正常的银行家会在此种条件下跑到人民法院乞求注资。因为他们有更合理的选择——通过削减信贷来满足资本监管的要求。的确,大多数银行分析师建议银行不要接受政府的资金,因为这只会进一步恶化本已惨淡的资本回报率。例如,上面提到的《金融时报》"莱克星顿"专栏也认为:"真正应该关心的是,当整个行业都在遭受资本过剩而不是资本短缺的时候,日本的顶级大银行为何还需要补充资本?虽然日本的银行相比于其资产规模而言,是显得资本投入不足,但问题与其说是资本的短缺,不如说是资产的收益率太低了。"

事实上,所有的银行分析师和评级机构都在建议银行不要为了增加资本而接受政府的注资。而且,他们还敦促银行管理层采取更严格的信贷审核态度。他们甚至声称,银行应当中断所有不能够给银行带来更好利润的信贷业务。

日本的学术界也持有类似的观点。例如,1998年1月13日,庆应义塾大学的竹中教授[1]在一场同我的一对一辩论中③,就公开反对注资的举动,其依据是日本银行的资本金规模已经足够大,因此银行要么将收益提升10倍,要么将其资本削减到现在规模的1/10。他甚至声称:"在此时增加资本,违背了日本金融机构应当长期遵循的目标。"

英国《金融时报》和竹中教授的观点,从微观层面上来看是正确无疑的。从改善银行管理的角度来看,它们不应该增加资本,而应当削减那些无法支付足够高的借款利息的借款人的信贷额度,只借钱给那些能够支付足够高的风险回报的借款对象。这应该是一个缩减业务规模、推进重组的过程,即使这意味着很多国内外借款人的破产和死亡。假设其他一切条件保持不变,这样的策略将会增加个别银行的净资产收益率和资产收益率,从而有助于银行降低资金成本,提高其信用评级。

可是,如果所有的银行都同时采取这样的策略,日本的经济将会在一夜之间土崩瓦解。即使是一个微观视角上正确的行为,但如果每个人都同时采取同样的行动,也可能导致一个宏观层面的整体失败。也就是说,即便在银行领域,也存在着严重的合成谬误问题。

进一步而言,日本政府所需要解决的问题是信贷危机。确实,日本民众能接受使用公共资金救助银行的唯一理由,就是信贷危机造成了巨大的痛苦。在信贷危机已经对经济造成了毁灭性影响之时,如果问题得不到解决,那么,整个经济和银行系统可能同时崩溃。

---

[1] 即竹中平藏。——译者注

无人申请注资

实际情况是，日本自民党以及包括美国财政部在内的很多人，都想对注资施加严苛的约束条件，这使得银行的选择变得极其简单。当该计划在1998年2月中旬宣布时，没有一家日本银行申请注资。④从分析师到评级机构所有人都建议银行的管理层不要接受注资，银行没有理由做出这样的申请。结果，没有一家银行去申请注资。

不幸的是，日本银行界之外没有人理解这一点——银行家们实际上还可以选择削减资产规模，而且他们也非常倾向于这么做。这就是为什么一开始就爆发了全国性的信贷危机的原因。

更重要的是，没有一家银行站出来要求注资，国外媒体对此也没有任何报道。很多外媒也没有报道日本信贷危机的极端严重性。这些不称职的媒体，再加上外界对银行业与自民党之间的冷淡关系知之甚少，从而导致了国外大多数人简单地认为日本的政治家正试图帮助他们的银行家朋友，而银行家们则正急于接受这笔援助资金。《金融时报》"莱克星顿"专栏的报道充分地印证了这一点。因此，这就导致了日本的政策制定者与外部世界之间产生了巨大的误解。

在日本国内，当没有一家银行申请注资的时候，政治领导人就此陷入恐慌，不知道该如何是好。而在国外，各国的货币当局和其他观察员也同样陷入了恐慌，他们认为，如果银行急于疯抢它们在政府中的政治伙伴所提供的资金，那么，日本银行业就存在着巨大的道德风险问题。美联储的一位重要观察员甚至认为，所谓的信贷危机只是银行为了获取注资而策划的一个阴谋！

关于普通的银行危机与系统性银行危机的甄别

与那些要求清算不良银行并实行严苛的注资条件的呼声相反,我认为现在不是让那些银行破产的时候,原因如下:我在纽约联邦储备银行的工作经历告诉我,事实上,银行危机可以分为两种,即普通的银行危机和系统性的银行危机。除非我们确切地知道自己面对的是哪一种危机,否则我们可能会犯下严重的错误。

大多数普通的银行危机发生时,只有少数银行业绩不佳,而大多数银行仍然十分健康,这就是美国财政部副部长萨默斯和许多其他学者头脑中的银行危机。大多数普通的银行危机,包括1989年的储贷危机,属于这一类。在这种情况下,应该采取一般性的解决方案,正如萨默斯所建议的那样。

换句话说,当局应当让经营不善的银行破产,以存款保险来保护那些储户,将破产银行中信用良好的借款人的债权,卖给其他经营状况健康的银行,通过这样的方式来保护那些借款人不会由此被迫提前偿还贷款。由于已经有了17万亿日元的存款保险,这足以支付那些破产银行储户的损失。通过将破产银行的良好资产出售给其他银行,当局可以保护那些破产银行的优质借款人不会突然陷入融资困境之中。

北海道拓殖银行的破产,几乎压垮了借款人

然而,在1998年2月,日本并无实施上述方案的前提条件。这是因为,当时的情况已经不再是众多健康的银行中有几家经营不善的银行这么简单了。实际情况是,几乎所有的银行都存在着严重的资本金问题,主要原因是日元汇率和股票市场的同时下跌。这就是为什么全国各地的银行都不愿意放贷的根

源所在。它们甚至切断了那些与它们合作了十余年的老客户的贷款,理由是银行没有足够的资本金进行放贷。

这给濒临破产的银行的优质客户带来了困扰。这是由于即使将这些客户的应收款项在市场上出售,也是无人问津,因为所有的银行都存在着资本金不足的问题,都在忙于弥合自身的信贷风险敞口。这就意味着,破产银行的优质客户的贷款业务无法转至其他银行,于是贷款催收机构就会要求其立即归还贷款。

当然,如果有许多其他银行愿意借钱给这些借款人,那么,这些借款人就可以从其他银行借款,以偿还催收机构方面要求归还的贷款。但是,在全国都发生信贷危机的时候,就根本没有这样的变通余地。因此,在此情况下,如果允许经营不善的银行倒闭,那无论是"好"的还是"坏"的借款人,都将面临玉石俱碎的局面。

的确,在1991—1993年的全国性信贷危机期间,美国许多优秀的企业也因为同样的原因倒闭了。它们只是不巧从错误的银行那里借了一笔款项而已。当银行在席卷全国的信贷危机中破产的时候,这些借款人就变得告贷无门了。事实上,几年前在东京举办的一场研讨会上,一位在1991—1993年信贷危机中损失惨重的美国女企业家告诫日本听众,在选择从哪家银行借款的时候必须小心谨慎。这是因为在一场全国性的信贷危机中,银行的命运很可能就是借款人的命运。因此,在这种环境下,关闭银行的举动可能会导致一场难以想象的经济崩盘。

1997年11月,日本的北海道拓殖银行倒闭之后,这种经济崩盘的场景就曾在北海道发生过。尽管如果政府和央行愿意的话,这家银行本可以得救,但是自民党却选择了让其倒闭,因为自民党想通过这样的方式向世界表明自己的立场。当时,日本因为救助一些经营不善的银行而遭受了广泛批评。一些国家也因此看轻日本的金融改革,说:"日本政府嘴上空言金融大爆炸、责任自负,却做不到让一家经营不善的银行倒闭。"其他一些国家要求日本清算那些陷入困境的金融机构和企业,将其资产卖给那些能更好地加以经营的企业。

第七章 了解误区：一个真实的故事

毫无疑问，如果将这些资产从一心要偿还债务、无法前瞻性思考的经理人手中转移给那些没有此类负担的管理者，那么，这些资产将会被更有效地使用，而经济复苏也会更快。通过让北海道拓殖银行破产，具有改革意识的桥本内阁想向世界表明，日本政府可以让经营不善的银行破产，结构性改革是认真的。

然而，采取这类行动的主要前提是，存在私营投资者愿意接手破产银行的优质资产。不幸的是，在1998年初的日本并没有这样的私营投资者，这正是瑞典央行行长英格维斯在北欧银行危机期间所担心的。这是因为，当时日本的问题与美国1989年的储贷危机仅是少数金融机构出现问题不同，而是与1991年的瑞典一样，是所有的金融机构都出了问题。

1997年11月，当北海道拓殖银行破产的时候，全国性的信贷危机已经揭开了帷幕。银行为了满足国际清算银行关于资本充足率的要求而不愿意放贷，这不仅仅是只有少数银行面临的问题，而是所有的银行都面临同样的问题。结果，当北海道拓殖银行破产之时，没有任何一家金融机构愿意接手拓殖银行的优质资产。

在这场全国性的信贷危机中，实际情况是，没有买家能够接手北海道拓殖银行的资产，结果所有资产最终被贷款催收机构所接管。这直接导致出现了大规模银行借款人的危机，使整个北海道经济都开始出现土崩瓦解之势。

由于人们意识到，如果不采取任何行动，北海道的经济可能会马上崩溃，于是当地的企业家和公共金融机构——譬如北东公库[1]（Hokuto Koko）——开始不顾一切、夜以继日地寻找能接手破产银行的优质资产的金融机构。最终，公共金融机构找到了一家名为"北洋银行"（Hokuyo Bank）的小型私人银行，方才一起稳定了北海道的经济。

尽管这些举措防止了北海道经济的崩溃，但是，当时北海道经济仍然受到了严重的冲击。譬如，据说当时如果一家总部设在北海道的公司在东京寻求贷款，只要贷款申请表的地址栏里填写的是北海道的地址，就会马上被拒绝，因

---

[1] 全称为"日本北海道东北开发公库"。——译者注

为银行信贷审核员认为北海道的经济已经"完蛋了",任何一家总部设在北海道的企业的风险难以测度。鉴于在只有一家银行破产的情况下就产生了如此大的动荡,我们可以想见,如果日本全国更多的银行被允许破产之后,那么整个经济将会发生什么。

那些海外买家有多可靠?

也许有人会说,如果日本国内没有买家,那么把资产卖给外国人怎么样?的确,现在日本各地都有很多国外公司以非常低廉的价格收购各类资产。

然而,海外人士对日本金融市场上的国外买家的印象与真实情况多少有些出入。这是由于驻东京的许多国外记者不会说日语,他们的消息通常来自在日本经营业务的外国金融机构。对那些在日本经营业务的外国金融机构来说,向海外投资者从事经纪中介业务或出售日元资产,一直都是一笔大买卖。为了推进它们的生意,这些机构通常会告诉记者,日本在处置资产方面速度过慢,如果日本能够更多、更快地出售其资产,那将能有力地推动改革,加速经济的复苏。

这些金融机构的代表告诉日本的政治领导人和大众媒体,通过财政政策刺激经济只会延长日本经济严重的依赖心理,拖延结构性改革进程,而结构性改革的延迟反过来又会阻碍资产投入市场。尽管这些金融机构的真实意图仅仅是为了能够以更低的价格买到资产,但它们宣称的是,应该中止财政支持政策,以便日本的资产可以更快地转移到有远见的企业家手中,他们可以更有效地利用好这些资产。这些国外金融机构"纸上谈兵"似的说教,通过国外媒体的渲染,使国际社会对日本产生了这样一种误解:在日本,国外的买家遍地都是,唯独缺少日本的卖家。

而真实情况却大相径庭。首先,在 1996 年下半年,大量所谓的资产拆卖者从美国来到日本,以寻求诱人的投资机会。资产拆卖者,是指那些以购买不良资产为生,然后重新包装后转售的人。他们中的许多人实际上在 1989 年的美国储贷危机期间与重组信托公司合作过。这些资产拆卖者中的很多人要求同我见面,当时,我作为首席经济学家在野村证券任职。他们似乎认为,如果他们与日本最大的证券公司野村证券合作,就可以在日本的资产买卖上赚得钵满盆溢。并且,他们强力推进上述议程,包括缩减财政刺激规模,以及加速清理陷入困境的金融机构的资产。

在这些西方改革派和资产拆卖者的建议下,桥本龙太郎首相采取了一项严厉的财政政策,允许改组金融机构,实际上允许包括北海道拓殖银行在内的许多金融机构倒闭。但是,结果却与这些所谓的改革派和资产拆卖者的预期完全相反,整个经济崩溃,并呈现出大厦倾圮的局面,经济陷入了连续5个季度的负增长。这些资产拆卖者没有意识到,日本的情况与美国的储贷危机不同——日本陷入的是一场全国性资产负债表衰退的泥潭。

然而,西方媒体没有报道的是,在事情看似没有朝着预期方向发展时,这些外国资产拆卖者全都打道回府,返回自己的国家;看到了日本经济出现全面崩溃的迹象之后,那些一直说只要日本资产被投放到市场中就会购买的资产拆卖者全都逃跑了。图7-1充分显示了1997年外国投资的急剧下降。结果,在日本最需要外国买家的时候,也就是北海道拓殖银行破产之时,那些外国买家却了无踪迹。

在那些日子里,日本经济和金融体系在北海道拓殖银行(以及之后的日本长期信贷银行)的破产后,陷入了破败不堪的境地,国外公司却无一愿意施以援手,购买日本资产。由于桥本政府决定削减财政刺激计划,转而推动许多外国评论员——包括资产拆卖者在内——所倡导的结构性改革,日本经济因此陷入风雨飘摇之中。

国外买家的这种反应是很自然的,应该也是可以预料到的。这是因为,当经济滑向深渊的时候,没人能够精确计算出资产未来的收入现金流。当国外公司,特别是美国公司计划购买大型资产的时候,它们首先会对这些资产进行严格的审查,以便于日后能够经受住来自国内股东和投资者的审查。这个过程被称为尽职调查,是一项包含会计师、经济学家和律师在内的重大事项。但是,在

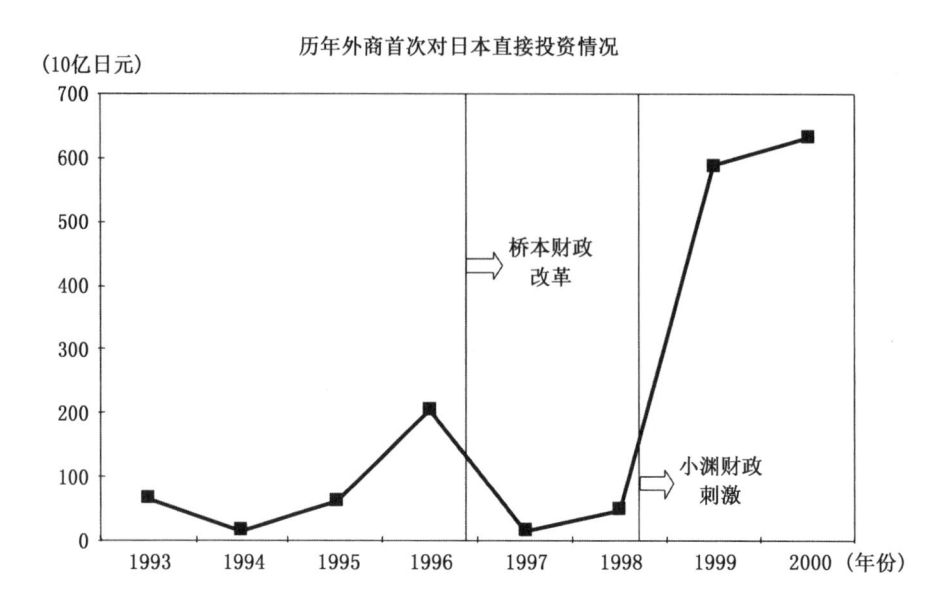

历年外商首次对日本直接投资情况

(10亿日元)

图中标注：桥本财政改革、小渊财政刺激

说明：不包括金融、保险和房地产行业。

资料来源：经济产业省，《外国相关企业经营活动趋势调查》。

图 7-1　财政改革促使外国投资者远离日本

经济尚处于漫漫寻底的下跌途中时，是无法进行这类尽职调查的，因为无人知道经济会在何处止跌。因此，当经济在 1997 年下半年开始崩溃时，外国投资者根本无法进行尽职调查，结果，他们都只得离开了日本。

绝不能牺牲宏观经济的稳定性

关键在于，只有当日本的经济本身趋于稳定时，国外买家才会对日本的资产感兴趣。如果由于取消财政刺激而导致经济的崩溃，那么也就不会有外国买家了。尽管国外的评论员认为，这些日本资产的国外买家总是存在的，但是，在现实世界中情况并非如此。起源于北海道拓殖银行破产的 1997—1998 年日本金融危机充分证明了这一点。

这一事件的教训就是,不管国外的改革派如何怂恿政府推进结构性改革,确保经济稳定的宏观经济措施永远不能取消。一旦宏观经济不稳定,那么,外国人就会将其几周前还大力鼓吹的事情抛之脑后,逃之夭夭。后续的修复成本却是由当地居民来承担,而这些国外的资产拆卖者却消失得无影无踪。

日本并不是唯一一个被资产拆卖者觊觎的国家。他们会拜访任何一个存在不良贷款问题的国家,并宣称采取维持宏观经济稳定的一揽子措施,只会增加自满情绪和依赖心理;问题资产应当拿到市场上出售,以推进结构性改革。他们之所以如此鼓吹,是因为其认为如果当事国采纳这些建议之后,他们能在市场上以更便宜的价格、更便捷地买到资产。

然而,一国的政策制定者不应当不假思索地全盘吸纳这些资产拆卖者的建议。如果忽略了宏观经济的稳定,而导致经济波动,那么每一个外国投资者都将逃离这个国家。的确,值得注意的是,当日本政府意识到其犯下的错误之后,迅速地改变了财政政策方向,实施了高达100万亿日元的巨额财政刺激与银行救助计划,这笔将近9 000亿美元的财政刺激与银行救助计划最终稳定了经济,而后这些国外的买家又再次返回日本了。在宏观经济企稳后,这些人的确也购买了大量的资产,其中就包括长期信贷银行。图7-1清晰地展示了国外投资者的这种回归。

从北海道的经验来看,很显然,如果政府任由大量银行破产,并将其资产在市场上出售,结果就是日本的经济将彻底崩溃。在这种情况下,唯一的选择就是拯救所有的银行,包括不良银行,以维持金融系统中的银行功能,使经济重新恢复稳定。换言之,如果没有经济的稳定,结构性改革就不可能取得成功。

但是,日本与其他国家对于北海道的这次事件在认知上却存在极大的差距,在日本与其他国家之间造成了巨大的误解。由于国外媒体对日本地区事态报道失之偏颇,大多数外国人完全不了解北海道到底发生了什么。那些日子里,我周游列国解释日本的实际情况。国际社会居然对此一无所知;不仅如此,大多数人甚至连北海道在哪里都不知道。我不得不解释说,在电影《超时空接触》中朱迪·福斯特就是在北海道被发射进入太空的。然后他们才恍然大悟,原来北海道是日本的四大岛屿之一。

海外媒体对日本政府注资的抨击应归因于两点：一是外国人对北海道所发生的事情完全不了解；二是当政府提供注入资金的时候，竟然没有一家银行提出申请。他们对这两个事实的无知引起了大量的误解，这些误解的负面影响时至今日仍然是显而易见的。

自北海道拓殖银行破产事件以来，日本的政治领导人已经形成了一种共识，即在没有买家的情况下，不应允许银行破产。这促使他们将国有化作为备选政策，以确保银行即便资本金消耗殆尽，也可以继续正常经营。允许银行破产并不是一个政策选项，因为如果此例一开，那么北海道所发生的事情将会迅速蔓延至日本全国。

在北海道拓殖银行破产7个月之后，日本长期信贷银行也宣告破产。日本大藏省再次想促成其同住友信托银行或其他银行的合并，但是，每一家银行都因为资本金不足的问题而拒绝了这一交易。国外银行中也没有愿意进行此项交易的，因为所有人在1998年中期不稳定的大环境下都逡巡不前。最后，日本政府不得不动用它在1998年2月通过的立法中所获得的权力，将其国有化。

政府态度发生了180度大转变

对于日本领导人来说，意识到日本正处于一场系统性的银行危机之中是一回事，而发现银行没有要求政府注入资金的意愿又是另外一回事。尽管自民党的领导层清楚地知道，结束信贷危机的唯一途径就是向银行注入资本金，但是，党内仍有人固执地对银行大张挞伐。许多大众媒体仍然强烈地要求银行的管理层为此次危机承担责任。

在这种矛盾的情况下，我的建议是，如果船正在下沉，那么当务之急是阻止水的涌入，这样船就不会继续下沉了。至于是谁在船体上戳了洞，则应当在修补完成且船不再下沉之后予以查明。而且，日本公众之所以能够接受注资的唯一原因,就是希望政府能结束这场信贷危机。

我个人认为,针对注资而附加的严苛条件是一种试图以一项工具实现所有目标的错误想法。唯一可以使用的工具只有注资,但是要实现的目标,却从结束信贷危机到快速处理掉不良贷款等所有问题。任何人,就算是上帝也不可能仅仅通过一个工具同时达到这么多目标。特别是,结束信贷危机的目标与清理不良资产的目标完全是背道而驰的。前者需要银行更加积极地放贷,而后者却要求银行对其信贷设立严苛的标准。

虽然情况还没有到无法收拾的地步,然而,时间窗口的机会却极为有限。市场和媒体充斥着关于3月份财年年末危机的讨论。那时距离危机爆发仅有4周的时间了。

我最担忧的是无人申请注资,因为在20世纪30年代的美国就曾发生过完全相同的情况。起先,日本购买银行优先股的机制,是仿效1933年新当选的罗斯福总统曾使用的办法。当时,经济萧条正处于最黑暗的时候,失业率达到了22%。罗斯福意识到金融问题的根源是银行部门资本短缺,他决定通过复兴金融公司[1]向美国的银行注入资本金。罗斯福计划让政府通过购买银行发行的优先股的方式,充实银行的资本金,从而结束这场信贷危机。

但是,在实施这项计划的时候,竟然没有一家美国银行提出申请;它们害怕被贴上"危险"银行的标签。银行家们也对未来可能被政府审查和控制的前景表示担忧。

由于担心计划失败,罗斯福召集主要银行——包括摩根银行——的负责人进行商谈,要求其申请资本注入。当时的摩根银行是美国所有银行中评级最高的银行,绝无资本短缺之虞。尽管如此,面对总统的私人请求,摩根银行还是同意了发行优先股供政府购买。当此项协议公之于众后,其他银行也纷纷效仿,这使得政府终于迈出了让国家走出大萧条的第一步。

---

[1] 大萧条时期,为挽救经济,美国总统胡佛于1932年1月22日批准成立复兴金融公司(Reconstruction Finance Corporation),其最初计划是帮助和救助无法获得美联储贷款的美国农村地区的小型银行。但在实行过程中,由于其向美国一些最富有的家族和公司控制的铁路提供巨额贷款而备受诟病。在罗斯福施行"新政"时,重建后的复兴金融公司成为经济中最大的投资者。——译者注

这个案例告诉我们，世界各地的银行家都非常重视其声誉。如果在政策实施的时候没有考虑到这一点，那么政策本身就可能会以失败告终。自1997年12月我在竹村健一的一档颇受欢迎的周日电视节目上首次公开提出资本注入的救援计划以来，我就衷心希望该计划能够获得成功。因此，一开始，我就警告电视机前的观众和日本主要政治领导人可能出现无人申请的尴尬局面，并援引了罗斯福总统和摩根银行的例子。不幸的是，自民党当时极度痛恨银行业，以至于无视我的一再警告，决定采用人民法院的做法，将整个工作交给检察厅的七人工作委员会[1]办理。

但是，正如我所担心的那样，当时没有一家银行主动提出注资申请，政治家们开始感到了一丝恐慌，无人申请意味着银行的借款态度没有丝毫的更张，日本经济将会继续恶化。因此，日本政府也效仿罗斯福的做法，强迫当时日本主要银行中信用评级最高的东京三菱银行申请注资。

东京三菱银行原本就不需要任何的额外资本，但还是勉强申请了政府1 000亿日元的注资。之后其他银行也随即跟进。除了少数几家银行申请得多一些外，其他银行也只申请了1 000亿日元。最终，这使得政府有望向银行系统注资约1.8万亿日元。在这个过程中，人民法院变得徒有虚名。

由于无人问津，政府不得不强制推行注资计划，令人遗憾的是，国外媒体并没有对此进行报道。结果导致大多数外国人仍然认为，银行急匆匆地申请注资，并能在没有任何附加条件的情况下就得到了政府的钱，之所以能够如此的原因，是因为政客与银行家之间暧昧不清的关系。这些可怕的误解时至今日仍困扰着日本，使银行问题的处理迁延日久。

在一场由合成谬误引起的资产负债表衰退之中，几乎在各个领域，微观层面和宏观层面会发出相互矛盾的信号，银行业也不例外。从宏观层面来看，银行本应立即全盘接受这13万亿日元的注资。为了结束这场全国范围的信贷危机，政府应使银行家们接受这笔注资，哪怕是祈求。然而，从微观层面上来说，

---

[1] 即前述第177页所指的庆应义塾大学佐佐波杨子教授领导的七人委员会。——译者注

银行却不应该接受这笔钱,否则将会使得其本来已经很低的资本回报率变得更低。

我曾希望,在这样的时候,日本政治领导人能够表现出他们的领导才能。我希望首相会站出来,告诉大家,他明白银行并不想要这笔钱,但是他冀望银行能够接受这笔注资,以便结束这场波及全国的信贷危机。既然有那么多人反对这项计划,我认为政府就有必要向人们解释实施这一计划的必要性,并敦促银行尽快付诸行动。但是,这样的领导才能并没有展现出来,虽然政府准备了13万亿日元的资金,但最终只有大约1.8万亿日元的资金注入了银行系统。

1.8万亿日元的资金量属于杯水车薪,据说当时资本金的缺口高达50万亿~100万亿日元。如果当时注入了13万亿日元(约合1 000亿美元),那么不利的局面是可以得到逆转的。但是,在发现自己身处宏观和微观的两难境地中,同时又遭受到来自美国财政部和国内外不知详情的大众媒体的批评时,银行和政客们都动摇了,最终的结果令人感到遗憾。

即便如此,向所有银行注资的举措也取得了一定的效果——终结了发生在1997年底的挤兑风潮;与此同时,日本银行在海外融资所必须支付的"日本溢价"也在1998年4月迅速回落。从这个角度看,总算是聊胜于无;但是,1.8万亿日元的注资显然难以扭转趋势。由于财政刺激的退出,致使宏观经济的持续衰微,股票价格和日元汇率不断下跌,到1998年夏天,银行不得已收紧了信贷投放,以保护自身利益。结果,这反过来进一步导致经济承压,情况变得更为严峻了。

银行需要增加资本金

尽管桥本内阁最终承认财政改革是一个错误,并在1998年6月改变了财政政策,推出了高达16万亿日元的追加预算,但这一举措对挽回自民党在7月参议院选举中败北的局面而言,为时已晚。由于自民党失去了对参议院的控制,政策主导权逐渐落入反对党手中,而这些人对银行危机一无所知,只是一味地反对向银行注资。结果,在整个夏季,日本完全处于政策的真空期,经济也变得更加风雨飘摇了。

当股市创下后泡沫时期的低点时,人们对完全缺乏政策主动性感到震惊,媒体明星田原宗一郎(仿佛是日本的"拉里·金"[1])在他非常受欢迎的周日电视节目中,请我与反对党的 4 个政策制定者进行现场辩论。因此,我不得不在几百万电视观众面前直面这 4 个人,向他们详细地解释为何此次银行危机不同于国内外其他的危机,以及为何如果没有注资,日本经济和银行系统都将付诸东流。

然后,在 1998 年 10 月,反对党的态度有了 180 度的大转弯,日本民主党领导人菅直人的立场原本是支持银行破产,并且公开批评注资计划,此时却迅速变脸,呼吁加强银行系统的稳定性。他提出的计划包括向银行加大注入资金,总规模高达 50 万亿日元。此时,民调中大多数人开始回应称,额外的资本注入已不可避免,与此同时,4 家主流媒体中有 2 家(《日本经济新闻》和《读卖新闻》)开始呼吁提高银行的资本金。结果,国会通过了高达 60 万亿日元的一揽子计划,用以解决金融系统中的问题。早期的 13 万亿日元注资计划增加到了 20 万亿日元。

在 1998 年初秋,其他国家终于也意识到了资本注入的重要性。例如,1998 年 8 月 17 日,一直严厉批评日本的国际货币基金组织在其发表的《国际货币基金组织概览》中指出:根据市场原则重组日本银行业应该是一个中期的目标,而当务之急应当是提升高风险银行的资本储备。

美国财政部副部长劳伦斯·萨默斯等政府高官在 1998 年的秋天也转变了他们的立场,开始质疑 13 万亿日元是否足以应付现状。即便他们仍然固执地坚持救助需要附加严格的条件,但是,他们最终表示,根据计算,大概需要注入

---

[1] 拉里·金(Larry King,1933—2021),美国主持人,在西方有着"世界最负盛名的王牌主持人"之称。他主持的《拉里·金现场》(Larry King Live)是美国有线新闻网(CNN)收视率最高的节目。2010 年 6 月,拉里·金宣布于当年秋天退出 CNN。2012 年 2 月,拉里·金正式结束 CNN 任职。——译者注

15万亿~25万亿日元的资本方能纾困。

与此同时,大约在1998年9月,我有幸在维也纳与德意志联邦银行的一名高管进行了大约半小时的一对一面谈。我援引了北海道发生的事情为例,解释了为什么日本需要13万亿日元。起初,他对此持强烈的质疑态度,但最终还是承认,"如果情况真是这样,那么日本就应当尽快启动注资计划"。他甚至补充说:"每拖延一天都会加重公众的负担,应当立即行动起来。"

在1999年3月,随着高达60万亿日元的一揽子计划的推出,以及国内外的舆论较一年前出现了明显的改善——更倾向于实施注资计划,最终将近10万亿日元的资本金注入了银行体系。然而,上一次为了给其余银行作出表率而被迫接受注资的东京三菱银行,却对这次经历极为反感,这次拒绝接受政府的任何资金。尽管政府对资本注入附加了某些条件,但是大家也认识到,不能过于强硬地逼迫银行接受注资。

最终,注资计划力挽狂澜,全国范围内的信贷危机由此得到了明显的缓解,正如图3-1所示。如果起初没有附加任何条款的话,那么,银行的借贷意愿会更强,经济会复苏得更加明显。无论如何,60万亿日元的一揽子计划和高达40万亿日元的补充预算最终刺激了总需求⑤,稳定了日本的经济和银行体系。换言之,桥本内阁在资产负债表衰退的过程中,过于急切地推动财政和银行系统改革所造成的损害,在最终花费了纳税人100万亿日元后才得以修复。正如前面所提及的,在支付了100万亿日元的"维修账单"之后,国外的投资者才开始重新回到日本购买资产。

严苛的注资标准会适得其反

日本民众之所以接受60万亿日元的一揽子计划,只是因为他们希望结束这场信贷危机,经济能够重新步入正轨。然而,当即将实施注资计划的时候,当局却附加了严苛的条件,尽管大家都明白这些条件无益于信贷紧缩的缓解。

不幸的是，一旦信贷紧缩问题基本得到解决、经济开始抬头向上的时候，那些无事可做的批评者们又跳出来指责银行并没有在最终期限前实施管理改革，银行的不良贷款规模实际上还在增加。一些人甚至认为，整个注资计划是完全错误的，因为日本的银行系统仍然深陷泥淖，其特点是资本回报率低、不良贷款规模巨大。

这些批评者从未意识到，起初注资计划是为了结束这场破坏性巨大的信贷危机而设计的。为达此目的，不得不搁置其他问题，例如放任不良贷款的增加。如果注入的资本金被用来清理不良贷款，那么信贷危机的结束就会变得毫无指望，日本的经济也将坠入深渊。如果经济真的垮了，那么银行的不良贷款也将增长数倍。

从这个意义上说，当局针对注资计划附加条件，不仅是自相矛盾，而且也混淆了注资计划的初衷，具有严重的误导性。起初，我们并没有寄希望于一石二鸟——将结束信贷危机和以 10 万亿日元注资来清理不良贷款问题这两个目标同时完成。这种一石二鸟的想法既是贪婪的，也是不负责任的。

的确，在 1998 年金融厅组织的一场听证会上，包括我在内的几个人警告当局：同时结束信贷危机和进行包括清理不良贷款在内的管理改革，是两个相互抵牾的政策目标。我们争辩说，可以这么认为，如果当局同时追逐两只兔子，那么，最终的结果就是两手空空。

虽然法律规定，注资的先决条件是银行恢复健全的财务状况，但是，到 1999 年 3 月为止，高达 10 万亿日元的资本注入应当被视为只是为了结束信贷危机，而不是为了注销银行的不良贷款。因而当局和媒体拿银行的经营改革计划没达到预期来大做文章，这是毫无意义的。往事已矣，我们还是要向前看。

人们都在揣测，那些批评日本政府的外国货币当局，如果遇到了同样的问题，将会如何协调附加的约束性条款的要求和结束信贷危机这两个相悖的目标。也就是说，如果银行以提升其净资产收益率为由，而拒绝申请政府提供的结束信贷危机所必需的资金的话，那么政府应该怎么做？此外，附加的约束性条款所引起的纷争，若导致遍布全国的信贷危机进一步恶化，那么，谁将对此负责？如果说美国政府在1982年拉美债务危机或1991年信贷危机中所采取的措施有什么指导意义的话,那就是即便是美国政府也会大概率地倾向于不得不放宽条件,因为只有这样,才能让经济再次运转起来。

注 释

① *Nihon Keizai Shimbun*, October 27, 1997.
② *Nihon Keizai Shimbun*, May 14, 1998.
③ *Nihon Keizai Shimbun*, January 13, 1998.
④ *Nihon Keizai Shimbun*, February 23, 1998.
⑤ 1998年6月,桥本龙太郎首相通过了16万亿日元的追加预算。1998年11月,小渊惠三首相又实施了24万亿日元的追加预算。

第八章

四类银行危机及存款全额担保的作用

美国也曾无条件救助它的所有银行

尽管来自日本国内外的许多人士对救助所有银行的方案持批评态度,但是,在1991—1993年,当美国面临着全国性的银行资本充足率的问题时,也曾不带附加条件地救助过所有银行。当时,由于20世纪80年代繁荣起来的杠杆收购市场和商业地产市场小型泡沫在供给过剩的情况下开始破灭,美国各地的银行都陷入了危机之中。事实上,当时供给过剩的问题非常严重,人们甚至认为市场在2000年前都不会复苏。结果,大量银行受困于资本充足率不足的问题而无法放贷。

银行监管机构对两年前由于反应迟钝而造成的储贷危机仍惊魂未定,于是对银行实行了更加严格的审查监管。这一局面的形成,共同造就了一场席卷全国的信贷危机。由于危机发生在海湾战争期间,因此起初并没有引起太多的关注。然而,等到政策制定者意识到问题的恶劣程度时,经济形势已经极为糟糕,以至于作为海湾战争英雄的乔治·布什在总统的连任选举中,败给了阿肯色州的新人——比尔·克林顿。

美国信贷危机的严重性可以参见图8—1。图8—1中数据显示,从1990年底到1993年左右,银行的信贷规模连续3年每个季度都在萎缩。成千上万的企业因此倒闭,据说,这是第二次世界大战结束以来最严重的一次经济衰退。不幸的是,这场危机正好发生在1989年的储贷危机之后。美国的纳税人和政客们已经被储贷危机弄得精疲力尽——那场危机的处理成本高达1 600亿美元,他们再也不愿意拿出数十亿美元来拯救商业银行了。

美国非金融企业部门所筹集的资金

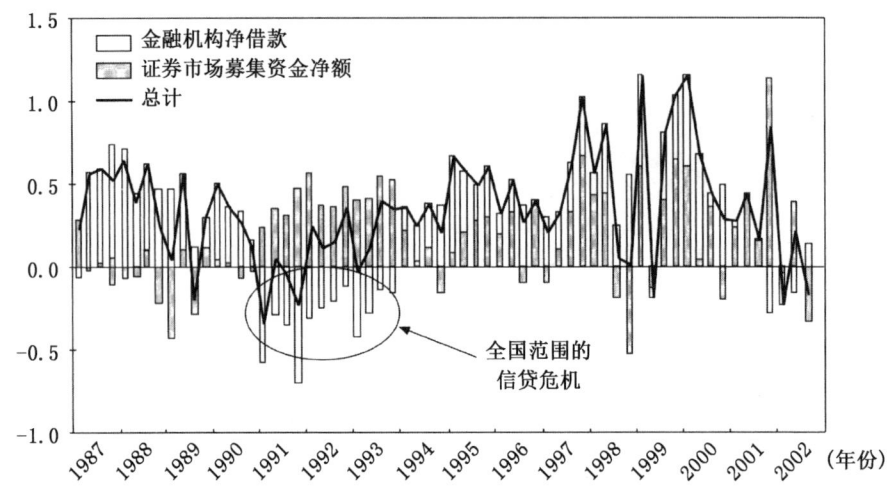

(经季节性调整后与名义GDP之比)

[图表:显示1987—2002年间金融机构净借款、证券市场募集资金净额及总计数据,标注"全国范围的信贷危机"位于1991—1993年区间]

资料来源:联邦储备委员会,《美国的资金流动》。

图8—1 美国在1991—1993年所经历的全国范围的信贷危机

面对这样的局面,美联储采取行动,向所有的银行提供救助。也就是说,美联储默许银行将借贷利率维持在6%的水平上,同时将联邦基准利率削减到3%,大幅降低了商业银行的资金成本。换言之,美联储将商业银行的存款利率设定在3%,而贷款利率是6%,从而扩大了息差。这就意味着所有银行的息差收入都超过3%,这是正常息差水平的两倍(参见图8—2)。

这是一项极不公平的政策措施。储户将钱存入银行时只能获得3%的利息,但在向同一家银行借款时却要支付超过6%的利息。这几乎就是对储户的掠夺,给银行送钱。而且,不论银行好坏,都能赚到3%的息差。也就是说,政府为所有的银行提供了救济。

如此巨大的息差——3%——使银行有很大的把握冲销不良贷款,增加资本金。考虑到在采取救助措施之前,息差只有1.5%,如此大的息差持续3年,

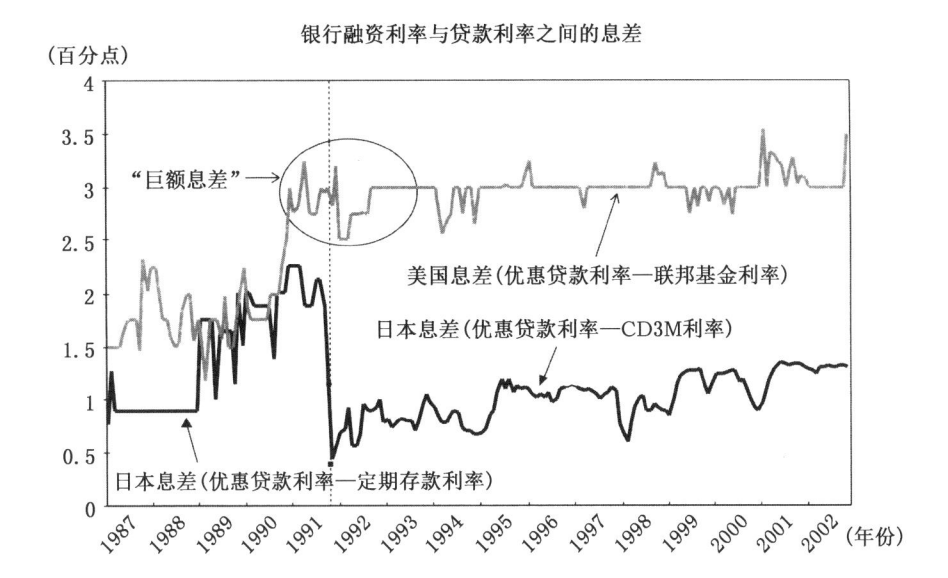

银行融资利率与贷款利率之间的息差

资料来源：野村综合研究所（NRI）。

图 8—2 所有银行的"巨额息差"挽救了美国银行体系

相当于将资本充足率提升了 4.5%（1.5%×3）。在其他条件相同的情况下，一家资本充足率只有 6% 的银行在救助措施实施 3 年后，其资本充足率可以提高到 10.5% 的水平。

这些救助措施帮助银行的财务状况恢复到健康状态，银行从 1994 年开始重新进行信贷规模的扩张，由此将美国经济推向复苏。换言之，除了政府直接注资之外，这是美国当局当时可以采用的唯一选择。

大约就在此时，澳大利亚也采取了相同的措施。澳大利亚财政部称其为"优惠息差计划"。在 20 世纪 90 年代前期，由于资产价格暴跌，澳大利亚采取这项政策成功地挽救了其银行系统。澳大利亚和美国尚属幸运，在银行系统出问题的时候，仍然还有资金需求。这就意味着仍然有许多借款人愿意支付较高的息差。这反过来又帮助银行充实了资本充足率。而且，一旦银行系统问题得到解决，这两个经济体就可以步入强劲的上升通道，因为限制银行无法放贷的关键瓶颈被消除了。上述案例表明，澳大利亚政府和美国政府向所有"好"的银行和"坏"的银行提供了救济,最终解决了全国范围的信贷危机。

如果日本政府也可以通过扩大息差的方式来解决问题的话,那么,就可以避免使用政治成本高昂的"公共财政"。然而,由于日本多年来缺乏对资金的需求,在信贷危机期间,利率已经滑落至历史最低水平。譬如,如果问题是发生在利率虽处高位但市场对资金需求仍较为旺盛的1991—1992年,而不是1997年10月,当局可以在削减官方贴现率的同时保持短期优惠贷款利率不变,从而扩大银行的息差,帮助问题得以解决。

但是,在日本信贷危机发生的时候,银行短期优惠利率维持在1.625%的水平上,而官方贴现率是0.5%,因此,除非官方贴现率维持在一个较大的负值区间,否则就不可能创造一个较大的优惠息差。这就是为什么日本政府被迫采用罗斯福政府在1933年实施的方案的原因,当时美国的经历也正是当下日本所面临之困。

美国和日本银行危机的区别

过去20年中,美国银行危机发生的外部环境与日本不同,美国企业部门和家庭部门的资金需求一直处于一个较为健康的状态。由于存在资金需求,才使得美国可以通过优惠息差的方式来修复银行体系。由于美国经济的瓶颈是陷入困境的银行业,所以一旦银行业得以恢复,那么在企业部门对资金的正常需求推动下,美国经济就可以再次向前发展。

然而,在日本,经济却由于企业部门失去了对资金的需求,因此缺失了前进的动能。在这种情况下,首要的急务应当是先修复企业部门,而银行部门的修复则在此之后,因为企业部门才是经济的瓶颈所在;否则,银行就没有收入流可以用于修复自身的财务状况。

没有资金需求的事实,也就意味着日本银行清理不良资产和提高资本充足率的行动必然步履蹒跚,毕竟银行的息差只有美国1991—1993年息差的1/3。而且,日本资产价格下跌的幅度以及不良资产的规模,都要远超美国过去20年间所遭遇的问题。也就是说,即便在最好的情况下,日本解决银行业问题所需要花费的时间也将远比美国当年所经历的时间要长得多。

不幸的是,大多数美国观察家认为,日本的银行问题在本质上与他们当年遇到的问题相似,并且建议采用他们当年解决问题的方案。这就是为什么他们要求快速解决银行问题,而没有意识到银行问题并非日本经济的瓶颈所在。

此外,许多美国人也许已经忘记了 1982 年的拉美债务危机以及 1991—1993 年席卷全美的信贷危机。人们只记得 1989 年广为人知的储贷危机和重组信托公司。这是因为美联储和银行业悄无声息地平息了拉美债务危机和 1991—1993 年信贷危机,因而造成了现在人们对此浑然不知。由此自然而然地,美联储和银行业就没有理由大肆宣传这种优惠息差政策。

当我同美国的商业银行家们谈论关于日本目前经济问题与 1991—1993 年美国信贷危机的相似之处的时候,他们立即明白了我的意思,因为他们记得美国银行业当年所遭遇的痛苦经历。他们也认同这次危机与 1982 年拉美债务危机具有相同之处。在两次危机中,他们对美联储的领导能力表示高度赞赏。但就算是美国的银行家,也没有经历过一种即便利率为零,仍然有大量企业还在偿还债务的情况。

华尔街的这些人士和学者们应当去了解当年美国究竟发生了什么,因为他们不是 1982 年和 1991 年危机的亲历者。他们记得的唯一一次银行危机是当年的储贷危机。因此,他们要求日本优先修复银行系统。他们没有意识到,日本面临的问题与他们当年面临的储贷危机截然不同。

四种类型的银行危机

以上的结果表明,日本和美国银行问题的主要区别在于:美国的三次银行危机——1982 年的拉美债务危机、1989 年的储贷危机、1991 年的信贷危机——都发生在美国国内仍然有强劲的资金需求的时候。换言之,过去 20 年美国的问题主要是,尽管美国拥有大量有意愿的、信誉良好的借款人,但银行仍在拼命地缩减业务规模。但是,泡沫破灭后的日本、现在的中国台湾,甚至是后安然时代的美国,都面临这样的问题——借款企业非常担心其资产负债表的健康状况,因此基本上停止了借款。结果,尽管贷款利率跌至历史性的低点,但资金需求却一直萎靡不振、无法复苏。①

在这种情况下,可以公平地说,银行内部存在的问题并不构成经济复苏的主要障碍。从这个角度看,也没有必要急于处置银行的不良资产。毕竟,敦促银行处理不良资产的根本目的是提升银行的风险偏好,促使其重新进行信贷扩张。但是,如果在零利率水平下,企业部门对资金仍然没有需求,那么,经济就不会有复苏的基础——无论银行清理多少不良资产,都无助于经济的复苏。

恰恰相反,在当前情况下,如果此时急于以"贱卖"的方式处置这些不良资产,可能是极其危险的,因为这样的举动会导致经济和资产价格进一步下滑,从而产生更多的不良贷款问题。保罗·沃尔克曾经试图警告称,日本应当为银行清理不良资产设置一个速度的上限,否则有可能欲速不达,问题也许会像滚雪球般越来越大。

综上所述,似乎有四种类型的银行危机以及四种不同的处理方式,这取决于是否存在对资金的需求,取决于问题究竟是影响整个银行体系,还是只影响部分银行。这四种类型如图8—3所示。

		资金需求	
		正常	少或不存在
银行危机	局部性	(1) 快速处置不良贷款, 追究责任	(3) 正常处置不良贷款, 追究责任
银行危机	系统性	(2) 谨慎处置不良贷款,通过给予银行巨大的息差来重组银行资本	(4) 谨慎处置不良贷款,必要时动用公共资金注资

资料来源:野村综合研究所。

图8—3 四种类型的银行危机和四种应对方法

(1)有资金需求的局部性危机；

(2)有资金需求的系统性危机；

(3)没有资金需求的局部性危机；

(4)没有资金需求的系统性危机。

基于上述分类：

● 1989年的储贷危机是第(1)类危机；

● 1982年的拉美债务危机、1991—1993年美国全国性的信贷危机，以及20世纪90年代初期的北欧银行危机，都属于第(2)类危机；

● 1995年前的日本（例如，两家信用合作社的问题[1]）属于第(3)类危机；

● 1996年以后的日本、2000年以后的中国台湾，以及20世纪30年代的美国大萧条则属于第(4)类危机。

从这个角度来看，只有当第(1)类危机发生的时候，快速清理不良资产才是最优策略。在所有其他类型的危机中，谨慎的做法会产生更好的结果。在第(2)类和第(4)类系统性危机中，在几乎没有买家的情况下试图出售不良资产，会面临进一步压低资产价格的风险，这将导致经济的进一步疲软，并出现更多的不良资产。换言之，用斯特凡·英格维斯（瑞典央行行长）的话来说，急于清理不良资产只会"毁灭价值"，使事情变得更加糟糕。实际上，美国是以缓慢而谨慎的态度处理第(2)类危机中的不良资产的。

在第(3)类危机中，并不存在滚雪球式问题的风险，但是，同样也没有确凿的理由去匆忙清理不良资产，因为不良资产问题不是构成经济增长的主要障碍。在第(3)类危机中，当然没有理由利用纳税人的钱去加速处理不良资产的进程。

与此同时，在第(2)类系统性危机中，由于仍有资金需求，所以当局可以采用优惠息差的方式来加强银行的资本充足率。也就是说，中央银行通过降低再融资利率的方式，向商业银行注入流动性，同时允许商业银行保持一个较高的

---

[1] 两家信用合作社的问题，是指1994年日本东京协和信用社和安全信用社的破产。——译者注

贷款利率水平。事实上,这就是美国解决1991—1993年那场波及全国的信贷危机的应对措施。虽然这种方法非常不公平,从某种程度上说,这就是将储户的钱转移给银行,但这一策略的最大优点在于政府不需要动用公共资金,是政治上的权宜之计。

可是,在类似日本危机的第(4)类危机的案例中,由于缺乏资金的需求,导致央行无法采用优惠息差的方式来解决问题。在这类危机中,政府需要在进一步不稳定风险发酵之前介入,并向银行系统注入资本金。这就是美国政府在1933年的时候为什么要这么做的原因,也是日本政府1998年和1999年同样这么做的原因。

除了"不良贷款"之外,还有大量的"问题贷款"

一位曾参与处理储贷危机的美国财政部高级官员告诉我:"如果处理储贷资产的速度再慢一些,那纳税人所需要承担的成本至少会再减少500亿美元。"也就是说,最终的成本可能只需1 100亿美元,而不是政府实际支出的1 600亿美元。

尽管重组信托公司方案的成本较高,但仍然得到很高的评价,其原因在于,这套方案使得政府可以满怀信心地宣称,不会再有更多的不良资产问题了,而且没有其他的方案能处理得更快。这相当于对整个美国经济做出担保,即不会再有更多的问题贷款会对资产价格形成扰动,美国经济将就此复苏。政府之所以能够如此迅速地宣布问题得到解决,是因为危机的范围非常有限,仅仅局限在储贷机构之间,而其他金融机构的经营状况差不多还算比较健康。因此,在第(1)类银行危机中,即便短期成本较高,但快速处置不良贷款的做法也还是有道理的。

另一方面,在今天的日本,即便当局和银行成功地清理掉银行所宣称的40万亿日元的不良贷款,但仍将留下大约150万亿日元的"问题贷款"。[②]并且,在

2001年7月，政府承认，基于其自身的估算，仅仅清理主要银行15万亿日元的不良贷款，就可能导致失业人数增加近20万人。[3]而大多数民间机构估计的数字比这要高出许多倍。如此严重的经济恶化还会打压资产价格，使其低于当前水平。经济的恶化和资产价格的下跌必然会进一步增加不良资产。如果现在10%的问题贷款变成明天的不良贷款，仅这一点就将抵消主要银行15万亿日元不良资产清理注销工作的全部努力。换句话说，当前环境下如果清理工作操之过急，那么不良贷款只会有增无减。

问题的关键在于，即便当局和金融机构尽其最大的努力去处置不良资产，那可能也需要在许多年后才能说解决了这一问题。鉴于这种情况，即使是最坚定的乐观主义者，也难以消除对未来的疑虑。日本今天所面临的问题要比美国当年的储贷危机更加严重。

如果一个人不能在短期内彻底厘清问题，那么，无论其多么着急，也没有理由仅仅为了加快危机处理的进程而让纳税人支付额外的成本。即便是在1989年的美国，如果没有在2～3年内完全解决问题的预期的话，那么无论当局如何心急如焚，纳税人也不会多支付500亿美元。事实上，在1982年拉美债务危机爆发的时候，并没有寻求一种快速的解决方案，美国最终选择了稳扎稳打的处理模式，首先稳住了银行系统和经济，而不是杂乱无章的快速解决方案。因此，在第(2)类和第(4)类危机中，不良资产的清理应当逐步且谨慎。

在系统性危机中互相诿责毫无意义

不仅如此，在一场所有银行都备受煎熬的系统性危机中，很难分摊个人责任并进行追究。而且，在一场系统性危机中，推动问责制可能导致原本可行的计划变得寸步难行。这反过来会成倍地加大纳税人为最终解决危机所支付的成本。例如，如前所述，在1998年2月日本国会通过了向银行的注资计划时，当时的政府却试图通过一个所谓的七人委员会进行追责。但是，当该计划公布时,却没有一家银行申请资金。可是,如果没有资本金的注入,日本经济正在遭受的信贷紧缩就无法得到解决。最终,政府不得不放弃这种追责的做法。

同样,在1982年的拉美债务危机中,作为一场第(2)类危机,美国政府不能也没有对某个银行的管理层进行问责,因为如果政府想要避免一场大的灾难,那就需要整个银行部门的协作。通过搁置责任问题,当局最终成功地解决了拉美债务危机——据说这场危机的规模是储贷危机的10倍,却没有花费纳税人一分钱。此外,在1991—1993年那场全国范围的信贷危机中,美联储通过为所有银行提供丰厚的息差的方式来解决危机。换句话说,美国在面临系统性危机时并没有追究相关方的责任。

在20世纪90年代初的瑞典银行危机中,两家破产银行——北方银行和哥达银行——的管理层的确被撤换了。但经常被忽略的一点是,这两家银行70%的股权起初是国有股。而且,当时财政拮据的瑞典政府最终收购了私营部门持有的这两家银行的剩余股权,收购价格为当时私营部门购买的成本价。因此,最终实际上是纳税人拯救了倒闭银行的私营部门的股东,这是一个非常有意思的"问责制"案例。

不幸的是,媒体和学术界到处都是这样的人,他们把任何一种危机都误认为是第(1)类危机,并推荐这类危机的解决方案,完全不管这些方案是否适合当前的危机。不仅日本是这样,全球其他国家亦是如此。虽然这些人可以自由表达,但在发生系统性危机的国家中,一国的政策制定者却应当保持充分的清醒。

至少,受到危机影响国家的政策制定者,应当首先明确该国的银行危机是否具有第(2)类、第(3)类和第(4)类危机的特征。例如,如果所有的银行都面临着同样的问题,那么很可能是第(2)类或第(4)类危机。如果创纪录的低利率也不能提振对资金的需求,那么,危机很可能是第(3)类或第(4)类。如果这些特征都出现了,那当局应当咨询有实际处理这类危机经验的人,而忽略那些只知道第(1)类危机的人发出的聒噪之音。

当下日本处在第(4)类危机之中,呼吁快速清理不良资产的人——不仅来自小泉内阁,也包括那些没有经历过第(2)类和第(4)类危机的人,这么做只会对经济造成重大伤害。正如1997年的财政改革几乎毁掉日本经济,导致财政赤字大幅增加一样,这时候快速清理不良资产的呼吁只会压垮日本经济,同时增加不良资产的规模。

从这个意义上看,日本应当提醒其他国家,现在日本面临的不是它们认为的第(1)类危机。相反地,日本面临的是第(4)类系统性危机,所有的银行都面临着类似的问题。除非日本努力向其他国家清楚地解释其国内的状况,否则彼此误解的鸿沟只会日益扩大,日本最终只能被迫吞下自己酿成的苦酒。

监管方面的不足使危机更加恶化

回顾1997年10月到1999年3月那段混乱的日子,必须指出的是,如果日本当局有一套不同的监管构架,那么情况可能会有所不同。事实上,美国银行监管部门和其他人所给出的建议和要求,都是基于日本已经拥有这样一个完善的监管构架的前提之下。特别是,如果银行监管部门有一套足够强大的银行审查机制,使得它们能够证明某些银行明显存在过度负债,这样,当局就可以要求这些银行自行增加资本金,或接受附带条件的注资,或面临国有化的前景。

但是,日本的银行审查机制相当不完善,只有500名审查员负责监督银行的资产。相比之下,美国有8 000名专业人士从事这项工作。由于两国银行资产的总规模几乎相同,这就意味着每个日本银行审查员所需要做的工作是美国的16倍。除此之外,据说这500个人当中,只有200个是来自日本央行,有能力进行真正的审查监管。结果,审查监管部门没有足够的信息向银行提出具体操作建议,在注资这件事上,不得不等待个别银行自行提出申请。

日本银行监管部门不仅仅是缺少人手的问题。在1998年4月之前,银行监管部门都未获得充分的授权。当我从纽约联邦储备银行调到日本后,才惊讶地得知日本银行审查监管人员并没有美国那样强大的权力,至少在1998年2月之前,他们所能做的最多只是给出建议。

另外，在面对其他部门和机构的时候，银行监管机构也显得无能为力。例如，国税局（NTA）也可以完全独立做出征税决定，即便是在大藏省下的银行监管部门正努力尽快清理不良贷款的时候。换言之，即便大藏省正竭力敦促银行清理问题贷款，国税局也可能会出于对税收下降的担忧而坚决反对。

而且，国税局完全可以忽略银行监管当局规定的贷款分类标准。的确，在实际中，税务部门对不良贷款有自己的定义，即只有在借款人的财务状况极端恶化的情况下，银行才能进行免税核销。这一条款使得银行很难通过核销不良贷款的方式来避税。国税局对税收收入的渴求，导致形成这样一个局面，即如果银行取消了借款人抵押品的赎回权，并以一个很低的价格出售该抵押品，那么，银行就面临着被征收"赠予税"的风险。

由于没有哪个思维正常的银行家会为核销问题贷款而支付税费，国税局的这个规定，可能是1998年之前清理不良贷款进程缓慢的唯一且最重要的原因。事实上，不少银行发现自己陷入两难境地，大藏省告诉它们应当清理不良贷款，而国税局却让它们不要这么做。

1998年大藏省与国税局之间举行的一次会议，解决了一些（但不是全部）看似荒谬的规定。起初，日本的税法规定，如果银行针对不良贷款的准备金不符合国税局针对不良贷款的最严格的规定，该银行将不得不提前支付所有税款。换句话说，对不良贷款的冲销，必须来自银行的税后利润。但是，在1998年以后，双方同意，多缴的税款可在银行的一级资本中计为递延所得税资产，最长可递延5年。

由于这个制度安排，日本的银行最终有了注销不良贷款的动力。在1992年到2001年之间，英语国家普遍认为日本的银行在处理问题贷款方面无所作为；但实际情况恰恰相反，日本的银行最终核销了大约90万亿日元[④]，即约合8 000亿美元的不良贷款，其中40万亿日元是在税款协议修改之后计提的。90万亿日元的规模几乎是日本GDP的20%，同时这也是人类历史上最大的不良贷款核销额。与此同时，银行员工的人数下滑了近30%，从1993年峰值的46.3万人降至2001年的33.3万人[⑤]，这表明银行正在进行重组，虽然速度相比美国来说要慢。

上面的制度安排还意味着,日本银行核销不良贷款的损失越多,递延所得税资产在其一级资本中的积累就越大。结果导致了日本银行的一级资本中超过40%是由这类税收抵免构成的。这显然是一种相当不正常的情况,责任应归咎于国税局,因为如果国税局允许银行税前核销不良贷款,那么,一级资本中就不会有如此多的递延所得税资产。相反,一级资本将主要由现金构成。

在国税局拒绝改变税法条款的情况下,又要使得银行能够更容易地在税前计提不良资产,那么就需要采用上述这种次优解决方案。(因为国税局有权对任何人发起税务审计调查,大多数日本人不想与税务部门发生争执。)这是有史以来第一次日本的银行有了迅速清理不良贷款的动力。可以累积作为一级资本的递延所得税资产的价值受限于以下情形,即企业将未来5年预估的收入,乘以企业有效税率,作为递延所得税资产规模的上限,递延所得税资产仅用于抵消未来5年产生的税款。

竹中平藏的建议有害无益

也许由于不了解这一历史背景,日本金融厅大臣竹中平藏在2002年10月提出了一项计划,用以限制递延所得税资产充抵一级资本的规模,从原来5年应纳税所得额乘以企业税率,改为1年应纳税所得额乘以企业税率。他认为,既然美国严格限制递延所得税资产作为一级资本的规模,那么日本也应当仿效。实际上,他(无意中)试图要退回到1998年采取所得税递延会计之前的金融格局中去。这将会使得日本的银行没有动力去核销不良资产。因此,根据竹中的计划,无论由谁经营银行,不良贷款的清理都会被大幅推迟。

此外,那些因为实施上述计划而宣布资本金不足的银行,将不得不大幅缩减贷款规模,以使其资本充足率回升至8%的监管线之上。这么做的结果,将会引发一场比1997—1998年日本所经历的信贷紧缩还要严重数倍的信贷危机,并且很可能给经济带来毁灭性的打击。一些分析师预测,如果竹中的计划得以实施,那么信贷规模会减少约 100 万亿日元⑥,或者说,相当于日本 GDP 的 20%,由此产生的通缩效应将是无法想象的。

因此,竹中的计划完全站在了小泉内阁的对立面,小泉内阁公开宣称的政策目标是战胜通货紧缩,并且迅速清理日本的不良贷款。除此之外,这个计划就完全没什么可值得一提的了。因此,难怪这个计划在宣布后不久就被迫放弃了,因为银行家们指出了这项计划的致命弱点。竹中被迫改变了路线,现在试图解决问题的真正根源——去同国税局协商。在美国,递延所得税资产之所以不是问题,关键在于税务当局——美国国税局——从不会挑战银行监管部门所做出的规定。

尽管如此,"竹中冲击"还是破坏了银行与日本金融厅之间的信任感。由于不知道该再相信谁,银行家们变得极度谨慎。结果,从 2002 年底开始,一场新的信贷危机再次爆发。这从第三章图 3—1 的最右侧可见。

令人震惊的是,东京的很多国外记者根本就没有下功夫去弄清楚递延所得税资产是如何产生的,就开始对竹中的计划大唱赞歌,将那些反对该计划的人称为"反动派"。譬如,许多记者用"淡化"这个词来暗示日本正在退出其改革议程。⑦但事实是,不论是自民党还是银行业都反对竹中的计划,这些人都熟知日本税法,但显然竹中对此一无所知。这已经不是竹中第一次在金融事务上出丑,但更令人震惊的是,在整件事情当中,很少有外国记者费心去调查一下问题的实质是什么。

自 20 世纪 90 年代早期以来,我就一直主张日本的银行审查制度即使不是加强 10 倍,也至少要加强 5 倍,因为我很清楚,随着资产价格泡沫的破灭和金融自由化的推进,监管审查人员的工作量将会增加数倍。从 1998 年 2 月开始,日本银行监管审查制度的法律权力增强至可以与美国的监管系统相媲美的水平。这种强化在 1998 年 10 月日本信贷银行被国有化的过程中得到了充分的体现。但是,在面对其他部委的时候,无论是权力还是人力,银行监管审查部门仍是力不从心,特别是面对国税局的时候。

我非常赞成加强银行监管审查部门的力量,如果外部人士都认为监管当局对不良贷款问题的全局缺乏一个清晰的认识,那么可能没有什么比这个更糟糕的了。但是,我明确地反对将监管审查的结果与管理改革的行政命令直接联系起来,或者将其归结于管理层的责任问题。这是因为,当存在系统性风险时,如果人们按照微观经济学的传统教条行事的话,可能会导致一场更为严重的金融危机,最终给纳税人带来更大的负担。

特别是,日本过去 10 年一直处于经济衰退中,资产价格已跌至其峰值的 1/10。这就意味着,绝大多数借款企业到了生存的极限。如果银行严格执行日本金融厅要求的规范的信贷标准,那么就只剩下少数几家公司有资格获得贷款了。但是,窒息整个经济并不是我们的选项。因此,在面对如此规模的危机时,需要在更高的层面上做出政治判断——银行当局可以有多大程度的灵活性。这个问题没有简单的答案。但可以肯定的是,照搬微观经济学传统教条是无解的。

此外,即便日本拥有最高水准的监管能力,政府仍然会发现,结束 1997—1998 年这种毁灭性的信贷危机和核销银行体系内的不良贷款,这两个目标是相互抵牾的。鉴于解决信贷危机远比清理银行体系内的不良贷款要紧迫得多,因此,日本决定先处理前者并非完全没有道理。

毋庸多言,下一阶段的任务是清理不良贷款。不过,由于不良贷款并不是经济复苏的障碍,所以这一工作的落实不应作为首要任务,而以牺牲其他政策目标为代价。不良贷款的具体清理工作,应当根据每家银行的财务实力来执行,清理速度应当以不损害经济整体的稳定性为前提。如果不良贷款的处置速度超出了银行的承受能力,那么,纳税人应当做好为这一力所不及的速度承担后果的准备。

取消存款全额担保的时机尚未成熟

由于小泉内阁的改革派对金融和银行事务的无知——他们强烈要求取消在1996年就已经生效的存款全额担保制度，从而极大地削弱了日本的经济。他们极力推动取消全额担保，这意味着存款保险的上限将只有1 000万日元。自2001年底以来，这造成了银行存款极大的不稳定，而这种不稳定本来是可以避免的。这反过来又导致了银行放款意愿的下降，因为银行不能确知自己存款的稳定性如何。

日本大多数提倡进行结构性改革的人士认为，由于存款全额担保制度使得管理层缺乏责任感，因此应当尽快结束这一制度安排。改革派主张取消存款全额担保制度，这样就能防范业绩不佳的银行通过高息揽储的方式吸收存款，并将资金用于高风险、高回报的投资，以此弥补其损失。只要这种高风险、高收益的赌博获得成功，就会给银行的高管们带来高额回报。如果最终这场赌博失败了，政府将不得不承担损失。因此，存款全额担保制度会导致道德风险，那些效率低下的银行会通过高息揽储的方式吸收存款，并投资高风险、高回报的业务。他们认为，取消这种担保制度有利于加强银行与储户彼此之间的约束，并激励银行管理层提高运营效率。

尽管上述观点在正常情况下作为理论是正确的，然而，在一场全国范围的资产负债表衰退危机中，过度热衷于取消担保的尝试，可能会给经济带来不可弥补的损失。而且，即使是那些金融体系高度发达的国家，也只有美国明确规定了在银行破产的情况下向存款者支付最高担保额度。在实践中，其他发达国家通常会对储户存款进行全额保护。另外，即便在美国，真正执行规定上限的赔付额度的案例也极为罕见。

大多数国家不将存款担保设限作为其主要政策选项的原因在于，存款者对于存款损失风险的担忧，将会给国民经济带来巨大的经济成本。同时，上文提到的相关道德风险,通过严格的银行监管审查,在很大程度上是可以避免的。

美国之所以明文规定对存款担保设置上限,主要是因为其银行构架迥异于其他国家。与其他国家的银行数量非常有限不同,美国有着将近 10 000 家银行,进入和退出的门槛是非常低的。不久以前,美国还有高达 15 000 家银行。银行数量如此之多,而且这些银行规模都很小,银行当局需要足够多的政策工具来解决这些银行所遇到的各种问题。

在日本,与其他国家一样,银行的数量也是有限的。因此,这些银行的规模往往比美国的银行要大。这就意味着,如果 1997 年 11 月倒闭的北海道拓殖银行想采用存款担保上限制度进行清算,那么日本所涉及的存款数量(按照经济规模调整)几乎相当于美国整整 47 年的实际存款偿付额。以 1998 年 6 月的长期信贷银行破产案为例,所涉及的存款数量将差不多相当于美国 382 年的存款偿付额。⑧显然,在日本实施这样的方案是完全不现实的。

并且,日本 500 万亿日元总存款中的一半——差不多 250 万亿日元——是由超过 1 000 万日元的大额存款构成的。这类存款大多数是地方政府和私人企业为其雇员支付工资和奖金的资金。也就是说,这部分存款直接关系到成千上万人的生计。

尽管如此,竹中平藏却不顾这些事实,多年来一直向公众宣扬存款担保上限制度是国际惯例,大多数国家不对超过规定上限的存款提供保障。虽然他的主张完全与事实不符,但是,具有"改革思维"的小泉政府却声称,日本银行一切正常,在 2001 年 10 月宣布取消全面担保,并实际上于 2002 年 4 月 1 日开始,取消了所有定期存款的担保。于是,自 2001 年底以来,上述政策造成了存款的极大不稳定,如图 8-4 所示。这种不稳定也表明,日本公众不相信小泉内阁宣称——日本的银行体系一切安好,取消全面担保不会导致任何负面后果——的论调。

此外,占据了全部存款总量几乎一半的定期存款已变得极不稳定,银行出于安全的考虑而停止了信贷扩张。毕竟,银行之所以能向企业投放信贷,主要是由于其持有的定期存款数量。当大部分资金属于随时可能被支取的活期存

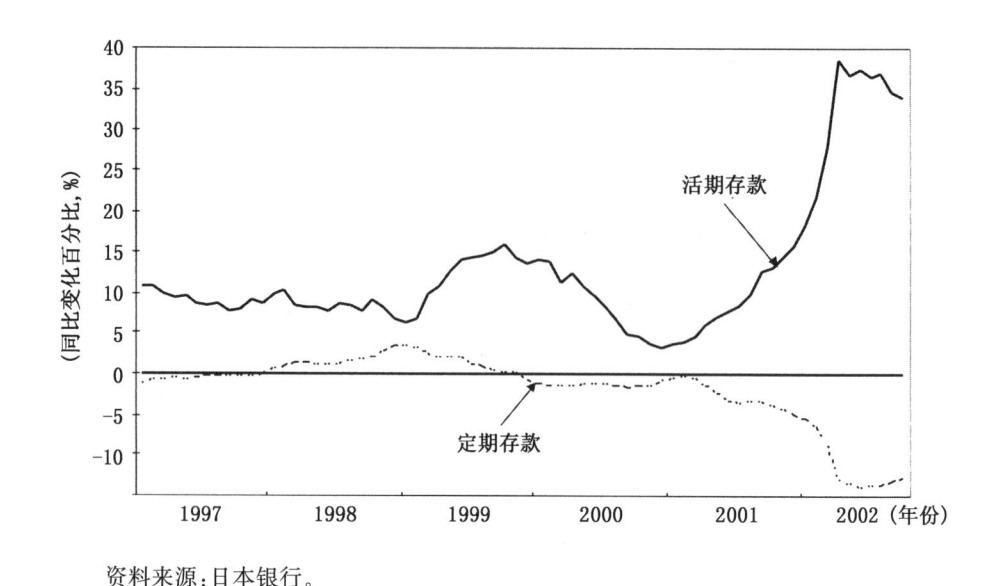

图 8-4 取消定期存款全额担保,使银行存款变得不稳定

资料来源:日本银行。

款的时候,银行由于没有安全感,就不敢再向企业提供贷款了。

存款的不稳定性导致了银行放贷态度变得更加强硬,银行开始向客户施压催促其还款,这在很大程度上抑制了日本经济的发展。第三章的图 3-1 清楚地表明,银行的放贷意愿在 2001 年底以后急剧恶化了,当时小泉政府即将取消定期存款全额担保的迹象越来越明显了。结果,日本经济仅仅因为小泉政府贸然地准备取消存款全额担保制度,就再次跌入信贷紧缩的深渊。

关于存款担保的争论,已经对日本经济造成了损害

储户忧心忡忡,加之银行存款的不稳定所带来的信贷紧缩,已经使日本的 GDP 大幅下降。如果经济就此进入一个自我良性发展的增长通道,出现这样的奇迹简直有如天方夜谭,因为许多人在担忧钱放哪里才安全,银行也因为存款的不稳定而难以履行作为金融中介的职能。即便如此,如果银行的信誉没有问

题,那么,取消存款全额担保也不会造成任何困扰。不幸的是,不论从哪方面看,这些银行的信誉度都还远没有达到可以取消存款担保制度的水平。

衡量这些银行信誉度的指标之一是其评级。一般而言,如果银行想要正常运营,至少要有"C+"到"B"的评级。但是,根据穆迪的评级,除了东京三菱银行和新生银行被评为"D−"之外,其他所有的日本主要银行评级都是"E"类,这是最低的评级(参见图8−5)。

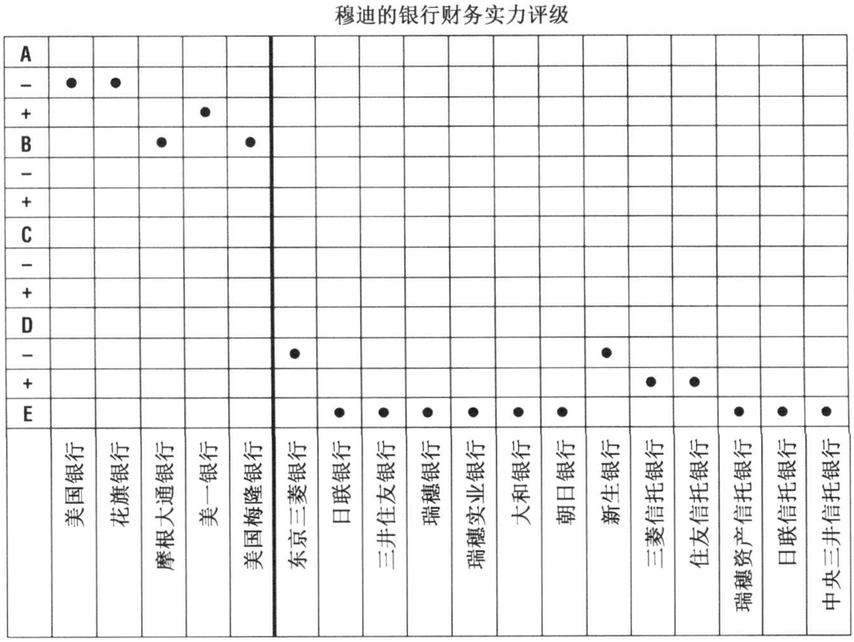

穆迪的银行财务实力评级

评级	美国银行	花旗银行	摩根大通银行	美一银行	美国梅隆银行	东京三菱银行	日联银行	三井住友银行	瑞穗银行	瑞穗实业银行	大和银行	朝日银行	新生银行	三菱信托银行	住友信托银行	瑞穗资产信托银行	日联信托银行	中央三井信托银行
A																		
−	●	●																
+				●														
B																		
−			●		●													
+																		
C																		
−																		
+																		
D																		
−						●							●					
+														●	●			
E							●	●	●	●	●	●				●	●	●

说明:2002年11月1日。
资料来源:穆迪公司。

图8−5 日本银行的信用评级太低,无法取消存款全额担保

尽管评级机构并不总是正确的,但鉴于日本全国的商业地产价格平均下跌了85%的实际状况,这些对日本银行的评级看似也是合理的。因为资产价格的下跌往往会对金融机构造成严重打击,所以上述评级似乎也并非无的放矢。"E"评级的定义是,该银行需要"外部的救助",否则自己很难独立生存下去。

在第二次世界大战结束以来的主要发达国家的历史上,还没有出现过一例整个银行体系的信誉下降到如此之低，以至于所有主要银行都被评为"D"或"E"。在这种情况下，要求存款人在选择银行时自己承担后果，这简直就是疯了，因为真的别无选择。

既然银行的评级是这种情况，如果一家银行破产，政府当局只支付给存款者规定的保险上限，那么，许多大额储户就会遭受巨大损失。这会促使所有其他银行的大储户行动起来，确认他们的存款是否安全。企业的首席财务官也会被公司的董事长问询他们自己的银行相对于那个破产银行的信用评级状况。但是，目前日本所有的主要银行评级都是最低的，不是"D"就是"E"，这就意味着其他银行与那些破产银行的区别仅在"五十步笑百步"之间。

企业和当地政府也会觉得它们的银行不安全，全国各地的大量存款会变得不稳定。企业的管理层和当地政府显然会得出这样的结论：既然存款几乎已经赚不到什么利息了，因此，更好的选择是将其转换成邮政储蓄或者兑换成现金。如果全国各地的大储户纷纷挤兑银行，日本的金融系统将会在一小时内崩溃。

全国许多银行有排着队等待的客户，他们想租用安全保险箱（或者是想要更大的保险箱），以便囤积现金。邮政储蓄的存款由于有政府的全额担保（虽然1 000万日元以上的存款是不支付利息的），所以存款数量增长得也是非常迅速。一些著名公司对小泉政府的愚蠢行径表示了极大的厌恶，它们已经要求其所有员工和供应商都开立邮政储蓄账户，以便可以通过邮政储蓄系统来进行支付。

事实上，当白宫经济政策方面的一名重要助手意识到日本存款的不稳定性（参见图8—4）之后，他完全惊呆了。"小泉首相难道没有一个懂经济的顾问吗？"他不禁问道。问题是，小泉首相的确没有一个懂经济的顾问。毕竟，是他的经济大臣竹中平藏最为坚决和大肆地鼓吹日本应当取消对存款的全额担保。

例如，1999年12月，时任自民党政策企划委员会主席龟井静香同联合政府的其他党派协商后，决定推迟取消全额担保计划的时间，但是批评龟井声音最大的就是竹中。竹中异常愤怒，在一场我们两个都参加的全国电视频道的讨论节目上，他对做出这个决定的小渊内阁的经济政策打了一个"F"分，即百分制中的 35 分。（我对内阁的评价是 85 分。）

我不寒而栗地想到，如果万一当初龟井没有做出这个决定，那将会发生什么——他知道这个决定当时非常不受改革派主导的媒体欢迎。尽管存在规模巨大的不良贷款和令人惊惧的日本银行信用评级低下的问题，但日本没有发生严重的金融恐慌，根本原因在于当时推迟了取消存款全额担保制度的计划。

毕竟，在银行系统内存款如此不稳定时，我们甚至不能谈论一个所谓的正常经济。可笑的是，在 2002 年 9 月竹中取代柳泽伯夫成为金融厅厅长的时候，突然改变了立场，转而赞同将取消活期存款全额担保计划推迟两年实施。也许，竹中立场的突然改变与上面提到的白宫经济顾问有关。

如果大多数银行评级是"B"，而只有少数几家银行的评级是"D"或者"E"，那评级为"D"的银行破产倒闭并不会导致其他银行的储户陷入恐慌，因为大家会觉得这是储户自己错误地选择了一家评级如此之低的银行。然而，日本的情况却并非如此。

更为重要的是，竹中受到西方媒体的欢迎，是因为他的改革主张以及以金融厅厅长的身份力主向银行注资（与 1997 年不同，当时他是反对增强银行资本的），但是，当前存款不稳定的问题也不可能通过注资的方式加以解决。这是因为 1997 年的信贷紧缩是由于日元汇率和日本股市同时下跌造成的，这对日本银行资本充足率的分子和分母都形成了严重的冲击。在这种情况下，向银行注资有助于解决信贷紧缩问题，事情也的确按照这样的方式得以解决。

然而，当下的信贷紧缩完全是由于银行存款的不稳定造成的。究其原因，是由于小泉政府决定取消对定期存款的全额担保。因此，除非重新稳定银行存款，定期存款再次回流此前的账户，使得银行重新开始放贷，否则信贷紧缩的问题无法得到解决。但是，在日本银行现有的信用评级水平下，很难出现定期存款的回流，除非重新引入存款全额担保制度。通过注资来解决这个问题，既成本高昂，又效率低下，因为这不是问题的症结所在。

更准确地说，如果注资数额巨大，比如高达 50 万亿或 100 万亿日元，这将会极大地提升银行的资本金，很可能一举解决存款不稳定问题和不良贷款问题。如果只有10万亿日元的规模，这在政治上虽然是一个更为可行的数额，但1998—1999年的经验表明，银行的信用评级并不会由此有明显的改观。可是，如果评级仍然维持现状，那么存款的流出问题将会继续存在。换言之，如此小规模的注资无助于事态的解决，信贷紧缩的问题仍将存在。

即使在美国，在1989年花费1 600亿美元了结储贷危机之后，政策制定者们已经精疲力尽了，而这笔钱相当于美国当时GDP的3%。因此，对于1991年的商业银行问题，当局不得不采用优惠息差的方式，对银行进行资本重组。日本已经在注资、国有化和其他与银行稳定有关的支出方面花费了超过20万亿日元，这些支出占其GDP的4%以上。指望日本再花费50万亿日元在政治上是不现实的。

因此，在这种情况下，政府的最优策略就是恢复针对全部存款者的全额担保制度，直到日本主要银行信用评级回到正常水平。与此同时，日本金融厅应当全力改善日本银行的财务状况，同时也应防范由于引入存款全额担保制度所带来的道德风险。

当局应对金融恐慌的时间窗口极为有限

那些只是从书本上了解金融恐慌的改革派坚持认为，如果发生了系统性危机，那应当对存款实行全额担保。与此同时，他们却又说，要判断是不是一场系统性危机，需要进行广泛的辩论和审查。这显示了他们对于金融体系的运作是多么无知。所有银行的评级都处于最糟糕的状态，而且存款现在是如此不稳定，这一事实充分证明了存在巨大的系统性风险。也就是说，资本的外逃可能在任何时候被最小的意外事件触发。

从银行系统稳定的角度来看，可能发生的最坏的情况并不是小储户挤兑银行，而是大储户的逃离。只要货币当局准备好了一支庞大的运钞车队，并在电视镜头前挥舞成捆的钞票，小储户就很容易被安抚下来。但是，如果大储户将几十亿乃至上百亿日元的存款都提走,那么政府就会束手无策,即便政府派出他们全部的运钞车也无济于事。

此外,当金融恐慌真的发生时,当局应该只有几个小时的时间来平息它。当伊利诺伊大陆银行破产的时候,我正在纽约联邦储备银行工作,当时留给联储采取应对措施的时间只有几个小时。陷入困境的银行是美国一家历史悠久的货币中心银行。伊利诺伊州的监管规定是不允许银行开设分行的,大陆银行之所以能发展到如此规模,在于其业务主要是靠与全国的大额存款储户打交道。但是,当时市场上迅速流传的一则传言说,大陆银行很可能向宝恩广场银行提供了一大笔贷款,而这家宝恩广场银行本身已经危机四伏。在听到这个消息后,所有的大额储户们马上逃之夭夭。在问题出现仅仅两天之后,大陆银行就倒闭了,转而迅速被国有化,根本就没有时间召集董事会成员商讨应对之策。

没有任何外国金融机构抱怨推迟取消存款全额担保制度

为了不惜任何代价取消存款全额担保,曾有一段时间竹中和他的盟友大肆宣扬,取消存款全额担保是一项国际承诺,将其推迟会引起日本银行信用评级的进一步恶化。但是,在中井省 2002 年 1 月出版的《主观片面的银行监管》中清楚地写到,这不是一项国际承诺。[9]中井是财务省下属的银行监管局的前高级官员,是负责实施全额担保计划的责任人。

不仅如此,当龟井静香在 2000 年底推迟实施取消全额担保计划的时候,根本没有任何外国政府对此加以抱怨。相反,它们在各种会议上都明确表示理解日本政府的举措。而且,这么做对日本银行的信用评级绝对没有任何损害。2001 年 1 月 24 日,在龟井做出推迟的决定后不久,穆迪公司发表了一份声明[10],声称其理解日本政府的举措,并且认为在 2002 年 3 月取消到期日之前仍需对此予以进一步的支持。声明称:"穆迪仍然相信,银行的存款债务长期来看仍将得到政府的充分保护,即便是在 2002 年 3 月以后。"

按照金融界的常识来判断，这是一个合理的反应。同时这也表明，那些声称取消担保是一项国际承诺的人，是在对公众撒谎。

事情并未就此结束。在 2002 年 3 月 27 日，当时小泉政府决定从 2002 年 4 月 1 日起取消定期存款全额担保制度，穆迪公司对此发出警告，称其会考虑将日本 6 家主要银行的评级展望下调为负面。此时距离取消全额担保制度仅有 5 天的时间。当政府不顾警告取消担保制度之后，穆迪在 7 月就下调了 6 家银行的评级。

穆迪的所为表明，日本银行过去之所以能够维持一个较高的评级，完全是拜存款全额担保制度所赐。既然小泉政府已经取消了对银行体系的支持，穆迪别无选择，只能下调这些银行评级，这与它在 1 月 24 日的声明中所做的警告完全相符。国际金融的实际运行情况与竹中所认为的完全相反。

只有在金融厅和银行系统经过多年持续的努力，赢得了日本公众和国际金融市场的信任之后，存款全额担保制度才可以被取消。重新获得失去的信任还需要很长的时间。的确，在过去的几年里，没有一家日本银行（除了重组之后的新生银行）获得信用评级的提升，相反，无数银行被下调了评级，包括 2002 年 7 月被降级的 6 家主要银行。

不仅如此，针对银行的专项检查结果、2001 财年的财务状况，以及 2002 年 10 月 7 日日本央行发表的声明，这些都表明情况正在日益恶化。在这种情况下，如果全额担保制度取消之后存款仍能保持稳定，那将是一场奇迹。从这个意义上而言，执政党支持存款全额担保制度的观点是非常理性的。

为完全修复银行系统，需要制定一项为期 10 年的规划

一家典型的日本银行想要恢复其正常的信用评级，需要耗时多久？从 20 世纪 80 年代后半期到 90 年代上半期美国银行业的经验来看，在最好的市场环境下，至少需要 5~6 年时间；在正常情况下，可能需要 10 年以上的时间。

第八章　四类银行危机及存款全额担保的作用 | 223

例如,美国花旗银行在1991年的时候,它的长期债务评级与现在的东京三菱银行是一样的(见图8—6)。[1] 当时,花旗银行借助沙特王子的注资才勉强免于灭顶之灾。从那时开始,花旗银行内部进行了彻底的重组。同时,美联储优惠息差的政策给予了花旗银行以极大的帮助,这使得美国的每家银行都获得了之前提到的300个基点的无风险息差。此外,美国经济在1991年的最低点之后开始好转。即便在这些措施的帮助之下,花旗银行仍然花费了6年时间,直到1996年才恢复了其危机前的信用评级。

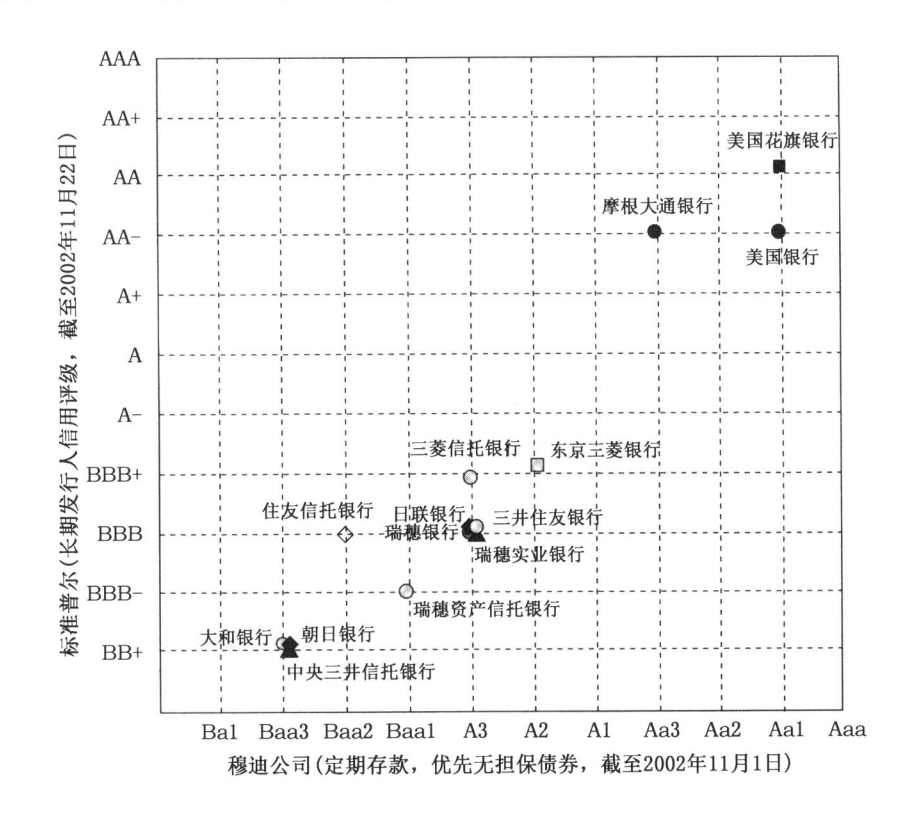

资料来源:标准普尔;穆迪公司。

图8—6　日本银行的信用评级过低,无法取消存款全额担保制度

---

[1] 本书英文版中"图8—6"是作为对"美国花旗银行"的诠释;此处现经作者订正,作为对"东京三菱银行"的诠释。——译者注

对于在如此恶劣的环境中经营的日本银行来讲,也许需要比6年更多的时间才能使其信用评级恢复到信用可靠的水平。事实上,一位曾经经历过1991年花旗银行拼命复苏时期的高管告诉我,花旗银行面对的商业地产价格下跌幅度最大不超过25%,其他大多数资产价格的下跌不超过20%。然而,在日本,这个数字竟然高达85%。

竹中大臣以及很多评论员曾反复强调,只要用取消存款全额担保制度来威胁这些银行,那么,日本银行业的问题就能够得以解决。这种说法近乎疯狂,可见这些高谈阔论者对金融周期中的信用重建是何等无知。信用可能在一天之内就会失去,但重建信用即便不是靡时数十年,也需经年累月之功。

另一方面,如果能稳定经济和资产价格,那么再过几年,日本企业的资产负债表问题就可以解决。尽管这些企业的资产负债表问题与银行的不良贷款问题是互为镜像的关系,而银行具有高杠杆这一天然属性的事实,却决定了银行要比企业花费更长的时间才能修复其资产负债表。

一旦企业的资产负债表问题获得解决,经济走出资产负债表衰退的泥潭,随着企业对资金需求的回升,银行就有了改善自身经营的机会。到那时,政府应当转变其经济政策,从强调通过财政刺激支持经济增长,转向确保银行的信贷能力不会成为制约经济增长的因素。但是,现在显然时机尚未成熟。当务之急应该是帮助企业部门修复其资产负债表,以便于企业能够根据预期来进行经营决策,并满怀期望地重新开始借款。

简言之,金融领域的系统性风险就是只有大量的资产卖家,而买家却几乎踪迹全无这种情势。就好比相对于市场可承受能力而言,一个拥有大量资产的人想要在市场上出售的资产显得过于庞大了。如果在一段时期内,在不引起价格明显下跌的情况下所能卖出的量只有其持有量的10%的话,那他在一次卖出超过10%的资产之前,必须三思而后行。如果他无视这一规律,试图一次性卖出20%的资产,那么资产价格就会迅速暴跌。这意味着他剩下的那80%的资产也会大幅缩水。

这个例子恰恰反映了日本的银行和金融当局现在所处的窘境。如果在没有买家的情况下，在市场上强行处置和清理不良资产，那么资产价格将会进一步下跌，并对银行仍然持有的150万亿日元问题贷款的价值直接造成下行压力。如果放任这种情况发展下去，不良贷款的新增规模将远超被清理的不良贷款的规模。

在一场资产负债表衰退的进程中，如果过早地削减政府预算赤字或者清理银行不良贷款，结果可能会事与愿违。1997年，当时的桥本首相决定削减预算赤字，结果反而使赤字规模急剧攀升。清理不良贷款也可能面临如此局面。如果在错误的时间去处置和清理不良贷款，那么，不良贷款的规模可能会增加到原来的数倍。

虽然有些人指出不良贷款的规模仍然在不断增加，但这是因为经济不佳所致，正如我早先指出的那样。如果商业环境因为不良贷款而恶化，那么，日本的利率应该会飙升；而事实却是利率在下降，不良贷款仍在上升，这都是因为经济疲弱导致的。这方面的因果显示，一项可能进一步恶化经济状况以及压低资产价格的政策，几乎肯定会增加不良贷款规模。的确，日本的通缩和不良贷款问题都有相同的根源：企业行为转向了资产负债表的修复，而这削弱了总需求。在这种情况下，那些改善宏观经济的任何举措，都将是对抗通缩和减少不良贷款的最佳措施。在财政资源有限的条件下，上述情况也就意味着日本应当先解决经济问题，然后再解决银行系统问题。

注 释

① 中国台湾地区的利率也是1911年以来最低的。

② *Nihon Keizai Shimbun*, April 18, 2001.

③ Heizo Takenaka, "Scenario for Japan's Economic Revitalization (*Nihon Keizai no Saisei Shinario ni Tsuite*)," *CEFP*, June 21, 2001.

④ Bank of Japan, "Japan's Nonperforming Loan Problem," October 11, 2002, p.7.

⑤ Japanese Bankers Association.

⑥ *Nihon Keizai Shimbun*, October 7, 2002.

⑦ *Financial Times*, November 21, 2002.

⑧ Richard C. Koo, "Postpone the Removal of the Blanket Guarantee(*Pay-off no Jissi Miokuri wo*)," *Nihon Keizai Shimbun*, June 18, 1999.

⑨ Sei Nakai, *Squint-Eyed Bank Supervision(Yabuniramino kinyu gyosei)* (Zaikei Shohosha, January 2002), pp. 5—7.

⑩ Moody's Investors Services, "Pay-off Extension: No Impact on Japanese Bank Ratings," January 24, 2001.

第九章

亚洲经济面临的真正挑战

亚洲货币危机的本质

自20世纪90年代初期以来,日本是唯一一个遭遇资产负债表衰退的国家,但在1997年亚洲货币危机之后,日本又多了一些"同路人"。事实上,由于货币危机前资产价格泡沫的存在,所有受到货币危机影响的亚洲国家都碰上了资产负债表的问题。不幸的是,大多数关于亚洲的英文报道纯粹是从美国和欧洲的金融视角出发的。因此,导致这场危机的一些关键因素并没有受到媒体应有的关注。这是因为,就像在日本一样,西方媒体派驻的记者基本不会说当地语言,从而不得不依赖于在当地运营的西方金融机构所提供的关于日本的信息和所做的分析。由于这些金融机构的动机是促进自身业务发展或者弥补已发生的损失,许多文章最终成了这些金融机构的传声筒,特别是关于它们在危机中所扮演的角色。

在1997年7月泰铢大幅贬值之后,亚洲国家陷入了货币危机和混乱之中。这导致了该地区严重的经济衰退和信贷紧缩。在一些国家,譬如印度尼西亚,经济活动的萎缩程度如此之大,甚至有理由称之为萧条。

对于这场亚洲危机,人们提出了各种各样的解释——要么说是独裁的权力集中在少数管理者手中,从而导致了混乱,要么说是亚洲价值观注定失败。美国和英国的分析人士尤其强烈地认为,亚洲国家需要进行银行和法律改革,唯有如此,亚洲经济才能按照盎格鲁-撒克逊模式体现得更加透明和更负责任,国际货币基金组织等也应当介入，以确保这些国家结构性改革获得成功。

然而，作为当时真正目睹了亚洲货币危机的人，我想指出的是，亚洲货币危机的主要原因并非源于亚洲经济内部的结构性问题，其根源是日元兑美元汇率及国际资本流动的问题。虽然各种结构性问题在很大程度上促成了这场危机，但是，仅仅结构性问题并不能造成如此严重的后果。因为在这场危机爆发前很多年——如果不是几十年的话，这些结构性问题就已经长期存在了。

此次危机发生之前很长一段时间，全世界的投资者和媒体代表都全神贯注地关注当时被称为"亚洲奇迹"的经济现象。当时，整个亚洲正沉浸于21世纪全球经济成长中心的荣耀之中。

毫无疑问，强势日元是"亚洲奇迹"的主要驱动力，它始于1985年的《广场协议》。根据这个协议的条款，G5决定协调其汇率政策，以抑制美元走强，进而纾解来自美国各地日益增长的保护主义的压力。

当时，日元兑美元汇率是240日元/美元，德国马克兑美元汇率是2.8马克/美元。美国工业在这样的汇率下很难保持国际竞争力，这使得美国国内贸易保护主义日益增长。的确，在《广场协议》期间，美国的评论员都在抱怨本应该30年才会消亡的产业，结果在3年内就荡然无存了，由此可见美国的产业空心化现象是多么严重。

由于担心这种空心化所带来的严重的贸易保护主义将会对全球贸易体系造成致命的打击，G5国家的政府开始努力压低美元汇率，提高日元和欧洲货币的价值。在此后的10年中，尽管其间伴随着一些轻微的反复，但总体来说，日元汇率持续攀升。到1995年4月，也就是10年后，累计升值已经达到了1美元兑79.75日元的历史高点。

从1美元兑240日元到1美元兑80日元，意味着美元贬值了2/3，日元升值了3倍。面对这样的升值局面，许多原本在日本国内生产并将产品出口到世界各地的日本企业发现，它们无法再维持国内的生产活动了。结果，日本的制造类企业被迫外迁。对许多日本企业来说，这是它们第一次将生产基地转移到海外。但是，别无选择，许多工厂最终被迁至亚洲其他地区。

受益于强势日元的亚洲国家

有四个国家从日元升值中受益最大。第一个就是韩国。由于韩国和日本在许多相同的产品领域存在竞争关系,譬如钢铁、造船等,任何日本因日元升值而失去竞争力的情况都将导致韩国公司订单的增加,因此,在日元的升值过程中,韩国受益极大。

其他三个国家是泰国、马来西亚和印度尼西亚。这些国家都受益于日本企业的直接投资——日本企业在这些国家建立了大量的工厂。签署《广场协议》的美国,原本期望日本企业能将产能转移到美国去,但是,除了汽车等一些产业较明显地迁至美国外,大多数日本企业则迁至泰国、马来西亚和印度尼西亚。

由于这些日本企业的产业转移,这三个国家突然发现自己像是身处梦境。这些日本企业带来了最为先进的设备和机器。它们购买土地并加以平整用来建设工厂,同时雇用和培训当地员工;然后生产产品,并通过覆盖全球的营销网络实现产品出口。也就是说,这三个国家是当时世界上最幸运的国家,产出、收入、就业和出口都在同时增长。

我记得在1990年访问东南亚的时候,一家日本家用电器公司的当地高管问我,哪个经济体是世界上第二大录像机生产地。当然,日本是第一,我当时真的以为第二名是韩国或者中国台湾。这是因为韩国拥有三星等强大的家用电子产品制造商,而中国台湾也是家用电子产品的主要生产商。

但是,正确的回答是马来西亚。我当时对此深感震惊,问这位高管这是为什么。他回答说,由于马来西亚缺少国内零部件生产商,这是很多日本公司在马来西亚设厂的主要原因。

许多接受海外制造商直接投资的国家,要求进驻的外资企业必须将一部分订单外包给当地的供应商。这些本地化要求有时候成了外资企业投资的障碍,因为外资企业无法确定当地的零部件制造商在质量和价格上是否具有竞争力。

但是,在马来西亚却没有这种担忧,因为当时这个国家实际上根本没有本土的零部件生产商。而且,当时的马来西亚总理马哈蒂尔·穆罕默德对日本企业涌入马来西亚持极为欢迎的态度。因此,进驻马来西亚的日本企业可以从任何地方(包括日本)购买零部件,这使得产出的产品能够保持与日本一样高的产品质量标准。到 1990 年,仅仅在《广场协议》签署 5 年之后,马来西亚就已经成为全球第二大录像机生产国。

日本在泰国和印度尼西亚的投资也快速扩张,从而增加了这些国家的就业、产出、收入和出口。这是"亚洲奇迹"何以产生的原因所在。

因此,日本企业成为东南亚国家经济活动好转背后的最初推动力。从亚洲的视角来说,在后《广场协议》时代,日本产业空心化的趋势得以形成,并由此给亚洲带来了工业化。随着经济的转好,人们的收入也增加了。当人们发现自己有了更多的剩余财富时,就会花更多的钱。随着支出的增加,当地企业也从中受益。这种经济扩张的良性循环一直持续到了 1995 年。也就是说,只要日元兑美元汇率持续升值——从 1985 年的 1 美元兑 240 日元到 1995 年的 1 美元兑 80 日元,这种良性循环就会一直持续下去。这种梦境般的世界一直持续了 10 年,但是,从 1995 年 4 月开始,情况发生了变化。

欧洲取代日本,成为资本的提供方

从 1995 年 4 月起,日元的走势与过去 10 年升值过程截然相反,日元兑美元汇率开始走软。当这种情况发生时,已经将产业迁移到亚洲其他地区的日本企业,就失去了在当地继续生产或从亚洲地区采购的理由。因为日元一旦贬值,日本企业即便仍在日本生产,也能保持国际竞争力。

形势发生了逆转,日本企业开始扪心自问,当在日本本土创造就业岗位更为有利之际,为什么要将企业迁到亚洲其他地区?结果,那些迁往亚洲其他地区的设备和资本逐渐变得越来越无关紧要。

图 9—1 显示了这种汇率变动的剧烈程度。这张图始于 1995 年 4 月,当时日元兑美元汇率触及历史高点。然后,日元汇率就从那时开始迅速下滑。不过,大多数亚洲货币汇率并没有变动,因为当时大多数货币与美元挂钩。这种挂钩意味着,当美元成为全球最强势货币的时候,这些亚洲货币也随之走强。结果,亚洲的这些国家失去了国际竞争力,导致了其贸易收支迅速恶化。在这一时期,这些国家国内相对较高的通胀率也导致其竞争力下降。1996 年贸易收支的恶化情况见图 9—2。

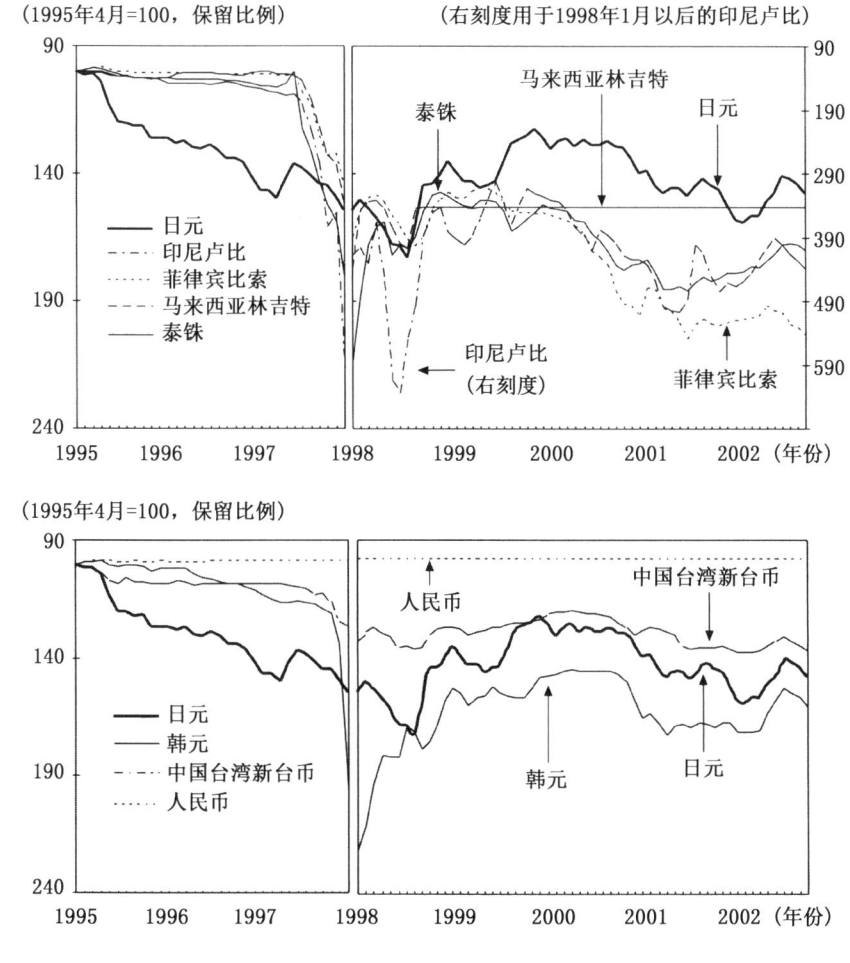

说明:汇率低于日元汇率的亚洲其他货币指除人民币和新台币外的货币。
资料来源:野村综合研究所。

图 9—1 在国际贸易中,亚洲其他货币汇率低于日元汇率

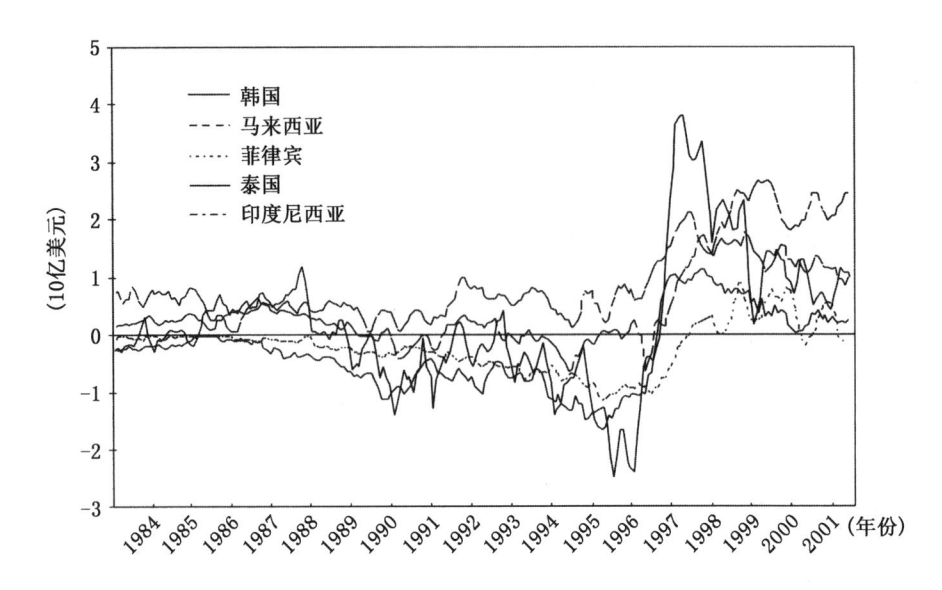

资料来源：CEIC 数据库，野村综合研究所。

图 9—2　东盟国家和韩国的贸易收支

到 1996 年底，一些日本的零售商已经表示，根本没有必要再从泰国采购任何东西，因为所有的东西都太贵了。由于日元贬值如此之大，实际上在泰国制造的部分产品已经毫无利润可言。在正常情况下，如果一个国家的贸易账户赤字恶化，那就应该预期它的货币会贬值。但是，当时发生了另外一件事——全球投资者的"亚洲热"。

全球的资金如潮水般涌入亚洲，在亚洲投资绝对会获得回报的信念刺激着这些投资者。当时，甚至世界银行都声称亚洲将会成为 21 世纪的增长引擎。亚洲居民有较高的储蓄率和高水平的教育，他们勤奋并具有创业精神。投资者都认为，在这些国家投资不可能赔钱。

美国和日本的投资者也是这么想的，但是，欧洲的投资者对此最为热情。在过去的几十年里，美国和日本一直保持着与亚洲在经济、外交和安全方面的联系，其结果就是，美国和日本的企业在 1985 年签署《广场协议》之前早就已经在亚洲投资布局了。

相比之下,欧洲国家在历史上曾经将亚洲一些国家作为殖民地进行统治,这一情况甚至延续到20世纪60年代末。由于这些欧洲国家作为殖民统治者的身份(有时候其表现是残酷的),很难被亚洲人接受,欧洲公司和投资者在亚洲表现得一直很低调。这些公司都认为,最好是远离这些曾经被征服和统治过的国家的经济事务。

但是,二三十年后,这些曾经的亚洲殖民地开始蓬勃发展起来了,日本、美国和中国台湾的企业显然都在亚洲挣了大钱。整个欧洲的投资者和企业高管们都开始拷问,为什么日本和美国的企业能够从亚洲获益丰厚;而不久之前,整个亚洲地区都还是他们欧洲人的势力范围。

将亚洲和欧洲连接起来的一场国际会议

1996年,一场国际会议在意大利的威尼斯举办。此次会议由欧盟委员会主办,大约有500名来自欧洲和亚洲的政治家、外交家、学者和商界领袖参加。会议的目的在于研究如何重新启动欧洲与亚洲之间的联系。欧洲和亚洲各有250名代表与会。

当然,部分国家或地区并没有出席本次会议,即日本、美国和中国台湾地区。后者被排除在外,是因为一个中国的原则,但日本和美国则是作壁上观。事实上,这次会议的主要目的是商讨欧洲如何重返亚洲,因为美国和日本企业在亚洲获利颇丰。不过,由于某些原因,我获邀参加了此次会议。这让我觉得有点奇怪,因为我是一个出生在日本同时拥有中国台湾地区背景,并在一家日本大公司工作的美国公民。

我在会议现场听到欧盟委员会直言不讳地说,现在,美国人和日本人正在从欧洲以前最好的殖民地大发横财,欧洲必须重返亚洲。更让我震惊的是,类似声音不仅仅来自私营部门的个人,更有官方的代表也在呼吁欧洲人应当在亚洲追加投资。在为期3天的会议上,我保持了相对低调,因为我显然被认为与美国和日本存在某种联系，但是，在最后一次500人全体会议上，我忍无可忍，决定抒陈己见。

我告诉与会者，欧洲重返亚洲是一件非常值得称道的事情；的确，如果日本人、美国人、中国台湾地区的人和欧洲人都能致力于生产更好的产品，这将会是一件非常棒的事情，因为这将有助于实现亚洲的社会进步。每个人都知道日本和美国企业在亚洲取得了成功，但这绝不是在一夜之间取得的。这其中的很多企业在亚洲耕耘了10年、20年、30年甚至更长的时间。这是一个反复试错的过程，多年来经历了一些重大的挫折和重大的损失，直到现在一切才开始走上正轨。因此，我敦促我的欧洲听众们在这个地区投资之前，应该仔细研究一下亚洲的经济。

我进而强调亚洲仍然存在的政治风险，譬如中国台湾地区与中国大陆的裂痕，以及朝鲜半岛的分裂。我警告说，如果没有做好应对这些政治和经济风险的准备，那么，外国投资人最终可能会惶恐不安。我补充说，虽然海外投资者因为惊慌失措而可能遭受巨大损失，但也会给亚洲经济带来更大的破坏。因此，我建议我的听众谋定而后动，先做好关于亚洲的功课，以避免在事情没有按计划进行时产生恐慌。

我唯一的意图就是陈述一个显而易见的事实。但是，共识却没有形成，我发现自己被当做日本的代言人或者美国中央情报局的间谍。有些人站起来告诉听众不要听信我的发言，大厅响起一片嘘声。当时气氛非常尴尬。我只能说，我知道发生在亚洲的生意的真实情况，并祝那些参与者好运。之后，我便坐下沉默不语了。这一经历使我认识到，欧洲的私营和公共部门对于在亚洲投资是多么狂热。

最终，在这种狂热情绪的驱使下，欧洲、日本和美国的资本大量流入亚洲。尽管亚洲国家的国际竞争力和贸易账户都出现了显著的恶化，但是从国外流入的资本足以抵消不断扩大的贸易逆差，从而保持亚洲货币的坚挺。

伴随资本流入而诞生的亚洲繁荣

从亚洲的角度如何去看待这种国外的狂热？在此之前，当亚洲国家出席国际会议的时候都被当做二等公民对待。美国和欧洲媒体几乎对这些亚洲国家都是视而不见的，如果亚洲国家能出现在新闻报道中，那一天就算是一个吉日了。

可是，到了20世纪90年代中期，美国的蓝筹公司和欧洲的投资银行纷纷涌向亚洲国家，提供极为优惠的融资利率，这在几年前是难以想象的。

让我们想象一下，假设你是一个印度尼西亚的商人。仅仅30年以前，印度尼西亚还是地球上最贫穷的国家之一。直到几年前，都没有一家世界顶级投行与这个国家有一点关系。这个国家从国外债务融资的唯一办法，就是支付高昂的利息。可是，突然在20世纪90年代期间，大批来自世界顶级投资银行的人转而询问印度尼西亚人——你是否愿意以一个较低的利率来借钱？而另外一些人则希望分享这个国家投资项目的股权。有如此条件优厚的出价，毫无疑问，让印度尼西亚的企业家们欣喜若狂，认为他们终于得到了西方同行的认可，30年的辛苦努力并非徒劳。

怀揣着这新来的认可和尊重，他们当然会借入大量银行提供的资金以投资各种项目，譬如建设更高的楼宇和更大的水坝。结果，当时的亚洲出现了一系列所谓的大型工程。对于亚洲商界来说，来自西方大公司和投资银行的资本流入，就如同天降甘露。

10年前，日本也同样被繁荣的浪潮所席卷，但是，最终以一场巨大的资产泡沫而告终结。（回想一下傅高义撰著的作品——《日本第一》。[①]）的确，20世纪80年代末，日本土地价格泡沫的一个关键原因，就是西方投资银行进入日本，并在东京开设了办事处；它们经常愿意支付高昂的租金，以确保在最为现代化和地标性的地点设立办公室。西方投资银行愿意为东京的办公室支付如此昂贵的租金,这使得通常非常谨慎的日本人感到非常震惊,他们开始认为日本的经济未来一定会前程似锦。

因此,与日本人一样,印度尼西亚人也被冲昏了头脑,开始投资各类项目也就不足为奇了。结果,海外资金的大量流入,在亚洲经济体内造成了严重的资产价格泡沫。的确,1995—1996年流入的海外资本规模如此之大,以至于泰国央行都难以维系泰铢盯住美元的浮动政策,最终被迫升值。可见,当时外国投资者驱动的亚洲投资繁荣是何等强劲。

亚洲货币危机的爆发

外资流入亚洲的这种状态一直持续到1997年,随着越来越多的大型项目的出现,一场区域性的资产价格泡沫已然形成。但是,亚洲国家的贸易赤字却越来越严重,参见图9—2。到1997年初,情况已经开始恶化,一些评论员开始担心如果事态继续如此发展下去,最终只会引发亚洲经济的崩溃。例如,野村证券的新加坡办事处在1997年初开始向全球的投资者发出警告,建议削减亚洲风险敞口头寸。

但是,当时很多人还被"亚洲奇迹"的说法所迷惑,最终没有认真对待我们的警告。事实上,我记得当时我曾试图向西方投资者解释亚洲的问题,但有几次被告知我太过悲观——因为我在野村证券工作,而这家日本公司正受累于日本经济疲软的影响。这就是当时亚洲泡沫中的众生相。

然而,到了1997年的夏天,就连那些涌入亚洲的海外投资者也开始扪心自问——"亚洲奇迹"是否还能继续下去?人们开始越来越担心,在一个贸易赤字失衡极为严重的国家继续投资,是不是一件安全的事情?一些投资者开始卖出手中的头寸。然而,卖空的大门一旦打开,恐慌很快就联翩而至。

在此之前,投资者一直充满信心,认为亚洲一定会成为确凿无疑的赢家,坚信不会出现什么差错。过度的自信导致他们根本没有考虑对冲其在亚洲投资的风险敞口。这与通常的做法形成了鲜明对比,一般来说,全球投资者都会将资产分散投资几个国家,以防止个别国家出现问题导致所有的资产都变成坏账。通过分散投资,他们尽量避免将所有的鸡蛋都放到同一个篮子里。

分散投资并不意味着在不同的地方随机投资。这些资产是经过精心选择的,以便于其风险特征能够相互对冲。例如,一个外国投资者在投资日本的同时,也会考虑在墨西哥进行投资。这是因为日本并不是一个产油国,所以它很容易受到石油价格上涨的影响。如果原油价格飙升,日本的资产价格也许会下跌;相反,墨西哥则是一个产油国,油价的上涨可能推动墨西哥的资产价格上升。同时投资这两个国家,即使受到油价波动的冲击,也不会招致重大损失。投资者可以通过巧妙地组合具有不同风险特征的投资标的,来构建"减震型"投资组合。风险对冲是分散化国际投资的要义。

但是,对冲得越多,投资的盈利能力就下降得越明显。仍然援引前例,如果在日本和墨西哥各投资一半,这就意味着当日本股市上涨的时候,相比于全部投资日本,此时投资者只能获取一半的投资收益。从绝对回报的角度来看,毫无疑问,将钱全部投资日本的股票市场,将会有更好的投资收益。

当时,许多投资亚洲的人根本没考虑风险对冲,因为所有人都认为在亚洲的投资不可能出错。换言之,当亚洲货币危机爆发的时候,他们中的许多人完全是在"裸奔"。

不仅如此,许多在20世纪90年代中期投资亚洲的外国投资者,对亚洲经济知之甚少,也没有尝试过学习。例如,他们甚至都没有费心了解一下印度尼西亚银行和美国联邦储备委员会在资产质量和拨备覆盖率[1]方面的统计口径有何差异;他们也不关心泰国和美国的破产法有何不同。也就是说,他们根本就没有做好功课就来到了亚洲。投资亚洲就如同赶一辆公交车,他们仅仅因为怕错过它,就匆忙跳了进来。

结果,当投资者意识到事情有些不妙时,他们唯一能做的就是夺路而逃。

---

[1] 拨备覆盖率是指实际计提贷款损失准备与不良贷款的比率。该指标旨在考察银行财务是否稳健以及风险是否可控。——译者注

于是，每个人都争先恐后地冲向门口。每个人都试图抛售亚洲货币以换取美元，因此亚洲货币币值一夜之间急骤缩水。这就是亚洲货币危机的起因。

需要指出的是，正是强势日元成就了"亚洲奇迹"，因此，亚洲经济体允许其货币相对于日元升值，从而变得缺乏竞争力，那简直就是无异于自杀。换言之，当日元从1995年开始贬值的时候，亚洲货币也应当随之贬值。然而，当时亚洲几乎没有任何政府官员和经济学家认识到这一点。这是因为长达10年的日元升值，已经使强势日元成为一个不证自明的公理。到1995年，这几乎已经被认为是理所当然的了。同样的道理可能也适用于任何事物，只要它能持续10年。

不仅如此，那些国家的人士始终坚信，日本的企业会重新回来，这是不言而喻的，因为他们勤奋，教育水平高，储蓄率也很高。尽管日本在亚洲其他国家投资的最重要的原因是日元升值，但到了1995年，大多数人已经忘记了这一点，毕竟他们乐在其中已经许多年了。而且，由于日元贬值，当日本企业停止继续对外投资的时候，接踵而至的欧洲人成了主要的资本提供者。结果，1995—1997年，几乎无人关注日元汇率的问题，尽管这是亚洲国际竞争力的最重要决定因素。

换一种说法，如图9—1所示，亚洲货币跌落到了日元1997年7月所在的水平上，这也许代表着一种健康的调整，而这种调整早该在两年前就应出现。但是，一旦抛售开始，整个市场就陷入了恐慌之中，亚洲国家货币下跌的幅度远远超出了可以称之为健康调整的范围。亚洲货币非但没有停在图9—1中日元所在的水平上，而且下跌幅度至少是正常调整幅度的两倍。海外投资者的恐慌程度正如我在威尼斯会议上发言时所预料的那样，宛如惊弓之鸟。

顶级投行的悲惨状况

在危机发生时，西方媒体却突然开始谈论亚洲进行结构性改革的必要性。西方的投资银行以及华盛顿的政策制定者，甚至包括国际货币基金组织在内都粉墨登场，提供各种观点，但都将责任归咎于亚洲经济体存在的结构性问题——譬如泰国银行毫无节制地借入外币；破产法律不完善；马来西亚的司法系统不健全；印度尼西亚的会计制度不规范；而且到处都缺乏足够的透明度和问责机制。

毋庸置疑，以上所提到的这些都是迫切需要改革的领域。但是，指责它们是亚洲货币危机的始作俑者，绝对是无稽之谈。这是因为上述结构性问题已经存在了数十年，而不是在一夜之间出现的。换句话说，如果西方投资银行家选择这样做，他们本可以有时间提前调查这些缺陷。如果他们想知道泰国的公司破产法是如何规定的，那他们只需要查阅泰国的法律文本就一目了然，这一切都是公开的。只要他们愿意，那么在这场危机爆发之前，这些西方的投资者就可以了解任何事情，包括亚洲国家的银行资产质量和拨备覆盖率，以及企业会计制度。

更为重要的是，这些投资银行家指责亚洲结构性问题的事实，却证明了这些贷款人在投资亚洲之前并没有认真做好功课。如果他们事先了解泰国的破产法，那么，就应该在向泰国企业提供的贷款定价中反映这部分风险。如果贷款定价充分反映了所有风险，那么，在危机爆发后这些银行家就没有理由再对泰国的破产法说三道四。

投资就是借贷。如果借款人对债权人有所隐瞒，那么一旦出了问题，那借款人必须为此承担责任。如果泰国和印度尼西亚故意篡改了它们的贸易统计数据，那它们应当为它们的犯罪行为接受严厉的惩罚。

但是，如果债权人在贷款之前没有仔细审查借款人，那么，债权人就应当为其失职损失承担责任。毕竟，事前审查是债权人的责任。相关国家到底存在着什么样的政治或者社会问题？法律和会计体系是怎样的？公司治理的透明度和问责机制如何，以及政府统计数据的含义何在？这些审查应该是债权人做出投资决策的第一步。只有完成这些调查之后，投资者才能决定，尽管存在风险，但是否值得以当前价格投资；或者，这些数据不可信，那么，在这种情况下，投资应该被取消。

但是,许多在1995—1997年间到亚洲投资的全球投资者对亚洲绝对是一无所知。譬如,如果他们事先做了功课,或者对泰国的破产法多思考一下,那就不会身陷这样的一场泡沫中,而在泡沫破灭后却又慌不择路地出逃。更为荒谬且更为过分的是,作为投资亚洲的鼓吹者,那些大型投行的银行家们一旦赔钱,就突然变成了社会改革家。亚洲所发生的一切应该归咎于债权人尽职调查的缺位。

为什么要投资于发展中国家?

金融危机最终总是借贷双方共同的责任。然而,在亚洲货币危机期间,西方媒体、私营部门的经济学家以及国际货币基金组织都将矛头指向借款人单方面的违约。但是,一部分责任的确应当归咎于全球投资银行,它们在没有进行所有事前必需的审查之前,就向亚洲国家提供了巨额贷款。

此外,我们还应该考虑,为什么来自发达国家的投资者愿意投资发展中国家?例如,为什么美国投资者愿意在马来西亚投资,而不是在美国投资?

在美国这样有着非常发达市场的国家,投资者相对于其竞争对手很难获得超额收益,除非他们有着别人所没有的技能或者极其幸运。这是因为提供给每个投资者的信息就数量和质量而言,都是大同小异的。大多数投资者是基于大致相同的信息作出投资决策的,这使得一个投资群体不太可能比在同一市场上的其他投资群体获得明显高得多的回报。回报率的差异最多也就几个百分点。

然而,在发展中国家,很多事情尚不完善,存在着许多结构性问题。在那些市场机制不太完善的国家,同当权者的良好关系可能会让相关人士以很便宜的价格买到标的资产。的确,在1997年金融危机爆发之前,许多大投行向其国内客户吹嘘自己与亚洲国家当权者们的关系是如何亲近。现在西方媒体也许会批评印度尼西亚前总统苏哈托,但是,在亚洲投资热潮期间,许多国外的投资银行却在夸耀其与苏哈托有着最为紧密的关系。

这些投资银行认为,在这些当权者的帮助下,它们能够获得比在发达国家所能够获取的高得多的回报。毕竟,首先刺激人们投资发展中国家的是高于平均水平的回报率。换言之,正是由于结构性问题的存在才使投资有了吸引力。

从投资者的角度来看,底线在于价格是否足够便宜,以至于可以抵消在发展中国家投资时可能遇到的这些结构性风险和其他风险。如果风险调整后的价格合理,投资者仍然会蜂拥而至。从这个意义上说,亚洲货币危机不太可能是亚洲经济体内部的结构性问题造成的。相反,危机的原因主要有两点:一是亚洲国家货币相对日元被高估了;二是因为大量的资金被那些事前没有做好充分准备的投资者裹挟,但随后这些投资者又进行了大幅撤资。

尽管"华盛顿共识"发出了警告,但亚洲经济还是在复苏

很容易理解为什么西方投资银行敦促亚洲进行结构性改革。它们是想转移人们对西方投资者自身缺陷和愚昧无知的注意力。但更令人震惊的是美国一些学者和批评人士的行为,他们中许多人的言论显示他们似乎对爆发亚洲货币危机持欢迎的态度。

美国是建立在盎格鲁-撒克逊理性主义和自由市场原则的基础上的。对于那些相信这些理念的人们而言,包括日本在内的亚洲国家的成功,证明了不同于他们的自由市场原则的模式也可以取得成功,这构成了与理性主义唱对台戏的局面。对他们而言,日本在 1990 年泡沫破灭之后的衰落,以及亚洲在 1997 年之后的没落,都证明了他们盎格鲁-撒克逊理性主义的一贯正确。20 世纪 90 年代末美国的经济和股市一直非常强劲,这一事实又强化了这种认知。

在所谓的"华盛顿共识"中,他们宣称在危机发生之后,除非沿着盎格鲁-撒克逊路线进行大胆的结构性改革,否则亚洲经济体就不可能得以复苏。他们以非常严厉的方式警告亚洲各国政府:亚洲正面临进行结构性改革或进入长期萧条的关键抉择。

尽管华盛顿发布了如此令人不寒而栗的预测，但是，亚洲经济体随后的复苏速度远超美国政府和国际货币基金组织的预期。亚洲经济快速复苏的原因非常简单。亚洲国家的复苏，是因为导致危机的本国货币高估问题，在危机使所有货币都贬值时得到了彻底的解决。结果，亚洲国家在国际舞台上又一次恢复了强劲的竞争力。

亚洲货币在危机爆发后迅速贬值，但是，在恐慌消退之后币值又有所回升。不过，如图 9-1 所示，大部分货币的币值在美元兑日元汇率之下，而不是高于日元。在经过这次危机之后，亚洲的央行现在得到的教训是，本国货币的汇率不应高过日元汇率。

在 1999 年，我有机会同来自泰国和韩国的中央银行的行长进行了交流。当我向他们解释日元兑美元汇率同亚洲经济的关系的时候，他们表示也意识到要谨慎处理同日元的关系。他们说，他们已经认识到日元汇率在维持泰、韩等国的国际竞争力方面的重要性，现在的工作是确保本国汇率维持在日元汇率之下。

事实上，随着汇率的全面调整，亚洲国家对日本企业而言，又成为极具吸引力的生产基地。结果，日本企业提升了其亚洲工厂的产能利用率，深化了同亚洲企业的联系，在亚洲生产 DVD 等新产品。这就是为什么亚洲经济从危机中复苏的速度，超过了美国财政部和国际货币基金组织预期的原因。

亚洲国家仍然面临着许多结构性问题。银行系统也存在着诸多的问题。会计制度也有可改进之处。但是，在目前的汇率体系下，亚洲国家具备很强的国际竞争力。自从 1985 年《广场协议》以后，推动"亚洲奇迹"的引擎再次开始轰鸣。

国内的资产负债表衰退和中国面临的挑战

亚洲经济体均为资产泡沫所困扰，并在泡沫破灭后，经济出现了大幅度的崩塌。国内资产价格的大幅下跌，导致了亚洲各国的银行出现了大量不良贷款问题。就如同日本一样，许多企业和个人在泡沫时期购进了大量资产，现在不得不背负着沉重的债务。结果，亚洲产生了数以百万计的受损的资产负债表。那些受影响的实体不得不控制其支出和投资活动，将一切可以动用的现金流都用来偿还债务，以修复其资产负债表。

换言之，尽管亚洲再次具备了国际竞争力，但它们的国内经济却正处于资产负债表衰退之中。于是，亚洲许多国家的利率大幅下降。一些国家的利率甚至创历史低点。这些资产负债表衰退的特征表明，国内需求的复苏仍将需要耗费一段时间。

然而，尽管国内需求疲软，但这些亚洲国家的汇率却已经维持在一个能带来较强国际竞争力的水平上，因而产生了大量的外部需求。经济学家称之为亚洲的"初始条件"，这与韩国的情况非常相似，正如第四章所提及的那样。在可预见的未来，得益于外部需求，亚洲国家应该会继续复苏。

但是，亚洲经济体不太可能继续维持其在1999—2000年所达到的经济增速。危机后的复苏是由再生需求所推动的。这是自1997年货币危机混乱中恢复所带来的需求。从低点处的复苏将会是非常迅速的，但是新的增长却更具挑战性。

此外，现在中国成为亚洲的主要竞争对手。凭借几乎无限广阔的市场，以及能够提供大量廉价、高质量劳动力的能力，中国不仅引起了日本企业的关注，也吸引了世界各地企业的注意力。从某种意义上说，在20世纪80年代末期，这些国家是幸运的，日本企业最终选择了这些国家作为海外工厂基地，当时中国却没有成为任何一家日本企业的考察对象。结果，这些亚洲国家承接了日本多数外迁的工厂。

但是，如今当一个制造商在考虑重置工厂时，中国是首选之地。在很多情况下，中国是唯一的选择。中国（大陆）与亚洲两个最大的投资经济体——日本和中国台湾地区——在文化上是非常相近的（或相同的）。这一事实应该也引起了亚洲其他国家的关切。

为了应对中国的挑战,亚洲其他国家不得不提供中国所不具备的条件。譬如,中国在法院和司法系统的完备性上尚有提升的空间,亚洲其他国家只要稍作努力就可以具备这方面的条件。同时,中国针对跨境资本流动的管制也是一个问题,而亚洲其他国家在资本流动方面有着相当开放的体系。在这些方面取得改善,将是亚洲其他国家提高其相对于中国竞争力的关键。

换言之,在其他条件同等的情况下,一个有结构性问题的国家相比于那些没有结构性问题的国家,需要通过弱势货币的方式来吸引海外投资。这就意味着,与那些没有结构性问题的国家相比,有结构性问题的国家为了多赚取一美元需要工作更久、更努力。

因此,对所有国家而言,都需要从自身根本利益出发推进改革,以便于能够使其劳动力回报最大化,同时也能减少投资者的顾虑。例如,将会计准则与国际接轨,也许便可以使得海外投资者更加安心地在这个国家投资。反过来,这还能有助于提高国内资产价格,而这将对一个仍然深陷资产负债表衰退的经济体提供极大的帮助。

亚洲经济恢复得如此之快的现实超出了西方的预期。"华盛顿共识"现在虽困惑不已,但仍辩称这种复苏必定是短暂的,或者随着亚洲各国政府变得自满、松开结构性改革的油门时,复苏必定以悲剧收场。但是,他们的经济预测之所以未能实现,是因为他们的基本分析就是错误的。不仅如此,当前亚洲经济的放缓,一方面有美国经济放缓的原因,另一方面也有存在中国挑战的因素,而这两个因素是"华盛顿共识"过去未曾预期到的。

作为亚洲的一部分,日本需要让西方更加了解这些事实。日本应当在诸如G7这样的论坛上予以澄清,以免这种"吃错药"的错误再次发生。当然,亚洲国家应当继续进行结构性改革,但结构性改革并不是亚洲经济体所面临的最大问题——汇率才是关键。

市场总是正确的吗？

为了防止类似亚洲货币危机这样的悲剧再次发生，有必要讨论一下，当这些浑然无知的投资者蜂拥而至的时候应当如何应对，而不是仅仅讨论亚洲国家的结构性改革问题。

在经济学界，有一种观点认为，市场永远是正确的。在某些意义上说，这也许是正确的。的确，从另一方面来说，不同意这个市场结论的人，总是会提出反对的意见。由于市场是这些不同观点的综合反映，在某种程度上可以说，市场是所有人默认的结果。但是，要使市场在中长期实现资源的优化配置，还需要额外的假设。这个假设是，投资者事先做足了功课，并且清楚地知道自己所面临的是一个什么样的环境。不幸的是，现实世界往往并非总是如此。

当我被分配到纽约联邦储备银行的外汇柜台时，我的老板告诉我，虽然我在研究生院的经济学课堂上被告知市场总是对的，但在现实世界中，这并不一定是对的。在她看来，大约只有15%的投资者在任何时候都会真正考虑他们正在做什么，剩下的85%就只是绵羊。绵羊的特征是：它们就是一群动物。也就是说，如果市场朝着既定的方向运行，这些人就会被市场牵着鼻子走。

这并不是说，85%的投资者是愚人。事实上，在大多数情况下，这非投资者自己的错。这是因为大多数投资者评判绩效的标准是基于某个基准指数。如果指数中恰巧包含的某些资产价格迅速上升，而某位基金经理的资产组合中此类资产的权重配置相比于基准指数过低，那么基金经理将会受到极大的压力，将不得不增持此类资产，以便于其资产组合能够更好地追踪基准指数的表现。

即便没有明确的比较基准，基金经理也可能会接到客户的电话，询问基金经理是否持有价格正在上涨、媒体上天天报道的那些资产。如果基金经理的资产组合中没有这类资产，这样的质询将会给其施加巨大的压力，促使其不得不迅速采取行动,购买这些拟议中的资产。在这种情况下,基金经理通常没有太多的时间来研究这些资产的风险特征。这种制度安排当然就会产生很多(有时候是不情愿的)跟风型的资产配置。

当然,一个真正独立思考的基金经理是能够承受这类压力的。但是,大多数常人很难拒绝这种"流行趋势",尤其是当媒体对这种趋势大肆吹捧的时候。

有时候,这85%的投资者会被冲昏头脑。而正是这种时候,泡沫或者恐慌就会出现。当大量信息不充分的投资者挤上公交车时,其他人就会害怕错过而纷纷跟进;出于同样原因,当一些人迫不及待下车的时候,其他人也会跟随效仿。例如,在20世纪90年代美国的互联网泡沫时期,可以很确定地说,大多数涌向纳斯达克市场的投资者对自己正在进入的领域知之甚少。正是此类投资者导致了危机的发生。

考虑到一无所知的投资者涌入后,极易发生恐慌的危险,对资本流动加以一些限制可能是合理的,特别是对一个发展中的小国而言,尤其如此。因为当全球的投资者都涌向一个发展中的小国造成泡沫后,就会发生资产负债表衰退,到那时,这个国家贫穷的当地居民就不得不承受由此带来的后果了。

因此,这些国家的政策制定者应着眼于控制风险,寻找限制那些无知投资者的进入,从而减少对其经济造成损害的方法。换言之,就是必须制定某种规则,以使投资者在进入这些国家进行投资之前,必须对投资环境有充分的了解。

迫使国际投资者做好功课

智利曾经对资本流动加以严格的限制,原因在于智利15年前曾痛苦地经历了与亚洲货币危机类似的1982年拉美债务危机。当时,正如第六章所述,全球的银行都疯狂地向拉美国家提供贷款,并形成了一股热潮,这些拉美国家的经济由此得以繁荣。

然而,在1982年8月墨西哥债务危机的爆发,使得银行意识到此前对拉美的风险评估是错误的。结果导致这些银行在同一时间都想逃离拉美,这就像1997年外国金融机构都同时想撤出亚洲一样。虽然当时的美联储主席保罗·沃尔克立即介入,阻止了国际银行逃离拉美,但是危机仍然导致整个拉丁美洲长达10年的(资产负债表)衰退。

从这场劫难的经历中,智利得到了一个宝贵的教训。智利中央银行的一名前高官告诉我:"即便西方顶级银行以极其优惠的条件提供贷款,但全盘接受的风险仍然很大。"智利的教训是,并不是所有的贷款机构都充分了解智利的情况,那么,从这样的贷款机构处借钱,对借款人来说风险就很高。基于这种痛苦的经历,智利对资本流动施加了严格的限制。

以智利为例,外国投资者可以自由地在这个国家投资,但是,如果他们想在短期内撤资的话,就必须缴纳高额的税款。整个机制的设计是,如果投资者试图提前撤资——譬如3个月内,那么须缴纳的税率将会很高,但是,随着时间的增加,被征收的税率就会逐渐降低,直至最终归零。

这样,外部投资者就会非常清楚地知道,如果他们试图迅速撤出资金,就不得不向税务部门缴纳高额的税款。于是,除非他们能确保在中长期获利,否则他们就不会进行投资。为了确保能够在中长期获利,投资者就不得不事先做好详尽的尽职调查,例如,智利的经济状况如何,会计制度怎样,司法体系运转是否良好,在遇到困难的时候可以在多大程度上依赖律师和法院的帮助,当地的工会活动如何,诸如此类的问题投资者都需要加以考虑。

在做完这些功课之后,投资者就可以决定是否在智利进行投资。由于投资者在投资智利之前准备充分,并且能够理性看待当地的形势,因而在遇到问题的时候不太可能感到恐慌。因此,智利并没有把海外投资者拒之门外。它只是说,智利只欢迎那些做过详细的尽职调查的投资者。

这是针对懵懂无知的投资者的一种非常有效的交易管理方法,应当作为此类问题处理的一种样板。的确,在1998年9月,马来西亚借鉴了智利的做法,实施了类似的限制措施,直到市场恢复稳定。

这些对跨境资本流动的限制,受到了来自美国学界自由市场原则的拥护者的猛烈抨击。的确,赞同管制的观点在当今的经济界难以被接受;主流观点认为,对跨境资本流动的任何限制都是一件坏事。如果投资者较为充分地掌握和了解当地的信息,那么,这些观点也许是对的。但是,现实世界并非如此,修复泡沫破灭造成损伤的人力成本高昂,大多数发展中国家对此不应予以忽视。

应当指出的是,实施这种资本控制,实际上对当地政府而言需要巨大的勇气,特别是当与其相邻的经济体没有对资本流动进行限制且市场表现良好时。例如,在亚洲货币危机之前,中国台湾地区的货币当局在解除资本管制的问题上面临巨大的压力,因为东南亚的其他经济体正享受着外部资本所带来的经济繁荣。但是,最终的事实证明,东南亚的繁荣有相当大成分的泡沫,而中国台湾地区的增长却是真实的。

当被全球顶级投资银行家以非常有吸引力的条件提供资金时,没有人会感觉糟糕,所以表示"拒绝"是需要巨大勇气的。但是,当诱惑战胜理智时,则祸不远矣。

与此同时,一些人认为,应当区分短期和长期的资本流动。他们认为,长期资本是没有问题的,但短期资本应当受到监管。然而,这说起来容易做起来难。20世纪90年代中期,之所以这么多外国投资者涌入亚洲,是因为他们认为亚洲才是21世纪全球经济增长的中心。因此,他们起初以为他们会长期——的确,在整个21世纪——都待在亚洲。但是,当1997年爆发货币危机的时候,他们都惊恐异常,纷纷逃离亚洲。结果,他们的投资最终变成了一种短期的投机。这也就意味着从一开始就很难区分短期和长期资本,并进而实施有针对性的管理。

既然如此,智利的做法就明智得多,即通过限制措施,对那些短期内撤资的投资者课以重税,而那些长期投资者则会享受到越来越低的税率。如果投资者知道将面对这样的一套制度体系,那么他们在做出投资决策之前,就一定会做足功课,并对一个国家的经济进行理性研究。

经济学未曾涉及资本流动自由化的课题

许多批评者理所当然地以为，资本的自由流动对一国经济来说是一件好事，并认为这种显而易见的道理是不证自明的。然而，正如诺贝尔奖获得者约瑟夫·斯蒂格利茨在其著作《全球化及其不满》中指出的那样，经济学并没有充分证明，在什么情况下资本流动自由化对一国经济是有益的。[2]

虽然经济学界长期以来在谈论"开放经济"，但时至今日，这个经济学概念也仅仅涉及商品和服务的跨境自由流动。这个概念从未涉及资本的跨境流动问题。的确，大多数开放经济的理论含蓄地假设资本的自由流动并不存在。

自20世纪初以来，经济学界对商品跨境自由流动条件下的福利、效率、税收和贸易条件的影响等进行了详尽的研究。但是，直到最近，关于经济体中资本市场开放的影响几乎没有任何实证或者理论的分析。这个原因很简单，因为到目前为止，几乎没有任何资本市场是完全开放的，即使在发达国家亦是如此。

美国从20世纪80年代开始放松跨境资本流动。在此之前，仍然存在各种监管法规，包括欧洲美元的准备金要求（监管国际银行业务流量）、Q条款（监管国内利率）和"美国银行函"（不鼓励在国内银行中吸收外币存款）。换言之，对普通美国公民而言，将金融资产进行跨币种兑换和跨境转移并非易事。

同样，日本在1980年12月修改《外汇法》之前，基本上禁止资本自由流动。随后又进一步放松了管制；自1997年以来，无论是资本的流入还是流出，日本都已完全放开了管制。直到20世纪70年代末，英国也一直对资本流动实行限制。

这也就意味着，直到20世纪80年代中期，经济学者既没有样本可以分析，也没有研究过放松资本流动监管后经济体的运行规律。虽然这些人现在是政府部门的政策制定者，但他们在学校里学到的经济学，并不能告诉他们如何应对跨境资本流动不再受到限制后的现状。

新加坡前总理李光耀对此做过很好的表述。当面对西方指责、要求亚洲在货币危机之后立即进行结构性改革的时候，他回击称，这些批评者中没有一个人告诉他，在结构性问题得到解决之前，不应当实行资本流动自由化。他说得没错。

事实上，在危机真正发生之前，现在这些趾高气扬、对亚洲指手画脚的所谓西方专家，都认为没有必要采取结构性改革措施。他们没有认识到这种必要性，是因为他们所学的经济学中并没有关于资本流动自由化的论述。因此，一旦资本流动自由化实际发生的时候，他们就茫然无措了，特别是这种自由化发生在一个发展中的小国时。

此外，尽管国际货币基金组织和克林顿时期的财政部经常表示，亚洲国家的资本市场需要开放和放松管制，可是却几乎没有什么经验证据可以证明这种自由化可以带来更好的结果。也就是说，并没有足够的证据可以证明，那些已经解除管制和开放其资本市场的国家，其经济增速会显著高于那些没有解除管制的国家。

相反，中国台湾地区和中国大陆到目前为止仍然维持不少限制资本流动的措施，但是两者却没有受到亚洲货币危机的重大干扰，并在这前后依旧保持着稳定的经济增长。特别是中国台湾地区的经济并没有遭受泡沫的明显滋扰，并继续以稳健的方式增长，这对于那种要求不惜一切代价开放资本市场的主张形成了强有力的反驳。

类似地，当马来西亚在1998年9月开始实施若干资本管制的时候，华盛顿对此极为恼怒，西方的媒体附和鼓噪，威胁说马来西亚将会失去一切。例如，在1998年9月21日出版的《商业周刊》刊文称：

> 马哈蒂尔很可能会成为赌局中的输家。……马来西亚已经主动切断了同国外基金经理的联系，该国陷入困境的企业将失去一条重组所需资本的重要渠道。封闭马来西亚的部分经济后，马哈蒂尔可能会发现，马来西亚已经从全球投资市场的版图中被剔除了……马哈蒂尔

败坏了自由市场的信誉。全世界都在关注他的反自由市场的经济政策是否奏效。③

的确,西方的反应非常强烈。但是,实际上,接下来并没有发生灾难,马来西亚的经济表现良好。尽管《商业周刊》曾预言马来西亚的GDP在1999年将会下降2%~3%,并将这一结果完全归咎于马哈蒂尔总理,称其"每一步都是在伤害这个国家"④,但是,实际上1999年马来西亚实现了6.1%的增长,并在2000年实现了8.3%的增长。马来西亚实现了区域内的最高增速,部分原因要归功于对资本流动施加了一定的限制;但马来西亚对商品和服务并没有施加限制。事实证明,后者对于资源的有效配置非常重要。

《商业周刊》的这个插曲显示,在当地经营的西方金融机构对西方媒体的影响是多么巨大。这些金融机构有理由担心资本管制,因为这些管制对它们而言就意味着赚钱机会的减少。这就是为什么它们会如此小题大做。但是,对于马来西亚99%的企业而言,关键的问题是,它们是否能够继续从国外获取零部件,然后组装成录像机并加以出口。对绝大部分马来西亚企业来说,纽约或伦敦的投资者能否参与马来西亚股市,在很大程度上无关紧要。

这并不是说不应当放松资本管制。关键是,支持这一做法必须以理论和实证分析为基础,而不是基于盲目的信仰。正如李光耀所表明的那样,当时并没有充分的研究表明,放松资本管制会对经济有所助益。有太多的案例可以证明,资本市场自由化的观点仅仅是运行良好的商品和服务跨境自由贸易理论的盲目延伸而已。然而,在没有真正理解资本流动自由化给经济带来的影响的情况下就实施自由化,那么,1982年拉美和1997年亚洲所经历的错误就会重新上演,这将会使卷入其中的国家付出高昂的成本。

国际资本流动拯救了日本

但是,有两个国家从资本流动自由化中获益匪浅——日本和美国。日本经济自20世纪90年代以来,由于资产价格的暴跌以及随之而来的资产负债表衰退,而陷入严重的经济困境中。不过,日本经济又是幸运的,在过去的10年里,主要来自美国和欧洲的外国投资者源源不断地支撑着日本股市。图9－3显示了过去10年日本股市的供求状况。图中显示,日本国内的个人和企业几乎在整个20世纪90年代都是净卖出方。换言之,日本国内部门卖出的股票要比买入的多。并且,国内的机构投资者、寿险机构以及信托银行几乎每个月也都是净卖出者。相比之下,美国养老金和对冲基金一类的外国投资者一直是净买入者。(虽然日本的银行入账记录显示是一个大量的净买入方,但这主要是政府的"维和行动"[1]为了维持价格而进行的买入。)

如果没有海外投资者的资金流入,那现在的日本股市会是什么样子呢?正如第一章图1－1所显示的那样,譬如商业地产市场和高尔夫俱乐部会籍市场这类外国投资者未曾投资的市场,其资产价格已跌至此前峰值的1/10。相比较而言,吸引了大量外国投资者的股票市场仅较其峰值下跌了70%。这表明,如果没有外国投资者的资本流入,日本股市可能会比现在下跌的幅度更大。换句话说,在20世纪90年代,国际资本流动自由化的最大受益者是日本。

但是,在20世纪80年代,情况却恰恰相反。当时,美国经历了国内储蓄严重短缺的磨难,具有代表性的事例就是贸易赤字的迅速激增;与此同时,政府的预算赤字也急速扩张。结果,随着金融市场对双重赤字的不断担忧,人们普遍担心利率会飙升到一个极高的水平。

在这种窘境之中,是日本机构投资者对美国国债的偏好拯救了美国。日本投资者购买了许多美国发行的国债,同时维系了美元汇率的坚挺和美国国内的低利率水平,从而在很大程度上支持了里根总统的供给侧革命。如果不是日本投资者的出现,美国经济的调整就会在利率飙升和美元汇率暴跌的冲击下,在20世纪80年代中期崩溃。虽然美国的股票市场上资金充沛,但正是因为日本

---

[1] 在这里,作者借用日本的《协助联合国维持和平活动法案》中"维和行动"的英文缩略语——PKO(Peace Keeping Operation),做了一语双关的表达,即股价维持行动(Price-Keeping Operations)。——译者注

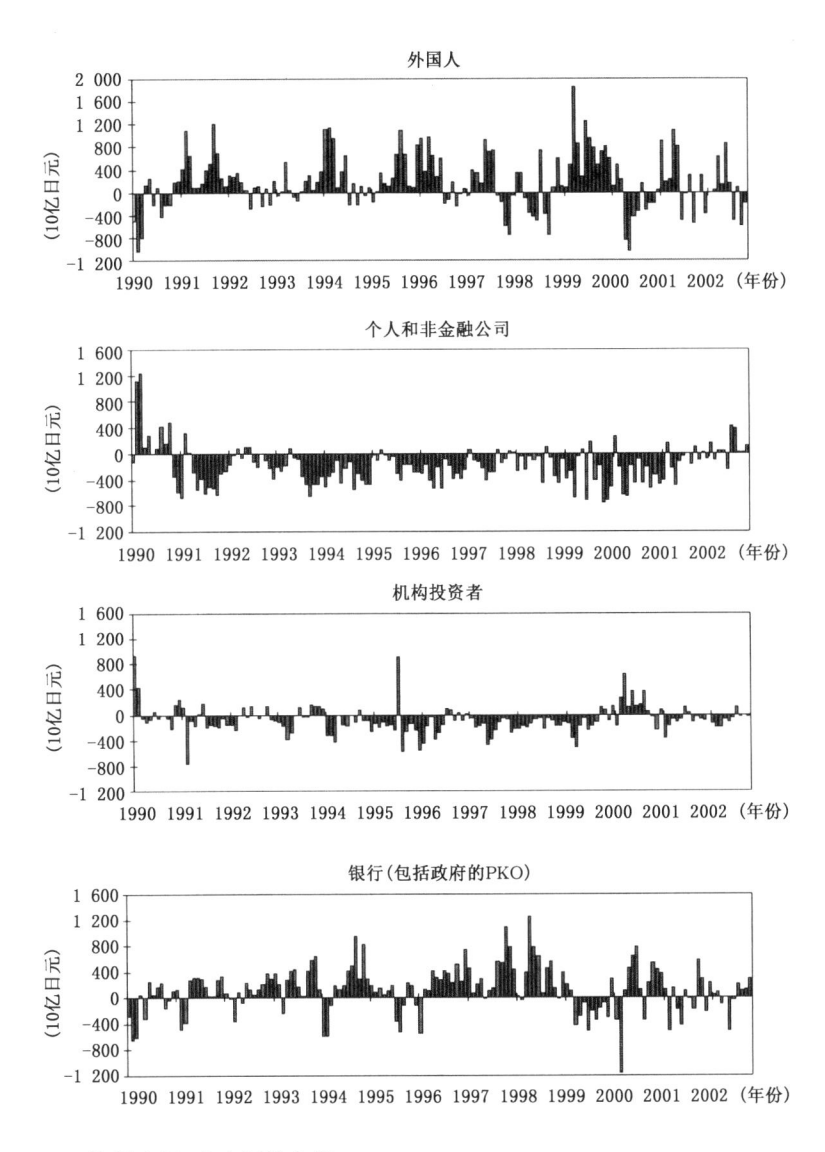

资料来源：东京证券市场。

图 9—3 日本股市一直由外国投资者主导

资金大量涌入了极为重要的美国债券市场，美国经济才能在那个遥远的 20 世纪 80 年代得以正常运转。

当美国人在债券市场最需要资金的时候，是日本人济困扶危；当日本人在股票市场最需要资金的时候，是美国投资者慷慨解囊，这绝不是纯粹的巧合。这两个国家已经深深地融为一体。患难之交才是真朋友啊！

亚洲货币危机的经验教训

对亚洲而言，不幸的是，外国投资者被所谓的"亚洲奇迹"的舆论蒙蔽了双眼，在未对市场有充分的了解之前，便蜂拥进入亚洲，最终对资产价格泡沫的形成和随之而来的恐慌难辞其咎。结果，亚洲国家一个接一个地陷入困苦的泥潭，经济滑入严重的资产负债表衰退之中。但是，通过货币贬值以维持竞争力，亚洲国家充分利用外需，使经济得以运转，并帮助国内的经济实体修复其受损的资产负债表。

但是，从舆论的角度来看，国外金融机构试图将亚洲货币危机的所有责任都归咎于结构性问题的企图，却成功了99.9%。即使在今天，西方关于亚洲货币危机的舆论标题，也都是"亚洲的结构性改革取得了进展吗？"而不是"投资者吸取了盲目投资的教训吗？"等，这说明他们在舆论上是多么成功。当然，西方的观点也不是完全一致的。譬如世界银行前首席经济学家约瑟夫·斯蒂格利茨曾大胆地说过，与借款人负有责任一样，华尔街的债权人对其中的部分责任也难逃干系。但是，在与美国财政部交锋之后，斯蒂格利茨被解除了职务。美国财政部一直坚持在亚洲推行结构性改革。

对于受西方社会舆论控制和影响的亚洲来讲，唯一的选择就是采取措施，使自己免遭类似1997年极端事件的再次冲击。这意味着，除根据其自身利益低估汇率以保持货币竞争力和进行结构性改革之外，亚洲政府需鼓足勇气拒绝海外热钱，无论其所提供的条款是多么具有吸引力，除非亚洲政府能够确信，海外投资者在投资之前已经充分了解投资对象所在国当地的经济状况。

注 释

① Ezra Vogel, *Japan As Number One: Lessons for America* (Harvard University Press, 1979).

② Joseph E. Stiglitz, *Globalization and Its Discontents* (W. W. Norton & Co., 2002), p. 64.

③ "Renegade Economy," *Business Week* (Asian edition), September 21, 1998, pp. 20－22.

④ "Report Card on Asia," *Business Week* (Asian edition), November 23, 1998, pp. 16－21.

第十章

美国经济,从日本的经历中可资借鉴的经验教训

美国企业部门已经处于资产负债表修复模式之中

日本过去10年的经验教训,对后互联网泡沫时代或后安然时代的美国意味着什么?两者必然有许多异同之处。

毋庸置疑,美国经济已经出现了资产负债表衰退的许多症状。在互联网泡沫破灭之后,大量财富蒸发,企业和家庭部门的资产负债表上留下了一个巨大的窟窿。安然公司轰然倒闭,众多美国企业随后被发现其负债要比财务报告上披露的数字更大。这些财务丑闻,促使公众比过去更加谨慎地审视企业资产负债表的负债端。随后众多企业被曝虚增利润,这导致了企业资产负债表和损益表受到更加严格的审查。

这些丑闻和接下来全国范围的抗议,迫使美国企业的高管们不得不尽快编制健康的资产负债表。因此,尽管美联储12次降息,将利率降到了自20世纪50年代以来的最低水平,但美国企业部门对资金的需求却已完全枯竭。事实上,正如第一章图1—4所示,美国企业部门对资金的需求并没有因为低利率而转强,这是一个非常明显的迹象,表明美国企业开始担忧自身的财务健康状况。

上一次企业部门对资金需求的大幅下降,还是在1991年。的确,也是在那个时候,"资产负债表衰退"这个词第一次由纽约联邦储备银行创造出来,用以描述那一时期的衰退。当时许多企业、银行和家庭在谈论过度负债问题。时任美联储主席艾伦·格林斯潘迟迟没有意识到正在发生的事情,直到1991年12

月以前，他还一直认为经济活动没有普遍衰退的迹象。

然而，到12月的时候，格林斯潘意识到现实情况不同于典型的经济衰退，他开始用"时速50英里的逆风"来形容美国经济面临的困难。他还将贴现率下调了整整100个基点。对于这位以渐进主义著称的央行行长来说，这是一个极不寻常的举动。与此同时，政府向商业银行提供了优惠息差，以解决其资本金问题。

1991年的这场经济衰退，虽然非常严重，但影响范围仍然仅限于银行部门。如前所述，商业银行正遭受杠杆收购市场崩溃和商业地产市场小型泡沫破灭的影响。结果，包括花旗银行在内的许多重要的美国货币中心银行，在此期间几乎濒临破产。

与此同时，银行监管机构也变得极其严格，它们试图恢复两年前（也就是1989年）爆发储贷危机时失去的信用。于是，美国就此爆发了一场波及全国的信贷危机。银行想方设法要抽回信贷，以便左支右绌地满足监管层规定的资本充足率。信贷危机变得如此严重，以至于老布什总统甚至都不得不亲自同银行监管机构打招呼，希望它们能理性一点。

由于美国银行所面临的困难，包括日本银行在内的许多外资银行有了露一手的机会——向美国企业放款。的确，许多美国企业的高管前往东京的日本银行总部拜访，要求提供信贷额度，以弥补美国银行撤出所造成的融资缺口。

这里需要注意的是，图1—4中所显示的1991年企业获取资金规模的下降程度，可能包含了很大的非自愿成分，因为即便企业想借更多钱，但是银行也无法提供给它们。这一点也可以从图8—1中推断出来。图8—1显示，在1991—1993年美国信贷紧缩期间，那些上市公司将其融资活动转向了资本市场。

换言之，1991年资产负债表衰退的"震中"是银行。相形之下，2002年资产负债表衰退的"震中"却是企业部门。从这个意义上说，2002年的衰退更像日本过去10年的资产负债表衰退。与1991年的资产负债表衰退相比，2002年的衰退更难应付，因为涉及的企业太多了。此外，由于同时有如此多的企业受到牵连，因此，事态很容易演变为合成谬误，就像过去10年日本所发生的那样。

然而，在1991年，只有银行需要修复和救济。如图8—1所示，一旦通过优惠息差的方式使银行得以康复，信贷危机在1993年第四季度就结束了。一旦银行的问题——经济的瓶颈——被消除，经济其他部门也就开始迅速复苏了。

只要货币政策开始放松，房地产价格就会上涨

那么，今日的美国与日本过去10年的经历相比，情况如何呢？首先，从资产价格暴跌所造成的财富损失来看，美国迄今为止折损的数额，只是日本过去10年所损失的财富的一部分。例如，纽约证券交易所、纳斯达克和美国证券交易所三个市场的市值相对峰值水平的损失，合计约为7万亿美元（截至2003年1月22日）。这大约是美国2001年GDP的70%。相比之下，日本损失的财富大约是1989年GDP的2.7倍，是2001年GDP的2.3倍。这就意味着，日本损失是美国损失的3～4倍。

这里的关键区别在于房地产的价值。日本接近70%的财富损失是因为土地价格的暴跌。在美国，即便在类似于加州硅谷这类的重灾区，商业地产的价格大幅下跌，但美国绝大多数地区的房价最近却仍然呈现上升的趋势。美国地产市场坚挺的事实，有效地对冲了股市互联网泡沫破灭后带来的负面财富效应的冲击。

这种差异——为何日本房地产市场崩溃而美国房地产却依然未受太大的影响——几乎完全是由于两国采取的宽松货币政策时间表不同造成的。在日本，1990年股票市场泡沫破灭后，日本央行仍然进行加息。事实上，在股市崩盘后，日本央行又实施了两次货币紧缩。直到股市崩盘一年多后，日本央行才开始放松其货币政策。

日本央行这么做的原因是，当时整个国家都对土地价格的迅猛上涨感到寝食难安。的确，当时位于东京市中心的皇宫，据说已经与整个加利福尼亚州的价值不相上下了。这种土地价格狂热引发的社会和政治骚动，迫使日本央行持

续加息，直到土地价格泡沫破灭的现实板上钉钉才告收手。因此，在1991年货币政策逆转之前，短期货币市场利率被提升到了远高于8％的水平。当时，日本每年的通胀率不足3％，所以实际利率是远远超过5％的。

因此，在1991年7月货币政策开始放松时，土地价格泡沫已然破灭。也就是说，当日本央行开始降息的时候，股票市场和房地产市场都已溃不成军。但是，资产价格泡沫一旦破灭，降息就无法扭转资产价格下跌的趋势，因为那些市场里的人们已经确信他们正在追逐错误的资产价格。一旦形成这样的共识，资产价格向下调整的势头就会变得几乎无法阻挡。这种现象在2001年的美国也曾出现过，当时尽管美联储连续11次降息，但是，股价——尤其是纳斯达克市场的股价——依然跌跌不休。因此，日本受到股票价格和土地价格同时暴跌的困扰，对企业和银行的资产负债表造成了巨大的损害。

在美国，美联储主席艾伦·格林斯潘密切关注日本的事态发展，决心不再重蹈日本的覆辙。事实上，在1991年的经济衰退问题上，格林斯潘对美国正在发生什么反应迟缓，这使得他的老朋友乔治·布什竞选连任失败。因此，在2000年后，美联储主席对美国是否也陷入了同样的资产负债表衰退之中格外警惕。

在仔细分析了日本和其他国家的泡沫之后，美联储显然得出结论，认为通过加息的方式刺破泡沫并非明智之举。他们得出的结论是，如果泡沫无论如何都会因过度膨胀而破灭，那么央行就可以不用介入其中。他们的观点是，央行仅需集中精力关注传统或常规的宏观经济指标，而不受经济中某些领域的资产价格泡沫不必要的影响。换言之，只有在经济整体表现出需要收紧时，美联储才会收紧货币政策，而无须考虑某些地区或经济部门的资产价格上涨。

虽然这种想法使美联储在股价上涨阶段免受股价泡沫的影响，但当泡沫破灭时，美联储的逆向操作却极其迅速。的确，自2001年1月降息以来，格林斯潘在不到一年的时间里将短期利率从6.5％降至1.75％。这种降息速度在美联储的历史上是创纪录的，并且完成的时间还不足美联储历史上降息平均时间的一半。

更为重要的是,格林斯潘在股价下跌之初就开始降息,而当时美国的经济仍然表现良好,并伴以房地产市场的一片繁荣蓬勃之象。也就是说,格林斯潘是在房价仍处于上行趋势的时候开始降息。由于没有什么行业比房地产市场对降息更加敏感的,因此,降息进一步推高了房价,从而弥补了股市下跌所造成的财富损失。2002 年 7 月,格林斯潘在美国国会发表讲话称,股票市场大跌造成的负面财富影响,在很大程度上被房地产市场产生的积极财富效应所抵消,他所指的正是货币政策的创新性。这是一个高明的策略。

格林斯潘可能认为,如果一类资产的泡沫破灭无可避免,那么为何不用其他一些资产价格的上升来对冲呢?美联储的策略,今天看来似乎就是保持房价的强劲上扬,直到经济中的其他因素紧随而上,共同发挥作用,开始推动经济向前发展。例如,如果房地产市场的繁荣使得经济能够持续发展 1~2 年,这将给遭受重创的企业部门提供所需的时间,以修复其受损的资产负债表。一旦企业部门恢复健康,那么,经济过于依赖房地产市场的局面就会得到改善。

从某种意义上来说,格林斯潘也是幸运的。这是因为美国国内目前没有关于高房价的喧嚣抱怨之声,这曾经是 1990 年困扰日本央行的因素。因此,日本央行彼时不得不收紧货币政策,直到房地产市场出现趋势性下跌。可是,就在那时,所有的资产价格都开始暴跌,没有任何一类资产能够对货币政策的宽松做出积极回应,并抵消由于其他资产类别下跌所产生的负面财富影响。在美国,房地产市场不是货币政策收紧的目标,因而货币政策传导机制的关键部分得以保留,而正如第三章所阐述的那样,日本央行在 20 世纪 90 年代缺失的就是货币政策传导机制。

这种用一种资产价格上升来对冲另外一种资产价格下降的策略虽然看似高明,但也并非没有问题。首先,在经济体中的其他部门处于停滞状态的时候,房价却在飙升。既然房价飙升的唯一原因是低利率,那么就存在着孕育另外一种资产价格泡沫的风险。毕竟,我们很难想象存在一个房价上涨而收入和就业却正在下降的世界。例如,麻省理工学院的教授查尔斯·金德尔伯格一直在警告说,房地产泡沫可能已难以为继。[1]已经有报道称,部分地区的房价已经见顶。

如果在经济复苏所需的其他要素恢复正常之前,房地产泡沫就破灭了,那么美国的经济将会陷入一种最为困难的境地。

重建企业信心并非易事

从这方面看,美国企业部门如何从当前的财务溃败中恢复过来,确实需要仔细研究。利润高估和债务低估的问题并不容易解决。尽管编造一个精确的数字很容易,但想要重现过去的净资产收益率和资产收益率的业绩却很难。这是因为,过去的业绩数据在会计意义上被夸大了,存在虚饰的成分,而且这些数据是在经济繁荣时期取得的。现在对于采用会计技巧粉饰业绩已经没有那么宽容了,并且经济本身也比以前羸弱得多,因此想要重新达到与过去一样的净资产收益率水平,对管理层而言将是一个真正的挑战。

由于过去的股票价格是在一个较高的净资产收益率的基础上获得的,所以股票价格必须向下调整以反映现实情况。不仅如此,针对那些一部分是以明显高于企业表面公布的杠杆率取得的优良业绩的情况,当下进行的去杠杆行为必然会降低资本回报率。想利用较低的杠杆率获得过去那么高的净资产收益率,并不是一项容易达成的任务。这就意味着股票价格欲重拾升势,仅仅清理会计领域的混乱局面是远远不够的。

而且,如果小布什总统对美国企业会计问题的看法可以用来作为指导,那么美国公司将不得不重塑自己,以重获自安然事件公之于众之后失去的社会认可。例如,小布什总统在2002年7月9日的演讲中说:"高管的薪酬结构已经传递出一个明确信号,商业领袖是忠诚于其团队,还是致力于个人敛财。它会告诉你,其主要目标是为股东创造财富,还是为其个人积累财富。我要求美国的每一位首席执行官在公司的年度报告中,用醒目简单的英语详细描述一下其薪酬结构,包括工资、奖金和福利。"

突然之间,即使在美国,一份不菲的薪水已经不再是一件值得炫耀的事了。

记住这不是列宁或者其他人说的,而是美国总统在 2002 年中期说的。对那些努力工作以获取更高、更好薪水的美国公司高管来说,从他们的总统那里听到这样的声明一定是一段令人困惑的经历。至少,这肯定会降低其努力工作以换取更高薪酬的动力。很多人也许不确定在这种新环境下,做什么才算是正确的。

所有这些都会使得美国企业更加谨慎。如果会计规则不允许的话,企业的高管们会等等看,在这个新的社会环境和政治环境中,什么是可以被社会接受的,什么是不见容于这个社会的。除非新的游戏规则能让每个人清晰地明白,否则很难指望企业和高管能够全力以赴带领企业共克时艰。

的确,如果我们再回顾一下总统的声明——"负责任的领导不能**在其公司价值急剧下跌的时候**,自己却拿着高薪……",将黑体字部分换成"在成千上万的人失业的时候",我们将谈论的是曾经被高度重视但现在基本上被忽视的日本管理原则!对许多美国商界领袖来说,这确实是一个令人备感困惑的时期。

美国的合成谬误更为严重

现在,让我们从会计和管理问题转而探讨宏观问题。在第二章,我们就讨论了资产负债表衰退实际上是由合成谬误引致的——当每个人都试图以做某件正确的事来修复自己的资产负债表的时候,由于每个人都在同时做这件事,结果经济就会由此崩坏而陷入恶性循环之中。与日本相比,这种合成谬误在美国也许会变得更加严重,因为美国企业一般并不会在公司账面上保留太多的金融和其他资产,所以,公司就没有太多的"缓冲"来抵御冲击。一般而言,美国企业通常会采取比日本人更快的速度削减成本以应对困境。

例如,美国企业一般会在经济繁荣时发放大量的奖金,但是,经济一旦不景气,企业就会开始裁员并削减成本。而另一方面,日本企业则会等到经济真的变好或者变坏的时候才会采取这样的行动。这是因为,许多在第二次世界大战结束后成立的日本公司有一个基本的前提,即员工不能被轻易解雇。事实上,我记得当我从纽约联邦储备银行调到东京的野村证券工作的时候,吃惊地发现,在日本,劳动力是被当做固定成本对待的。而我在美国担任经济学家的时候,劳动力成本通常被认为是可变成本。

但是,当商业周期导致的需求出现大幅波动的时候,日本企业该如何应对如此巨大的劳动力成本呢?只有一个解决办法:经济繁荣时,它们不会分配所有的利润,因此,在经济不景气的时候就有储备来支付薪酬。(有时也会采取下调工资的做法;对管理层而言,可以通过调整奖金的形式。)

日本企业在战后近50年的经济飞速发展期都遵循着这一原则,因此,直到20世纪80年代末积累了巨额储备。这些企业在20世纪90年代遭受资产负债表衰退的打击之后,仍然有着非常充裕的现金储备。

由于没有意识到这次衰退较以往有很大的不同,因此,在最初的几年里,它们依赖其自身的储备来抵御这场风暴。的确,在衰退初期,许多雇员希望雇主能留用他们,因为在20世纪80年代末的经济繁荣时期,企业从未支付相应的奖金。同时,雇主们也希望能尽可能多地留住雇员。

结果,正如第一章所述,尽管损失了大量的财富,同时企业活动也严重萎缩,但日本的破产率和失业率增长得非常缓慢。事实上,企业储蓄和政府的财政刺激一起,共同起到了缓冲作用,防止了合成谬误迅速成倍地增长。

当然,许多企业的高管们现在对他们之前的决定追悔不已。如果他们知道这不是普通的经济周期导致的衰退,并且持续时间如此之长的话,他们可能会采取截然不同的行动,特别是在对以往储蓄的过度依赖方面。毫无疑问,丰富的储备使得日本的雇主和雇员在面对这场资产负债表衰退时都很笃定,如果没有这笔储备,他们的结局将会完全不同。

然而,在美国,公司通常没有这样的储备,在经济低迷时期,它们就不得不迅速削减成本,裁减冗员。虽然在普通的衰退中,这样做无可指摘,但是,当经济体中有大量合成谬误的时候,企业的过快反应会将经济推入恶性循环。

在日本,如第三章图3—1所示,在股票价格崩溃3年多后,企业部门对资金的需求才枯竭。在美国，如图1—4所示，同样事情的发生仅仅需要不到2年的时间。在如今的美国，破产数量已经创出历史的新高，而日本的破产率仍然低于1984年创下的历史纪录。[2]从这个意义上说，美国需要通过财政刺激措施来填补企业活动迅速萎缩所造成的需求缺口，而这种萎缩的程度可能会超过日本。

美国家庭部门提高了储蓄率

美国与日本的另一个不同之处在于，美国消费者的行为可能导致更加严重的合成谬误。如第一章所述，在过去的12年里，日本消费者的行为始终未曾改变。在1990年的繁荣时期，日本处于世界之巅，日本家庭部门的储蓄占GDP的7%~8%；到1999年的时候，日本经济滑至底部，家庭部门的储蓄仍然占GDP的7%~8%。最近的数字显示储蓄略有下降，这主要是收入和就业率的下降引起的。

考虑到日本人在1990年是如此自信，而在1999年是如此沮丧，他们的储蓄率却居高不下，可见家庭部门储蓄行为的稳定性是相当明显的。20世纪80年代末，全球对所谓的"日本管理模式"顶礼膜拜，因此，任何包含这个词的书，几乎可以肯定能登上《纽约时报》的畅销书排行榜。的确，在那个年代，全世界都认为日本所做的一切都是对的，而美国做的都是错的。产出增长、收入分配、贸易及预算盈余、教育水平、就业率、犯罪率、金融机构的信用评级等统计数据都表明，日本远远领先于美国等国家。

仅仅10年前日本还号称"日本第一"，现在简直恍如隔世。值得注意的是，家庭部门的储蓄在这么长时间内一直很稳定。这或许表明，日本的企业领袖在20世纪80年代末和90年代初所表现出来的高度自信只是企业家的自信，而做出储蓄决定的日本家庭主妇却远没有她们的丈夫那般信心满满。

这种储蓄行为的重要意义在于，日本的家庭部门并不是造成过去10年经济疲弱的原因。如前所述,是企业部门行为的改变导致了经济的衰退,而与家庭部门无关。在过去的10年中,家庭部门一直保持着谨慎的态度。

相形之下,美国的家庭部门在20世纪90年代末通过大幅降低储蓄率的方式,对美国经济的繁荣发挥了巨大的作用。如图10-1所示,在1995年之前,美国家庭的储蓄率基本保持在5%以上。但是,自那时候开始,伴随着股票市场的繁荣,到2001年时,储蓄率急剧下降至几乎为零。储蓄率的大幅下降,对于维持美国国内的强劲需求起到了重要作用。

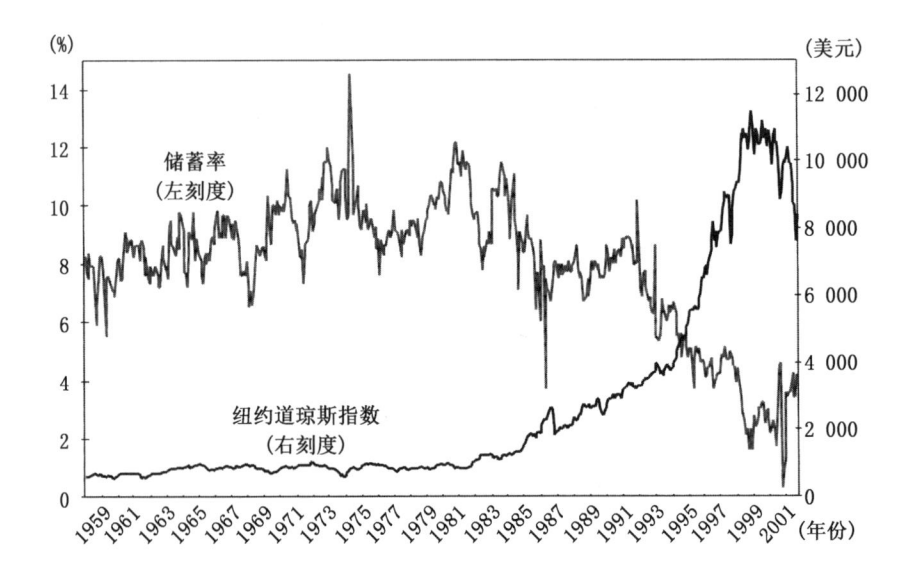

资料来源:美国商务部;道琼斯。

图10-1 美国的储蓄率与股价

当然,储蓄率的下降是有原因的。这一时期的特点是失业率急剧下降,与此同时,收入和资产价格出现了大幅上升。股票价格的上涨以及房价略逊一筹的涨幅,让许多人觉得没有必要存那么多钱。总计近8 000万美国人以某种形式持有股票,1995—2000年间股票价格飙升,使他们的财富增加了数万亿美元。例如,三个市场的市值在此期间增加了13.5万亿美元。这相当于数十年积累的储蓄,因此,人们在消费时安全感大增。

例如,我一个在旧金山年逾75岁的叔叔,由于股票市场的繁荣使得其退休投资组合账户翻倍。虽然退休账户翻倍了,但是他不能因此再多活一倍的时间,所以他开始每天请他的朋友和亲戚夜夜笙歌。我叔叔1949年离开饱受战争蹂躏的中国时,当时只带了一只手提箱,口袋里只有几美元。尽管后来他在美国一家大型工程公司成为一名出色的总工程师,但一直生活得非常简朴。而股票市场的泡沫彻底改变了他。类似的故事在美国各地层出不穷。

这也意味着,如果资产价格开始下跌,那么财富效应将向负面方向发展,这可能会导致全国范围内的消费支出突然萎缩。考虑到这一事实,股票市值损失7万亿美元就不是一个好的迹象,图10-1也显示最近储蓄率正在缓慢上升。尽管损失的部分财富已被房价的上涨所抵消,但如前所述,储蓄率的任何进一步提高,都可能使情况变得更加糟糕。相比之下,当1990年日本股市崩溃时,只有不到20%的日本家庭参与其中。

关键在于,日本的资产负债表问题主要局限于企业部门,而美国的资产负债表问题可能同时涉及家庭部门和企业部门。换言之,美国的合成谬误问题可能会变得更加严重,因为两个部门同时受到了资产价格下跌的影响。

当然,美国银行的状况要比日本银行好得多,这主要得益于美国房地产价格相对于日本显得更稳定。但是,日本的银行问题并没有成为经济增长的制约因素。另一方面,考虑到目前美国经济的不稳定性,特别是在房价方面,即使家庭部门的储蓄率小幅上升,也会导致需求的大幅萎缩。在美国企业正忙于重整自救之际,任何消费者的谨慎信号,都可能将美国经济推向陷入恶性循环的泥潭之中。

贸易赤字可能会限制政策选择

与日本相比,美国的另一个弱点可能是它存在巨大的贸易逆差。虽然美国的贸易赤字已经持续数十年,但在美国经济表现良好时,赤字本身很少会在国内外成为问题。

事实上，充满活力的经济，再加上美国市场较高的回报率，已经吸引了大量的国外资本流入美国。只要外资流入规模足够大，就能弥补美国经常项目下的赤字，那么在外汇市场上，美元的供给和需求就能够保持平衡，因而就没有理由担心会出现问题。换言之，由于本田和丰田在外汇市场上卖出美元、买入日元，以支付其国内员工的薪水，而日本寿险公司和养老金管理公司则买入美元，转而在美国市场寻求更高的回报，如此一来，美元就没有理由下跌了。

然而，一旦美国经济走弱，那些失业的美国人就开始抱怨外资对其市场的侵蚀，与进口产品竞争的制造商则抱怨外国人向美国市场倾销产品。一旦这些问题成为华盛顿的重要议题，那么外汇市场上的投资者就会迅速关注贸易失衡问题——这是问题产生的根本原因。他们一定会注意到美国巨大的贸易逆差和日本巨额的贸易顺差，如图10－2所示。

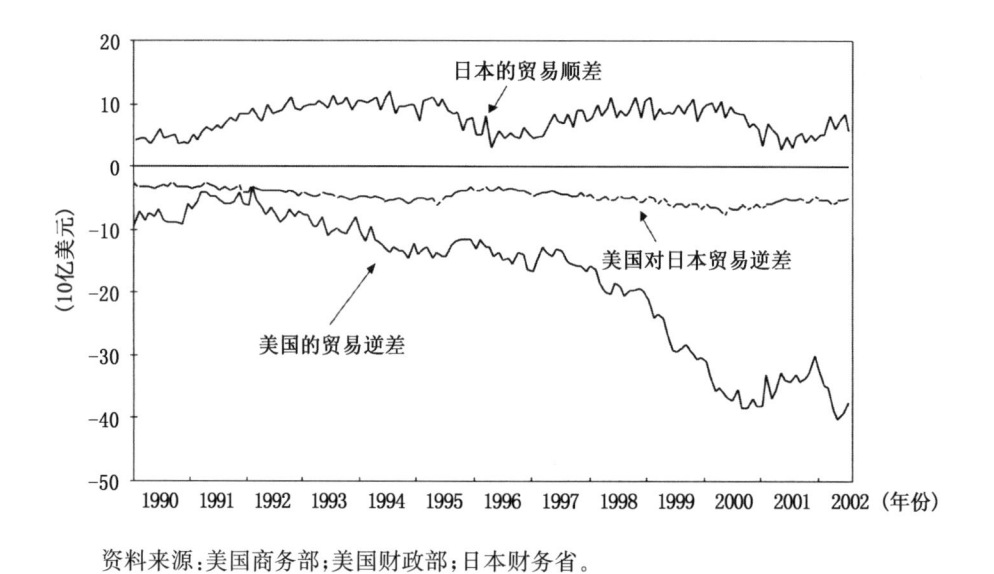

资料来源：美国商务部；美国财政部；日本财务省。

图10－2　美国的贸易逆差仍很大

外汇交易者开始关注这些贸易问题，因为应对贸易失衡最直接的政策反应之一，就是调整汇率。也就是说，人们开始考虑，美国政府有可能被迫采取弱势美元的政策，目的是稳住就业和取悦那些在国内面临进口产品竞争的产业。即使美国政府没有公开主张弱势美元政策,但其可能仍然默许了美元的贬值。

因为国内外的投资者有权不购买美元,甚至卖出美元,那些开始关注贸易失衡问题的投资者对美元的需求可能出现突然萎缩。其中一些投资者会决定,即便美元资产的回报率更高,但是他们仍然愿意等美元触底之后再继续买入美元资产。当这种情形发生时,美元和美国资产(如美国国债)的需求可能会很快枯竭。

另一方面,本田公司和丰田公司却别无选择,为了用日元支付国内员工的薪酬,它们不得不在外汇市场上卖出在美国赚得的美元。因此,当外国投资者趋于谨慎时,外汇市场上可能只有美元的卖家而没有买家了。

可是,一旦美元开始贬值,外国投资者出于对汇兑损失的担忧而对在美国的投资更加小心翼翼。一部分投资者可能不得不削减头寸,以减少损失,结果导致了美元和美国资产价格的双双走弱。但目前美国资产价格的走弱无异于一场噩梦,因为这会使当下的资产负债表衰退变得更为恶化。而且,如果国外投资者抛售他们大量持有的美国国债,美国国债的利率可能会一飞冲天,因为债券价格越低意味着利率越高。高企的利率会重创房地产市场,而房地产市场是时下美国经济硕果仅存的亮点。

这种美元和债券市场双双走弱的情势难以遏制,因为典型的政策补救措施就是加息,通过加息的方式提振美元,从而使得美元资产更有吸引力,但与此同时也要承担债券市场和股票市场进一步下跌的风险。因此,外国投资者的撤离,将会导致资产负债表衰退更为恶化,因为他们的撤离将会加速本已遭受重创的资产价格继续下跌。

这不仅仅是学术理论上的可能性。我们在第四章提及,在过去的20年里,交易市场曾经出现过几次类似情形,几乎导致发生金融危机。如图4—1所示,在1987年3月,美国曾经有一次美元和长期债券价格的同时下跌,这与美元兑日元汇率贬值正相关。这件事刚好发生在G7签署《卢浮宫协议》4周后,协议本身是期望就此能够构筑美元的底部,但事与愿违,美元反而继续贬值。当时,美国长期债券的收益率在短短6周内上升了150个基点。

1987年3月的这场危机，由于货币当局使用了一些最糟糕的手段才得以控制住。③货币当局在这一事件中所失去的信用，在一定程度上导致了1987年10月臭名昭著的"黑色星期一"的出现。

由于外国投资者持有近40%的美国政府债券，美国政策制定者必须密切关注美元汇率，以确保1987年那样的事件不再发生。毕竟，即使外国投资者抛售其持有的一小部分债券，也会对美国利率结构产生重大影响。如果长期债券的收益率现在上升150个基点，美国房地产市场将很快崩溃。

美国的利率现在已经如此之低，美国资产对国外投资者的吸引力正在下降。另一方面，美国的贸易逆差仍然非常巨大。此外，一部分公司涉嫌会计欺诈，这意味着美国所谓的资本高回报率也是值得怀疑的，尤其是对那些还担心美元有下跌风险的国外投资者而言更是如此。

换言之，当下的美国，(1)经济疲软，(2)贸易赤字巨大，(3)企业会计信息可疑。这就意味着美国同时存在宏观、国际和微观层面上的问题。如果美国只有问题(2)和(3)，而没有(1)，那它解决这些问题可能并不太困难。例如，只要美国经济强劲，根本就没人会关注贸易逆差问题，而微观层面的问题也仅涉及数量有限的企业。

如果美国存在问题(1)和(2)，而没有(3)，那就会稍显棘手，但是仍会有投机商逢低买进，这样就可以防止股市跌至谷底。如果美国存在问题(1)和(3)，而没有(2)，那美元将会极为强势，国外投资者的逃离也不会成为问题。的确，如果美国经常账户有盈余的话，那么美国就没有理由需要外国资本的流入来维持经济运转。不幸的是，美国现在三个问题全都具备，这对任何政策制定者来说都是一个难题。

当今的日本基本上有问题(1)，而且可能有问题(3)。但至于问题(3)，因为日本从来没有吹嘘过自身的企业会计账目是多么精确或者多么完善，所以现在同过去相比，并没有发生太大的变化。如果说有什么不同的话，那就是日本已经开始着手解决问题(3)，尽管进展缓慢且起点低。而且，只有5%的日本政府债券是由外国投资者持有的，日本仍是世界上最大的贸易盈余国之一。

所有这些都表明,尽管美国迄今所遭受的资产负债表创伤远小于日本,但是在经济疲软的情况下,美国存在巨额贸易赤字,这一事实的确给政策制定者带来了限制,而日本的政策制定者却从来不需要担心这些问题。

美国有更好的政治领导者?

目前,美国相比于日本最大的优势可能是在政治领导方面。小泉政府忽视了来自市场的资产负债表衰退的所有迹象,并坚持认为,按照供给侧思路进行结构性改革是经济复苏的关键。实际上,本届内阁与胡佛政府在心态上的相似性是显而易见的。尽管自民党政策规划委员会现任和前任委员长麻生太郎、龟井静香,以及前首相中曾根康弘等人,都非常清楚资产负债表衰退的风险,但他们现在并不是掌权者。

而与之相对的是,美国有艾伦·格林斯潘,他决心不再重蹈日本过去10年的覆辙,也不重犯在1991年对资产负债表衰退反应迟缓的错误。小布什也计划不再重犯其父亲的错误——老布什非常重视外交工作,而对资产负债表衰退反应迟钝。

2002年4月,一名白宫负责经济政策的高级助手告诉我:"如果我们没有在2001年推进减税和其他财政刺激措施,那么,美国经济可能与当前的日本经济一样处于衰退状态。"他清楚地表达了他对资产负债表衰退风险的理解。鉴于这是一个共和党政府,传统上并不喜欢财政刺激,因此这一披露的信息具有非凡的意义。

的确,美国政党当前的政策导向出现了一个有趣的转折:在美国,民主党传统上推崇大政府和更多的财政刺激,在2001年的时候倡导平衡预算,就像20世纪30年代初胡佛总统的做法一样。(胡佛是一名共和党人。)但是,民主党努力在克林顿政府最后的几年任期里,设法实现了财政盈余。另一方面,共和党对经济忧心忡忡,愿意竭尽所能避免之前老布什政府所犯的错误,因为老布什政府当时对经济的关注不够。

从这个意义上说,在泡沫破灭之际,华盛顿政权的更迭对美国经济的发展是一件极其幸运的事。如果民主党继续执政,他们会非常不愿意实施财政刺激,因为这将会使之前8年克林顿政府所取得的政绩化为乌有。也就是说,他们可能最反对将联邦预算执行赤字政策。虽然在2002年底的中期选举之前,民主党又重回支持政府开支的传统立场,但是他们仍在国会参众两院被共和党彻底击败。

仅靠减税不足以应对资产负债表衰退

共和党也不是没有责任。中期选举后,华盛顿新上任的经济团队需要一段时间才能意识到美国正处于资产负债表衰退之中。而且,共和党偏好小政府,更喜欢减税,而不是增加政府开支。为了有效地配置资源,在共和党看来,允许私营部门按照自己认为合适的方式花钱,其效率要远优于政府部门的支出效率。事实上,当大多数公司以前瞻性为导向,并以利润最大化为目标时,政府越小,干预性越少,对经济就越有利。

问题是,资产负债表衰退不是一种普通的衰退。在这场由合成谬误引发的衰退中,经济衰退是因为大多数公司后向预期,试图修复其受损的资产负债表。但是,由于公司追求债务最小化而非利润最大化,于是,整个经济的需求就趋于萎缩。正如前文所提到的那样,如果没人来填补由于偿债所产生的需求缺口,那么,整个经济就会陷入一个恶性循环。

在微观层面上,企业作为个体的如此行为无可挑剔,政府不能说企业不可以修复自己的资产负债表。在这种情况下,政府必须站出来填补需求缺口,以防止经济陷入恶性循环。而且,政府必须前瞻性地作出预判来填补缺口,否则就会落后于正常的经济走势。

然而,如果为了填补需求缺口而减税,那么减税的规模应比通缩的缺口大几倍,以确保在剔除了所有的漏损之后,仍能足以填补缺口。考虑漏损这一问题十分重要,因为在资产负债表衰退之中,许多被削减的税收也许会被重新定向,用于偿债或补充因为资产价格下跌而趋于枯竭的储蓄池。由于这种漏损很难事前估计,所以政府不得不实施比估计的需求缺口大许多倍的减税计划,以确保能够完全填补通缩缺口。

这意味着,对于某一限定规模的预算赤字,减税也许并不足以填补需求缺口,特别是当经济处于资产负债表衰退状态时。在这种衰退中,公共工程支出的效率更高,原因在于:(1)公共工程支出没有漏损的不确定性;(2)在限定财政赤字的情况下,它可以产生最大需求。

共和党的传统是反对公共支出,如果共和党的政策仍然仅限于减税方案,那么,在应对这种衰退时,就可能会落后于正常经济应有的走势。尽管减税本身并没有什么错误,但到了紧要关头,政府应当准备好采取直接支出的措施,作为减税方案的补充,从而确保经济不会陷入恶性循环。

我在2002年4月采访过的白宫官员似乎对这些挑战了然于胸,但是,新的政策团队起初并不倾向于这种想法。这就意味着,施政者在采取有效的应对策略之前,浪费了宝贵的时间。如果共和党仍然拒绝考虑增加政府开支,那么,剩下的唯一政策选择就是美元贬值,以及与之相伴生的美国利率和资产价格的风险,这一方面的内容我们此前已经做过分析。

承认货币政策的局限性

美国政治领导层优于日本的另外一方面,就是承认货币政策的局限性。小泉政府错误地认为财政刺激基本无效,这导致其画地为牢,宣布一年政府债券的发行量将限制在30万亿日元以内。由于家庭部门产生的却没有被企业部门借走的储蓄超过30万亿日元,因此,经济和资产价格均告下挫。

为贯彻这一理念,经济大臣竹中一直在努力推动日本央行进一步宽松货币。他甚至威胁说,如果日本央行不能符合政府意愿,那他将剥夺央行的独立性。但是,正如第三章所提到的,货币政策之所以在资产负债表衰退中失效是有其客观原因的,政府却拒绝了解或承认这些原因,这对经济和股市而言均非吉兆。

美国较早认识到货币政策的局限性。例如,格林斯潘主席在2000年底改变了他的立场,批准了他此前并不赞成的减税计划。他当时也许已经意识到需求的下跌过于严重,仅靠货币政策的宽松已经无法阻止经济萎缩。紧接着,在2001年"9·11"恐怖袭击之后,他甚至公开要求实施相当于GDP 1%～1.5%的财政刺激。这可能是美国中央银行行长首次建议财政刺激——如果不是历史上第一次,也是近年来的第一次。

这些举措表明,格林斯潘清楚地知道货币政策的局限性,并努力确保公众不会过度依赖货币政策。虽然在政府和美联储内部仍然有一部分人相信货币政策具有万能的威力,但格林斯潘显然不是他们中的一员。

综上所述,有一些方面现在的美国做得比日本好,特别是在房地产市场领域;但在其他领域,譬如贸易赤字和家庭部门的低储蓄率问题上,美国却不尽如人意,这些可能在一定程度上制约了美国政策制定者的决策,而日本对此却从未担心过。

虽然美国政策制定者对资产负债表衰退的认知似乎比日本政府清醒,但是,美国人能否从日本过往经验中汲取教训,现在仍有待观察。如果政府就实施财政刺激方案同国会议员之间未能如期达成共识的话,那么,美国的最终结果可能仍然会与今天的日本非常相似。同样,如果对美联储提出过分要求,以至于央行无所适从,那么,宝贵的时间就会在彼此的口舌之间被浪费掉;这就与日本央行在过去10年间陷入无休止的争论一样。

我们希望,那些理解资产负债表衰退风险的人,能够在整个太平洋地区携手合作、互帮互助,不要再浪费时间,重复20世纪30年代的争论了。

在资产负债表衰退中，欧洲最容易受到伤害

这是关于欧洲的一个简单介绍。欧洲股市也经历了一场大规模的互联网泡沫，以及随之而来的泡沫破灭的蹂躏。部分欧洲市场的股价跌幅甚至差不多与日本一样严重，例如，德国的 DAX 指数相对其高点下跌了 68%，而法国的 CAC 指数相对其峰值下跌了 62%。所有这些因素自然会对卷入其中的相关经济实体的资产负债表产生巨大的影响。

如果受影响的企业和个人数量众多，如果他们同时着手修复自身的资产负债表，那么欧洲也有可能陷入资产负债表衰退。欧洲经济体最近前行的动力渐失，这也许暗示资产负债表衰退已经悄然降临。

但问题是，欧元区国家受到《马斯特里赫特条约》的限制，不能采取财政刺激政策。该条约明确规定，欧元区国家的预算赤字不能超过 GDP 的 3%。相对于欧元区国家实际上的赤字，这个限制所规定的数量就显得杯水车薪了。更为重要的是，此前我们曾讨论了小泉首相不明智地承诺将日本政府债券的发行规模限制在 30 万亿日元以内，这种限制导致政府无法实施积极的财政刺激，而这却恰恰又是在资产负债表衰退期间非常需要的。

由于财政刺激是资产负债表衰退最有效（哪怕不是唯一）的解决方法，因此，只要一旦在欧洲观察到了资产负债表衰退的信号，那么，欧盟委员会就应当采取坚决措施，解除《马斯特里赫特条约》对欧元区经济体的限制。如果做不到这一点，那将会导致欧洲经济陷入恶性循环，且通缩缺口越来越大。的确，在日本、美国和欧洲这三个地区中，由于《马斯特里赫特条约》对欧洲的制约，因此，在发生资产负债表衰退的时候，欧洲是最为脆弱的。

凯恩斯与国际货币基金组织的重生

如果欧洲未能就放松《马斯特里赫特条约》达成一致意见,那么唯一可行的选择就只能采取欧元贬值政策,借助外部需求维系欧洲经济的运转。

对美国而言亦是如此。当华盛顿新的经济团队意识到美国经济面临资产负债表衰退的时候,他们会发现仅仅依靠减税并不足以解决危机,剩下的选择只有增加政府支出或使美元贬值。如果此时共和党出于意识形态原因,仍然反对增加政府支出,那么剩下的唯一选择就只有美元贬值了。

在日本,情况也一样。由于小泉首相拒绝考虑增加政府开支,因此,尽管日本已经是世界上贸易顺差最多的国家之一,但内阁却越来越强烈地倾向于采取日元贬值的措施。

然而,美国、日本和欧洲不可能同时采用货币贬值的方案,这会重犯20世纪30年代的错误。接踵而至的竞争性贬值,会导致各国大幅上调各自的关税,从而导致全球贸易量迅速下滑至只有以前的一小部分,世界经济就此陷入萧条。对一个国家而言,依赖外需是没有问题的;但是,如果所有的国家同时这样做,那就会构成全球性的合成谬误。

凯恩斯在1945年建立了国际货币基金组织,因为他担忧,单个政府可以通过扩大财政支出的方式来应对国内合成谬误所导致的资产负债表衰退,但是,如果缺少一个全球政府,就会导致各国无法应对所有国家同时试图通过竞争性货币贬值以刺激外部需求而带来的全球性合成谬误。国际货币基金组织的建立,旨在汲取20世纪30年代的惨痛教训,应对这些突发事件。

但是,国际货币基金组织从未被要求履行这一职责。我想,现在的国际货币基金组织雇员应该几乎无人知道这个组织建立的初衷是什么。事实上,国际货币基金组织现在所做的事情或被赋予的任务,已经完全偏离了其最初的目的。

从 2003 年左右开始，所有的主要经济体明显越来越依赖外需，除非国际货币基金组织能够有所作为，否则全球经济将可能重返 20 世纪 30 年代。美国共和党在意识形态上反对公共支出，再加上《马斯特里赫特条约》官僚主义的制约，以及日本财务省和小泉首相的固执己见，这些大大增加了全球性合成谬误的风险，危机爆发的可能性不能排除。

当世界似乎正朝着这个方向发展时，国际货币基金组织必须警示这些国家——在全球陷入资产负债表衰退的情况下，采取货币贬值的方式绝非良策。国际货币基金组织必须告诉其成员国，每个国家都必须通过财政刺激来遏制其境内的合成谬误，以规避发生类似 20 世纪 30 年代的全球经济崩溃。

当然，2003 年与 20 世纪 30 年代的大萧条之间也有一些重大的区别，例如，存款保险制度。但是，这一制度所提供的稳定性功能也可能被错误的政策选择所消解。譬如，小泉内阁里就有竹中平藏等人，他们对 20 世纪 30 年代的教训一无所知，以至于试图在资产负债表严重衰退的情况下，取消存款全额担保制度。

美联储的反对可以扭转乾坤

虽然上述情况令人沮丧，但我们仍能发现一些积极的因素。联邦公开市场委员会（FOMC）——美联储的决策机构——的会议记录显示，一些成员自 2002 年底[④]开始担心，如果事态持续发展下去，美国可能滑入通缩的险境。的确，一些美国物价指数[⑤]已经滑入了负值区间。股价下跌而失业率上升。尽管美联储已经连续 12 次降息，利率几乎为零，但事态仍无甚改观。

因此，不久之后，美联储可能会说，单靠货币政策本身远远不够，还需要采取财政刺激措施。特别是，如果像格林斯潘这样的人都这么说了，那么，在美国必然会引起一场政策和学术上的争论。如果争论真的发生了，那么美国和日本的公众舆论对财政政策的看法可能会发生改变。同时，欧洲对《马斯特里赫特条约》的态度也可能发生重大变化。这种转变也许是全球迈向复苏的第一步。

另一方面,在美联储表态之前,美国的这些货币主义者可能还会重复他们多年来敦促日本的话——只要再放宽一次,货币政策就能奏效。美国一些著名的经济学家已经敦促美联储设定一个通胀目标。

美国的政策制定者可能只有在意识到货币主义的解决方案已在美国不起作用、减税不足以扭转经济颓势之后,才会开始关注问题的真正根源——资产负债表。为了缩短实现这一目标的时间,人们希望那些了解资产负债表衰退危险的人能在各大洲携手合作、互相惠助,这样,20世纪30年代的可怕错误就不会再次重演。

注 释

① Charles P. Kindleberger, "Housing Bubble Might Not Last ('*Jutaku Bubble' Houkai he Susumu*)," *Nihon Keizai Shimbun*, August 10, 2002.

② Teikoku Databank, "Bankruptcy Reports." http://www.tdb.co.jp. U.S. Bankruptcy Courts, "Judicial Business of the United States Courts," Appendix: Detailed Statistical Tables, Table F-2 Business and Nonbusiness Cases Commenced, by Chapter of the Bankruptcy Code. http://www.uscourts.gov/judbus2001/appendices/f02sep01.pdf.

③ Richard C. Koo, "International Capital Flows and an Open Economy: The Japanese Experience," in Takagi Shinji (ed.), *Japanese Capital Markets* (Oxford: Blackwell Publishers, 1993), pp. 78—129.

④ Board of Governors of the Federal Reserve System, "Minutes of the Federal Open Market Committee," November 6, 2002. http://www.federalreserve.gov/fomc/minutes/20021106.htm.

⑤ U.S. Department of Labor, "Producer Price Index," November 2002.

第十一章

日本面临的真正挑战

债务抵触综合征

在最后一章,我们将讨论日本经济所面临的真正的结构性问题。可以说,不良贷款清理问题和财政赤字问题,都是在修复泡沫破灭所造成的损害。如果能制定出与资产负债表衰退相匹配的适当规划,这些问题就会得以解决。但是,这些问题的解决并不能改变日本的经济结构或其运行方式。从这个意义上讲,它们不是面向未来的问题,而是过去的问题,类似于修复战争创伤那般。

因此,日本的真正问题既不是财政修复问题,也不是不良贷款问题。在后资产负债表衰退时代,日本面临的真正问题,可能是短期内的企业"债务抵触综合征",以及让日本家庭部门相信,从长期来看,储蓄并不总是一种美德。此外,还有臭名昭著的"土地问题"需要解决。

企业一直在非常努力地通过偿还债务来清理其资产负债表。截至目前,有20%~30%的企业已经解决了其资产负债表问题。事实上,在上市公司中,不到1 000家也就是不到总量30%的公司,已经开始重新借钱进行投资了。但是,就连这些企业也表现出了严重的债务抵触症状。它们非常不愿意借钱,尽管其资产负债表非常健康,市场利率也很低。即便借款,它们申请的贷款额度也很少。

事实上,日本几乎各行各业的企业高管现在都说:"我们再也不会借钱了。"在投资厂房和设备时,他们不会从外部融资,而是根据他们的现金流状况来决定投资规模。在这个利率处于历史谷底的环境里,这无非就是一种债务抵触综合征的表现。

从单个企业家的角度来看,无负债经营是最稳健的企业经营方式。毕竟,没有债务的企业比那些有债务的企业破产的可能性要小得多。作为日本最受尊敬的企业之———丰田,几乎没有债务,这一事实促使其他公司纷纷效仿,减少企业对债务融资的依赖。为了适应经济增速缓慢的环境而降低杠杆率,这也抑制了企业的借贷意愿。

问题在于,日本的家庭部门每年仍在产生大量的储蓄盈余。这就意味着,如果没有人将这些储蓄借走并进行相关的经济活动,那么经济就无法正常运转。换句话说,如果日本所有企业都与丰田一样经营,那么日本的经济早就寿终正寝了。

在一个储蓄率非常低的国家,譬如美国,企业将它们的投资限制在现金流可以支撑的范围之内,从宏观经济视角看,这是一件好事。但是,在日本,家庭部门仍然在拼命地储蓄,如果企业也将其投资限制在它们的现金流范围之内的话,那么私营部门的储蓄和投资就将永远处于不均衡状态。这就意味着,总会存在一个通缩缺口,而政府将不得不几乎无限期地以预算赤字来填补这个缺口。对日本而言,这将会是最坏的情况,因为私营部门的资金需求永远无法填补这个缺口,所以政府将不得不维持预算赤字,勉力而行。

美国债务抵触综合征的经历

在20世纪30年代的大萧条之后,美国也发生过类似的事情。那些在20世纪30年代经历过痛苦的偿债经历的人们,发誓再也不会借钱。今天七八十岁的美国人,在他们年轻的时候都经历过大萧条,直到现在仍然拒绝借钱。这就是所谓的"萧条思维"。被迫偿还债务所带来的创伤,已经完全改变了他们对债务的态度。

结果，尽管罗斯福新政中有大规模的财政刺激，美国又经历了第二次世界大战和朝鲜战争，但美国的利率在很长的一段时间里都维持在很低的水平。图11-1展示了这一时期美国利率的波动情况。1929年的股市大崩盘使美国经济陷入了大萧条的泥潭。从那时起，美国花了整整30年的时间，直至1959年才重新恢复到20世纪20年代的平均水平，当时短期和长期利率都是4.1%。

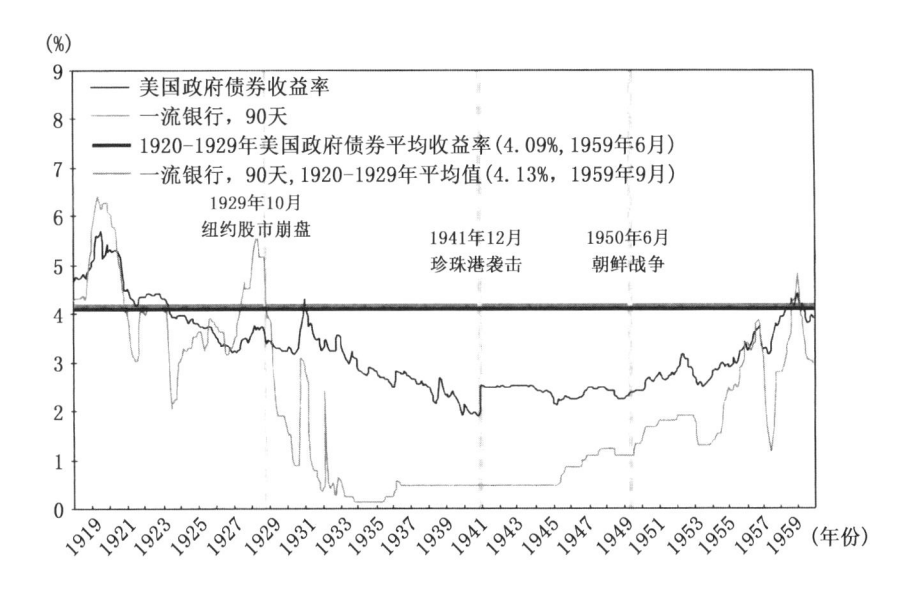

资料来源：联邦储备委员会，《银行和货币统计1914—1970》。

图11-1 美国利率历时30年才回到20世纪20年代的水平

政府实施了如此大规模的财政刺激，并造就了如此巨大的预算赤字，在这一背景下，利率却历时如此之久才恢复到正常水平，就显得有些异常了。虽然美国目前的家庭储蓄率低到了不可想象的地步，但是利率却仍维持低位，这也许是因为在20世纪30年代美国人偿债的经历是如此艰难和痛苦，以至于那些经历过30年代大萧条的美国人决定再也不借钱了。换言之，美国经济用了30年的时间才治愈了大萧条带来的创伤。

如果今天的日本人也经历了美国人在20世纪30年代经历的创伤，那么美国人在40年代和50年代所表现出来的债务抵触综合征，也很可能会成为日本面临的严峻问题。如果出现这种情况,那么日本企业即便在其资产负债表完全修复之后,也可能不会恢复借款。但是,如果它们拒绝借钱,那么,由于家庭部门储蓄和企业部门拒贷造成的通缩缺口,就仍将困扰日本经济。即使目前企业不仅不借款而且实际上还在偿还债务的局面有所改善,通缩缺口也会继续成为日本经济挥之不去的梦魇。

今天的日本与20世纪30年代美国的比较

如果美国在20世纪40年代和50年代的经历可以作为参照的话,那么日本目前的债务抵触综合征可能已经非常严重了。毕竟,美国是花了30年时间才使利率回归正常水平。

但令人感到安慰的是,幸亏日本一开始就实施积极的财政政策,因此它迄今为止所遭受的损失要远小于20世纪30年代的美国。到1933年,美国的损失如此之大,其国民生产总值已经下滑到只有1929年的一半。相比之下,日本却维持了零增长,增速基本上在零轴附近上下波动。由于日本的损失小于20世纪30年代的美国,因此日本很有可能不需要30年的时间,利率就可以恢复到正常水平。即使日本的资产负债表衰退已经持续了十多年,但由于创伤没有扩大,因此经济复苏可能不需要很长时间。

另一方面,在某些方面,日本的情况要比当年的美国更为糟糕。由于欧洲和亚洲在第二次世界大战期间都成为战场,于是,美国成为战后唯一幸存下来的生产中心。因此,即便当时国内需求并不强劲,但是海外大量的重建需求却能使美国保持经济增长。换言之,如果没有战争和战后的海外需求,美国也许要花费30年以上的时间,才能使得利率恢复到正常水平。与之相对照的是,现在日本却无法依赖这种来自军事或者国外的非常规需求,因此,可以推断日本经济复苏也许比美国需要更长的时间。

结构性改革的真正作用

尽管如此,日本目前受到的伤害还没有深到不可挽回的程度,经济也没有陷入真正的萧条。而且,全球竞争的压力使得企业不可能长期不思进取。

不幸的是,希望恢复投资活动的日本公司在国内面临重重障碍。例如,日本仍然是一个商务成本很高的国家,而其邻国中国却是一个成本很低的生产国。结果,如今日本的许多公司得出这样一个结论:在日本投资不合算,而在中国投资是更有价值的选择。

这才是需要真正的结构性改革发挥作用的地方。为了克服严重的企业债务抵触综合征,日本必须极大地提升自身的吸引力,使得日本在吸引企业投资方面较目前出现较大幅度的改善。如果放松监管既能降低经营成本,又能增加令人感兴趣的投资机会,那么患有严重的债务抵触综合征的企业家们也许会重新考虑其在债务问题上的立场。他们如果发现了一些令人兴奋的投资机会,就可能会考虑借钱投资。除此之外,利率很低也是一个有利条件。因此,为了克服债务抵触综合征,日本进行结构性改革,以此打开投资机会,是绝对必要的。

不过,在创造新的投资机会之前,尚有大量的障碍需要克服。为了克服这些障碍,可能需要动用大量的政治资源。而且,结构性改革也需要经历很长的时间才能见效。然而,除非这些问题得以解决,否则就很难创造出新的投资前景,即便在企业的资产负债表完全得以修复之后,日本也仍将深深陷入债务抵触综合征之中。由于放松管制需要很长时间才能带来更显著的经济活动,而日本在这方面已经落后于其他国家,因此再也没有时间可以浪费了。政府必须迅速采取行动,以便于在企业走出资产负债表修复模式的时候,能发现新的投资机会。

这导致了两个问题:(1)应当在哪些领域进行微观层面的结构性改革?(2)这样的努力是否能够在宏观层面上缩小家庭部门储蓄与企业部门投资之间

的缺口？换句话说，即使所有迫切的结构性改革措施都付诸实施后，经济中仍然可能存在储蓄与投资的缺口。

微观层面上，在什么方向上实施结构性改革可以有许多答案，但这类改革的关键评判标准就是能否创造投资机会。因此，那些不能创造新的投资机会的事项可能被搁置，而那些能够马上创造投资机会的事项应当被给予最高的优先权。政府还应当将财政支出投向那些能够降低私营部门经营成本的项目。这可能包括改善东京成田机场的交通条件、降低成本，以及减少主要城市之间交通拥堵等各个方面。

增加个人消费，以平衡日本经济

相比之下，在宏观层面上，也有值得长期关注的问题。毫无疑问，一旦企业的资产负债表得以清理（在清理期间，企业固执地持续偿还债务），那么，情况较当下就会有显著改善。每年20万亿日元的净偿债额也将消弭于无形。但是，现在储蓄与投资之间的缺口太大。尽管可以通过采取一切可能的措施来增加在国内的投资机会，以大大缩小这一差距，但在结构性改革进程结束时，仍存在相当大缺口的危险。

如果旨在增加企业投资机会的每一项可能的结构性改革措施均得以落实后，仍存在缺口，那么，缩小储蓄与投资缺口的唯一手段就只有增加个人消费，减少家庭部门的储蓄。也就是说，如果缺口仍然存在，那就必须说服日本人改变乐于储蓄的传统偏好，以便让日本经济从合成谬误的泥沼中得以解脱。

虽然在日本增加个人消费是极为可取的，特别是在没有投资需求的情况下，但在实践中却困难颇多。这是因为人们消费和支出的多寡与其文化背景密切相关。此外，参考第一章图1-2，日本的家庭部门在过去的10年里储蓄行为并没有真正改变。如果发生了改变，那么我们就有可能找到改变这种行为的原因，并利用获得的相关信息影响人们当下的储蓄行为。但是，如果人们在过去数十年中都没有改变其储蓄行为,那么我们就不能过分乐观地认为,这种深深扎根于人们性格中的东西会迅速发生变化。

美国也面临着同样的问题,但是方向完全相反。在过去的数十年里,美国人的储蓄率一直很低。自20世纪80年代初以来,美国政府已经采取了很多措施来增加储蓄率。其中一项措施就是设置全民储蓄账户,账户中的存款所获得的利息可以免税。虽然这个账户每年都有一个上限,但体现了一个国家为提高美国人的储蓄率而做出的努力。最近引起日本关注的401K计划也是这一努力的一部分。

然而,这些努力最终却彻底失败了。尽管做出了这些努力,可是美国人的储蓄率仍在持续下降,在2000年的时候几乎为零。我们可以从全民储蓄账户和401K账户中得到的教训是,当政府激励国民进行某种类型的储蓄时,通常储蓄的人只是将他们的钱从其他类型的账户转到特定的账户上而已,而总储蓄率保持不变。

储蓄不再是一种美德

20世纪八九十年代的美国经历表明,政府想要改变人们的储蓄行为是何等困难。无论政府如何努力,美国都无法增加其储蓄规模。日本必须增加其消费,但问题基本上也是一样的。除非人们对储蓄和消费的理念发生根本性的改变,否则一切都将是一如既往。也许是受儒家思想的影响,在东亚地区,储蓄率普遍很高:韩国、中国和日本都是如此。千百年来,这些国家的人们一直被教导:"储蓄是一种美德。"每个人都尽力储蓄,以便未雨绸缪并为晚年生活做好准备。这种对储蓄的执着已经是东亚文化DNA的一部分了。

然而,在宏观经济层面上,只有当经济体内部存在投资需求时,储蓄才是一种美德。当经济中的投资需求强劲时,高储蓄率促使经济高速增长。而这正是日本直到20世纪80年代末期之前仍能维持高增长的原因。相形之下,如果人们在没有投资需求的情况下继续储蓄,那么,整个经济就会陷入通缩螺旋,步入萧条,而储蓄资金只会闲置在金融系统内部。日本从20世纪90年代初开始就陷入了这种怪圈。在这种情况下,储蓄是一种恶行,而不是一种美德。

要理解为何在没有投资需求的情况下,储蓄是一种恶行,我们仅需回顾一下在第一章里引用的案例。让我们假设一个人收入是1 000日元,支出900日元,储蓄100日元。以前,这100日元储蓄由银行借给了需要支出这笔钱的人。同最初的1 000日元收入相对应,900日元的消费加上100日元的投资,总计就有1 000日元的支出,由此就能驱动经济的车轮滚滚向前。

不过,如果在零利率的条件下仍然没人借走那100日元,钱就会躺在银行里而无法利用。在这种情况下,由于只有900日元的消费,而100日元仍闲置在银行内,经济体中的总收入就此下滑到900日元。如果一个人的总收入为900日元而仅花费了其中的90%,剩余的10%被储蓄起来,那接下来会发生什么就很容易想象了。消费就会下降到810日元,而90日元的存款就闲置在银行了。正如第一章所揭示的,如果这个循环持续下去,那么只有在人们穷得无法储蓄的时候,收缩才会终止。而这正是日本和其他许多国家目前面临的风险。

当前,日本政府通过预算赤字几乎无法阻止这种恶性循环的开启。关键是,当没有投资需求的时候,储蓄是一种确凿无疑的恶行。在这样的一个世界里,一旦政府停止赤字扩张,经济就会面临不断陷入恶性循环的危险。

需要通过劝诫来降低储蓄率

由于不能永久依赖赤字支出维持经济,而结构性改革可能无法完全缩小储蓄与投资之间的缺口,因此,需要通过大量的努力来教育公众——现在,储蓄不是一种美德,因为企业已经不借钱了。换言之,如果现在根本没有投资需求,那就需要一场强有力的运动来敦促日本家庭减少储蓄。(当然,当投资机会出现的时候,这类运动可以反向用来增加储蓄。)

首先,政府需要解释为什么储蓄如今在日本是一种恶行。政府应当向公众作如下解释:

> 当企业即使在利率为零的情况下也在偿还债务,而家庭部门仍在一如既往地继续储蓄时,除非政府将那些家庭部门已经储蓄起来而企业却不愿借贷的钱用于支出,否则经济将会陷入萧条。由此产生的预算赤字还是需要居民未来的税款来弥补。另一方面,如果人们现在多花少存,那么,现在就不需要产生过多的预算赤字,因此未来的税负也会较轻。因而人们面临这样的选择:是现在自己花掉这些钱,还是让政府通过赤字融资来花掉这部分钱,然后未来再通过征税加以偿付。既然如此,现在自己把钱花掉,可能是最好的结果。

政府应当尝试用上面的观点来劝诫人们改变其储蓄行为。

"劝诫"一词意味着要督促民众采取行动。譬如,在第二次世界大战期间,每个国家都发动了一场增加武器产量的运动。"有钱就捐一百,没钱就捐一元。让我们捐钱造一架战斗机!"现在需要做的恰恰与战时动员相反。换言之,政府必须劝诫民众:"如果钱多就花一百,钱少就花一元。让我们消费得比以前多一点吧,让日本经济摆脱资产负债表衰退。"

鉴于"储蓄是一种美德"的概念几个世纪以来一直在日本公众心中根深蒂固,政府必须清楚地向人民解释,国家的优先事项已经发生了改变。如果没有这样的宣传,仅仅靠税收政策的改变以及下面提及的措施就不足以产生预期的结果。

这种劝诫并不是常规经济学的一部分。经济学的主要前提假设是,每个参与经济活动的个体都是理性的,政府劝诫人们采取违反常理的行动是不恰当的。然而,在常规的经济中,均假设企业的行为是为了实现利润最大化。也就是说,常规经济学没有考虑到企业的经营目标是尽量减少债务这一类情况。但是,没有考虑到并不意味着不会发生。70年前在美国发生过,而过去的10年日本也一直在发生这种情况。

而且,当下资产负债表衰退的原因,是每个人都理性地做出自己的选择。当存在这种合成谬误的时候,一些人就需要做一些在微观层面上看起来不正确的事情,这是非常必要的。如果没有采取这样的纠正措施,那么整个人类都必定会因为每个个体的理性行为而跌入深渊。

一些人认为,劝诫作为一种政策选择是让人难以容忍的。但是,实际上我们已经采取了很多让人难以容忍的措施,其中第一个就是零利率。这对存款者而言是难以忍受的。高达660万亿日元的预算赤字,其规模甚至比日本的年度GDP都要大,这也是令人拍案惊奇的。既然事已至此,那么,在众多难以容忍的政策中,劝诫可能是"两害相权取其轻"中可以接受的那一个。

需要采取刺激措施来改变人们的观念和行为

当然,仅靠劝诫依然是不够的。必须有一个激励机制相匹配,使得那些增加支出的人们能够清楚地看到其中的好处。尽管有许多可以想象的机制,但最好的办法是向那些支出超过其收入一定比例的人提供退税,前提是政府能够追踪到每个人的消费总支出。例如,人们可以建立这样一种机制,给花费超过其收入80%的人提供相当于他们超过80%收入的支出部分退税(抵免)。虽然这样做需要耗费相当大的精力,但如果每个人的总支出都可以被监控,那么,这将是最明智、最直接的方法。

如果很难掌握每个人的消费总量,那也有很多其他办法。直到20世纪80年代末,美国一直允许其纳税人在税前抵扣信用卡或者汽车贷款的利息费用。虽然这些激励措施后来由于储蓄率不断走低的原因而被取消了,但是,这种免税政策在取消之前还是被广泛使用的。由于现在日本的问题与美国20世纪80年代的问题恰好相反,或许可以考虑采用这样的税收抵扣措施。如果好处显而易见,那么人们的行为可能会因此改变。

另一个可以采用的方法是免税。日本的所得税法规定,某些个人无论其支出与否,均可获得免税。当经济疲软时,就如当下,也许人们的花费没有免税规定的那么多。但是,通过对实际支付附加约束条件,从而实现免税,那么人们也许会尝试花费得更多一些,因为他们会看到这么做的直接好处。例如,如果办公室员工被允许将购买西服等职业装的费用,作为必要的商务费用在税前列支的话,他们将会积极地购买更多的西服或购买质量更好的西服,因为人们知道购买这类衣服的部分价格将由政府承担。

但应当注意的是,消费者行为的改变并不需要非常显著,例如,增加5%的支出就对填补通缩缺口大有助益。这是因为个人消费占GDP的60%,所以即使只是增加几个百分点,其效果也会比企业增加其资本投资大很多倍。指望那些忙于修复资产负债表的企业能够进行大规模的投资是不现实的,但如果能提供恰当的激励,让家庭部门支出增加几个百分点却是可能的。虽然由于文化背景的因素,人们的行为很难改变,但是这仍然值得尝试,特别是在其他备选方案几乎完全依赖预算赤字的情况下。

日本人的生活方式早就应当改变了

在讨论消费扩张时,一个难以回避的话题就是生活方式的问题。这是因为人们如何考虑他们的消费和储蓄,在很大程度上是由其生活方式决定的。

几年前,《日经流通新闻》对日本大城市的消费者进行了一次广泛的调查,询问他们真正想买什么。令人震惊的是,超过一半的受访者的回答是:"什么都不想买。"[1]但是,如果消费者找不到他们愿意为之消费的东西,那么经济就不可能增长,降低人们储蓄率的目标也就成了水中之月。

在这项调查发表后,我在野村证券的同事白井勇雄对调查结果给出了一个令人眼界大开的解释。他认为,这个调查结果与日本人的生活方式非常吻合。他特别指出,大多数日本人太忙了,由于几乎没有选择假期的自由以及本来假期就很少,以至于没有时间考虑如何花钱。他建议,如果这种日本的生活方式能够有所改变,向那些发达国家的生活方式看齐,那么,人们就可以有更多的时间来享受生活了,他们可能突然就想购买各种以前从未想到过的东西。作为一个在日本公司工作的人,我必须说,他说的完全正确。

日本是一个先进的工业化国家,人均收入与美国相当,甚至更高。日本作为一个发达的工业化国家,意味着几乎每一个人都拥有所有的生活必需品。那些并不是人人都拥有这些生活必需品的国家被称为发展中国家。在发达国家,无论生活必需品供给如何丰沛,人们都会因为已经拥有这些必需品而不觉得有必要继续购买。这意味着,如果想增加这些国家的消费,唯一的办法就是提供奢侈品或服务。

可是,奢侈品和服务与生活必需品完全不能等同,因为除非消费者有时间去消费,否则这些东西永远卖不出去。在日本,人们几乎没有时间享受奢侈品和服务。

尽管日本的假期数量在逐年增加,但大多数人仍然不像其他发达国家的人那样倾向于购买郊区别墅。这是因为,即使在夏天,如果幸运的话也只有10天假期,其中包括2个周末。如此有限的假期,意味着郊区别墅的使用率会非常低,因而没人愿意购买这类住宅。

然而,如果法律要求每个人必须休假至少25天,就像法国那样,情况将会大不相同。日本人可能会突然发现,他们需要买一栋郊区别墅或者一艘游艇。有了第二个家,就意味着从电视到窗帘等一切物品的需求都会翻倍。的确,这样一个改变,可以导致对所有这类耗时爱好的必需品——譬如鱼竿或者山地车——的需求激增。此外,如果日本工人可以更自由地享有长假,那么他们不仅能做许多不同的事情,而且他们可能也会想做以前从未想到过的事情。

由于他们已经较为富有,如果允许他们有更多的闲暇时间来娱乐,那么这些领域消费可能会大幅增加。因此,同其他发达国家相比,只要普通民众的生活方式发生改变,日本就可以获得巨大的潜在增长空间。欧洲的发达工业化国家,如法国,其经济之所以能一直平稳运行,部分原因是法国向其公民提供了奢侈品以及与享用这些奢侈品相匹配的假期。

的确,在日本变得富裕之后,日本人就应该改变他们传统的生活方式。可是,日本传统上一直宣扬储蓄和劳动是一种美德,而消费和玩乐是一种恶行,甚至连闪现一下改变其生活方式的念头都是一件十分困难的事情。再者,由于日本人强烈的职业道德感,日本人以努力工作、放弃他们应得的假期而自豪。这种"生产是好的,但消费是坏的"的思维,以及伴随着接下来要谈到的令人吃惊的土地成规问题,这一切都导致了经济供给能力十分强大,但需求却始终极度疲弱。

在过去的30年里,日本一直试图通过依赖出口来填补国内的需求缺口。起初,这非常成功,但是,不可避免的巨量贸易盈余使得日元汇率攀升至一个惊人的高度,从而将日本经济推到了绝境。这就是今天日本病症的困境所在。

为了摆脱当前的困境,日本政府应当给普通民众更多的假期。而且必须是以能促进人们进行更多消费支出的方式来完成。而仅仅吝啬地将法定节日调到周一或周五来构成小长假的方法,并不足以克服当前的经济危机。政府必须从根本上改变人们的生活方式,使得每个人在任何时间都能连续享受2~3周的假期。

每当5月的踏青时节、8月的盂兰盆节[1]和新年假期来临之际,成田机场和东京火车站总是人满为患,这充分表明,当人们有时间去享受生活的时候,才会创造大量的消费需求。不幸的是,这些假日都是全国性的,而且时间很短,所以人们的行为方式就变得十分单一,由此导致了各地交通严重拥堵。例如,在这些全国性假日期间,可以经常看到出现200公里长的交通堵塞,以及有人花了12小时开车前往距离东京仅150公里的度假胜地之事。的确,交通堵塞是如此严重,以至于可能导致人们都产生放弃出行以及节假日消费的念头。

---

[1] 依据《佛说盂兰盆经》而举行仪式,创始于梁武帝萧衍,是每年农历七月十五举行的超度历代宗亲的佛教仪式;依道教之义,则称为中元节。——译者注

假期问题的合成谬误

一些人会反对增加假期的提议，他们说，如果假期大幅增加了，那么日本的企业，特别是中小型企业会因为成本的上升而经营更加困难。这从微观层面来看，或者从个体商人的角度来看，都是正确的。然而，从宏观层面或者从日本经济整体的角度来看，情况并不总是如此。

经济中存在着如此严重的供给过剩，人们为了"工作"而工作，但事实上存在着大量的无效劳动力，几无产出。而且，由于经济衰退，人们工作得越努力，供给过剩就越严重，需求就越少，这只会使情况更为恶化。这又是合成谬误的另一种体现。在这样的时候，通过给人们更多假期的方法来刺激总需求，可以给企业最终带来更好的收益，因为需求的存在将使人们的工作劳有所值。

公司高管绝不会提出这样一个宏观层面的概念，因为如果这样的提议被付诸实施，那么个体商人能看到的只有成本的立即增加。因此，政府作为并非合成谬误的参与方，必须采取大胆的步骤来增加假期。也许正是由于这个原因，许多先进的工业化国家立法规定，要求人们休长假。通过创造一个更为均衡的内需结构，这种长假不仅增加了经济的整体健康程度，而且也通过创造新的商机，增加了经济增长的潜力。

由于日本增加长假却并不会像其他财政刺激那样增加预算赤字，那么，就应大力推动这项措施。毕竟，在这方面，日本已经落后美国和欧洲 20～30 年了。与其他发达的工业化国家一样，日本已经到了需要通过采取这样的措施来实现经济正常化的阶段。应当认识到，日本已经不再是一个贫穷的发展中经济体了。

如果日本的国内需求开始与收入水平保持一致的健康增长，那不仅会对经济贡献良多，而且可以极大地缓解困扰日本已久的贸易摩擦和日元升值问题。这是因为，如果日本有一个健康的内需，那么日本的企业就不必如此依赖出口了。从这个意义上说，人们也希望政府能发挥强有力的领导作用，以创造一种适合先进工业化国家的生活方式。

日本度假胜地成本高昂

也有人担忧，即使有了更多的休假时间，但是日本民众有可能只增加了海外旅游的支出，而不会增加国内的消费。每年都有1 300万日本人去海外度假，而日本国内的旅游目的地则变得越来越门可罗雀。

日本人去海外度假的主要原因是，日本的度假胜地相较于其提供的服务质量而言价格太过昂贵。但是，这个问题的根源还是在于日本人无法自由地支配休假时间。因为人们休假时间不多，所以他们只能利用周末去度假。结果，日本景区酒店的入住率只有周末较高，而平常工作日无论折扣力度有多大，也几乎没有客人，从而导致了入住率极低的困境。一周只有2天生意的酒店，很难为游客提供一个合理的价格。

而海外度假胜地价格合理的原因在于，人们可以更为自由地安排自己的假期，这些度假胜地每周运营7天，这使得即便是豪华酒店，也可以提供一个合适的价格。的确，日本现在陷入了一种恶性循环，由于入住率低，因此，即便是基础设施很差的酒店，其价格也极其高昂，从而进一步迫使人们到海外度假；而这又反过来使得国内度假胜地更为冷清，价格也更昂贵。如果人们可以自由安排假期，那将提高国内度假胜地整个一周时间的利用率，这反过来又会使得度假胜地能够提供更为合理的价格。

土地使用效率低下

增加日本内需的另外一个障碍，涉及土地的使用问题。的确，如果说日本有一个领域仍然不符合发达工业经济体资格的话,那就是房地产领域了。虽然经常说日本缺乏足够的土地,但实际情况却从来都不是这样的。人们只要想想关东平原(东京坐落于其中部)能容纳下多少个中国香港或者美国曼哈顿,就能意识到土地数量不是关键问题。在香港,600万人在一个很小的区域里住得也很适意。相比之下,日本人不得不住在如此小的房子里,就是香港人看了也会感到吃惊。这是因为,香港对土地的利用效率非常高,而日本在这方面做得则很糟糕。

的确,日本的土地面积只有美国的1/26。如果是这样,那日本人对土地的使用效率应该是美国人的26倍,但实际上,东京的土地利用率比纽约低了好几倍。这种不正常的情况应当尽快予以纠正。

基本上,有三个因素阻碍了土地的有效利用。在这三者之中,最为明了的原因,是日本人习惯安于一隅。许多人放弃了拥有能与西方媲美的大房子的梦想,因为日本的土地供应,特别是平地供应非常有限。大多数学龄儿童(我曾是其中一个)在上小学时,就被灌输不要指望拥有大房子的梦想。然而,实际上,东京中心23个区的人口密度要远低于曼哈顿或巴黎。因此,无论是绝对的人口数量还是土地的供应量,都无法解释为什么日本民众会住在被外国人嘲笑为"兔子窝"的狭小公寓里。因为这个原因就放弃改善的希望还为时过早。

另外一个经常被提及的因素就是地震。日本的地震——其中就包括1995年日本阪神大地震——确实带来了巨大的破坏。据说,世界上1/10的地震发生在日本及其周边地区。但是,从现代建筑技术的角度来看,地震的问题已不足一提。实际上,如果真的对地震非常担忧,那么,那些传统的低层、高密度、沿街而建的建筑物危害更大,因为街道太过狭窄,消防车无法轻易通行。如果土地能够得到高效的利用,那人们可以更好地抵御地震灾害,应当使用最新的防震技术,建造街道更为宽阔、楼层更为高大的现代建筑。实际上,在阪神大地震中遇难的大多数人,是住在街道狭窄而拥挤的传统建筑里,而不是现代化的建筑中。

土地不能被高效利用的主要原因,在于税收制度和政府的建筑监管体系。

与美国相比，日本的房产税税率非常低。美国的税率因州而异。但是，我可以举一个例子，我在新泽西卖了一套位于纽约郊区的自有住房，我一直住到了1984年，大约卖了92 000美元。当时的房产税是每年3 000美元。这大概相当于市场价格的3.2%。

对比一下日本的情况。我曾经住在东京港区白金的一套房子里。我住在那里时，一个开发商想要按照市价4亿日元的价格买走这处房产。当时这座房子的房产税大约是每年25万日元。这意味着税率只有0.062 5%[1]。这大约只有我新泽西住宅房产税税率的1/50。这种差异会有什么影响呢？在美国，如果土地价格上涨，而土地所有权人却不能有效利用这片土地，那么他可能连房产税都承担不起。因此，他将别无选择，只能将土地出租或出售给那些能有效利用它的人。

然而，日本的土地税几乎为零。即便土地的价格突然暴涨，拥有这块土地的人也没有需要更有效地利用土地以获取利润的压力。当人们看到在东京市中心千代田区或中央区等地区的许多商店和房屋不超过两层楼时，这一点就显而易见了，而那里的土地价格已经达到了天文数字般的水平。

人们常说，在日本，土地只有在继承的时候才会考虑出售。这些成交的买卖很大一部分涉及所有权的分割，所有者不得不拆分土地、卖出土地以支付遗产税。结果，土地的所有权变得越发支离破碎。由于这样的税收制度，日本开发商不得不花费大量的资金和令人难以置信的时间来整合出一块足够大的地块，用于建设高层建筑。开发商最终完成的建设周期超过20年的例子并不少见。那些等不起或者没有足够资源的开发商，通常会建成一种被称为"铅笔楼"的建筑——一种占地面积极小、高度在5~10层的建筑物。这导致了土地的使用效率非常低。而美国和许多欧洲国家禁止出售如此小的地块。

建筑法规——例如，对高度或容积率的限制——也妨碍了对大块土地的有效利用。尽管世界各地的城市对建筑都有一定的高度限制，但日本的限高非常

---

[1] 原文为"0.065%"，经作者订正，修正为"0.062 5%"。——译者注

低。这主要是受制于所谓阳光法案的约束,使得即使是大型地块的所有者也很难对其进行有效利用。除非监管对容积率的限制有大幅度的放松,否则土地的有效利用仍将继续遥不可及。

在日本城市,对可以承担得起的大房子的需求几乎是无限的。但是,如果所有的监管要求都要满足,譬如容积率、阳光权等,那么,消费者只能负担得起非常有限的居住空间。例如,如果一块价格昂贵的土地上只能建造一座3层建筑,那么不管多么精巧的布局,开发商也只有两个选择:要么提供昂贵的大房子,要么建造经济实惠、负担得起的小房子。虽然富裕的消费者可以支付高昂的价格,但是对普通公众的吸引力就没有那么大了。这使得日本的国内需求远低于其潜在水平。

另一方面,如果这些规定被放松或者完全取消,使得原本只能建3层建筑的地块上现在可以建30层楼了,那么情况将得到极大的改观。首先,房地产的投资回报率将增加几倍。这会给下跌的房地产价格提供一个支撑,大大有助于应对资产负债表衰退。即便开发商之间最终竞争使得每个单元建筑面积的租金都下降了一半,但仍会有大量的投资项目能够收回成本。只有到那时,日本人想要拥有可负担得起的大房子的需求,才能得到满足。

如果想更有效地利用土地,那么,积极放宽对于土地使用的严格管制,特别是放宽那些有关建筑密度、容积率、阳光权以及土地和房屋租赁关系等法律,是非常有必要的。在最近几年,容积率已经有所提高,但是零星地放松管制是最糟糕的选择,因为如果人们预期未来会进一步放松监管,那么他们将会继续等待。如果要放松管制,就应该一步到位,譬如一步到位地允许建造30层建筑,而不是今年允许建造3层,明年允许建造4层。否则,就不可能将所有的潜在需求转化成实际需求。

公共住房贷款公司也有一项奇怪的规定,如果房屋超出其规定的标准就禁止贷款。这样的规定并不利于鼓励消费。应当改变这种规定,房子越大,贷款就应该越多。

小泉内阁的结构性改革的支柱之一就是城市改造(修复)。如果政府能够严格推进土地的有效利用,从而将该地区几乎无限的潜在需求转化成实际需求,那对经济将是最有益的。从根本上推进土地的有效利用,是解决日本当下面临的需求不足问题的最佳方法。②

善待房屋就是一种储蓄

据说,美国的储蓄率很低,统计数据也表明美国的储蓄率确实很低。但美国的储蓄率与日本有所不同,因为美国人的消费支出很大一部分是用于家庭装修,譬如重新粉刷墙壁、改造厨房、加装新屋顶等。

从统计上来说,这些支出的绝大多数被视为消费。但是,在住房上的投资会增加其价值,因此,房主最终在出售房屋的时候可以收回部分支出。换言之,对房主而言,这既是消费也是储蓄。美国的房东都知道善待房屋就是一种储蓄,他们计划在出售房屋的时候收回投资。

但是,日本却没有这种类型的"消费"。日本房屋质量低劣是原因所在。在美国,通过精心修缮和维护,木屋可以使用100～200年。相比之下,许多日本的房屋在大约20年之后就会无法使用,其资产价值降至零。而且,只有在幸运的情况下资产价值才为零,因为在地产上如果有一栋老房子,通常会压低地块的价格。这是由于在造新房子之前,还要对老房子进行拆除。的确,在日本,人们经常说,一块空地比有房子的地块更有价值。这意味着买家必须为房屋建造和土地购买准备好资金,而这导致了一个更高的储蓄率。

日本浪费了大量的金钱和精力,而没能建成经久耐用的房子。他们不是在财富之上增加财富,而是把房子拆了再建,建了又拆。只要他们继续重复这个过程,那么,他们就永远无法享受到这个世界真正意义上的富裕生活。

战后的日本,每个人几乎都是白手起家,条件不允许太多的人建造好房子;但现在他们有条件了,应当有一种机制鼓励他们建设那种能使用100～200年的高质量房屋。然后,由于它不会轻易朽坏,人们于是就有动力投资他们的房子，以增加其价值。这增加了"消费"，降低了储蓄的需求，因为房子本身就是一种储蓄。而且，由于房主就是享用新厨房和新空调的人，因而他们可以更多地享受生活。

政府可以通过设定高质量建筑标准来进行引导。这样，开发商就有动力建造"百年公寓"，从而可以将价格定得更高。如果人们为了维持和增加房子的资产价值而投资这类产权独立的公寓，那么他们的财富就会增加。

在日本，除非鼓励对土地进行有效利用，否则其国内需求将永远低于其应有的潜力。而这将给日本国内外的人们带来不利的后果。为了释放在日本国内仍未得到满足的、几乎无限的需求，迫切需要大幅放宽对土地使用的管制。

实施住房和假期倍增计划

为了克服目前的困难，日本作为一个发达的工业化国家，应当大胆地宣布它对未来的展望。在这个未来的愿景中，住宅的建筑面积和度假时间都将翻倍。由于这样的计划意味着发展模式的转变，因此，政府必须向民众清楚地解释这种改变的必要性。如果政府能够清楚地解释，作为传统美德的储蓄何以变成了一种恶行，为什么原本作为一种恶行的停工休假在日本已经成为发达的工业化国家之后却成了一种美德，为什么可望而不可即的大房子在土地得到有效利用的情况下就会变成现实，那么，日本民众就会明白这些的。

的确，在1990年启动的所谓《日美结构性障碍倡议》(SII)期间，其中许多问题，特别是土地的有效利用问题首次在日本得到了广泛的讨论。而且，与来自美国的其他压力不同，这次讨论得到了日本民众的广泛支持。不幸的是，当《日美结构性障碍倡议》的谈判在日本日益升温之际，萨达姆·侯赛因入侵科威特，美国领导层不得不将精力转向海湾战争。随后，美国政府发生更迭，加上日本既得利益者反对变革，最终该协议的目标未能达成。

当时，《日美结构性障碍倡议》被视为一种能解决美日之间的贸易不平衡问题,从而创造更平衡的日本经济的方式。然而,在今天,我们需要做出同样的努力,以使得日本经济能够摆脱资产负债表衰退及其后遗症——企业债务抵触综合征。在这两种情况下,改善日本人民的土地利用效率和生活方式,使得他们能够真正享受其劳动成果,都符合日本自身的利益。事实上,所有这些变化都早该发生了。

民众的"自我中心意识"扼杀了日本经济

在1985年9月签署《广场协议》之前,大多数日本企业家从未质疑过这样一个事实:因为他们生于斯,长于斯,所以他们的任务就是在日本生产产品,然后在世界市场上销售。他们觉得,在日本支付的生产成本是合理的,因为这些日本企业家对此一无所知。

但是,一旦由于《广场协议》签署后导致形成日元升值的局面,从而迫使这些日本企业家走出国门,他们发现,他们此前在国内从未质疑过的成本问题,实际上远高于国际标准,其中一些成本,如高速公路通行费,在许多国家几乎为零。当然,他们只迁往成本较低甚至为零的地方。但是,当他们踏出国门寻找这样低成本的生产地的时候,他们发现实际上有很多这样的地方。除此之外,这些地方有大量工作勤奋的年轻劳动力。一旦日本企业家们亲历了这样的世界,他们就会发现很难证明在日本投资厂房和设备是合理的——因为这里受制于大量的繁文缛节。

事实上,即便在那些在日本没有任何资本投资的企业中,也有许多公司正在日本之外兴建了新的厂房。当被问及为何不在日本建厂时,他们回答说,他们无法在日本这种成本高得离谱的经济结构下经营企业。因此,改变日本目前高成本结构的结构性改革至关重要。这是迄今为止日本企业在国内进行资本投资的最大制约因素。

成本如此之高的原因之一,可以归结于社团的自我中心意识,或居民的自我中心意识，这种自负在日本已经达到了一种难以置信的地步。这一点在成田机场的例子中最为明显，它是通往日本的门户，那里的一些农民顽固地拒绝搬迁，从而阻碍了机场跑道的建设计划。这是又一起"土地问题"招致的恶果。日本必须解决这类问题，以便能有效地利用土地。虽然日本的法律中有征用权的概念，但因为担心引起大规模的社会骚乱，导致形成政治领导人难以应对的局面，所以在实践中从未付诸实施。据说，曾有官员在成田机场建设项目中试图强制执行土地征用权条款，但被愤怒的抗议者重殴，手和脚都粉碎性骨折。最后，他的伤势是如此严重，以至于手脚的功能都无法复原。而在这场犯罪中却没有任何肇事者被逮捕。这一事件也使官僚和政客们后来在执行土地征用权条款时极为谨慎。

而且，总有一定数量的媒体站在老百姓的一边，哪怕只是一个人在鼓噪闹事。他们只知煽动情绪，而不管成千上万的人将会受到不利影响这一事实，这与全体人民的利益是背道而驰的。

日本电力供应价格如此昂贵的原因是其中涉及大量成本，哪怕建造一个输电铁塔也成本不菲。即便这个输电铁塔建在稻田里，不对各方构成妨碍，但仍然需要花费大量的时间和补偿才能获得土地所有者的同意。所有这些成本都体现在高昂的电费中。这样的故事在日本随处可见。由于当地居民的这种行为得到了容忍（许多情况下还得到了充分的补偿），这已经成为一种地方性流行病，现在正阻碍着全国经济的顺利运行。

战后的民意反弹矫枉过正

社区力量变得如此强大和普遍的关键原因，可能源于日本过去的经历。在第二次世界大战结束以前，政府特别是军队的权力是如此强悍，以至于民众完全无法反抗。他们的土地和财产被国家剥夺，甚至他们的孩子也被从身边带走，送到军中服役。对过去这种不幸遭遇的反应，在战后的日本以一种极端的方式表现出来。

战后,随着日本民众努力保护自己作为个体的权利,他们甚至觉得压制中央权力精英的利益是理所当然的。也就是说,与战争期间个体权利被普遍漠视相反,目前形势的钟摆转向了另外一个极端。这就是为什么在未能取得一致同意的情况下,机场和道路建设这类工程就难以推进的原因所在。即便只有两三个人抵制这个项目,只要这些人不改变立场,项目就寸步难行。这就有点过犹不及了。

人们总是抱怨公共工程挥霍浪费,因为这些项目的推动者总是在贫瘠的山区修建高速公路。但是,如果有人真的想在日本建设一些有用的工程,在项目真正开始建设之前,与当地受影响的居民开展谈判,很容易就陷入长达10~20年的旷日持久的拉锯之中。例如,每个日本人都会欢迎将一直拥堵的大城市高速公路从目前的2条车道,扩展到每个方向的4条车道。然而,在这类工作开始之前,与所有权人进行谈判,可能需要耗费惊人的时间。

另一方面,为了防止整个经济陷入萧条,必须马上采取措施,以弥补通缩缺口。在这种情况下,公共工程项目必须在没有人会提出异议的地方进行,并且可以立即开工。这就是为什么人们总是发现宏伟宽阔的高速公路建在大山深处的原因。

人们常说,实施公共工程项目的目的是让官僚机构和承包商可以沆瀣一气,骗取纳税人的钱。这可能部分正确,但人们不能积极评价公共工程项目的真正原因在于,这些项目通常需要与土地所有权人进行太过冗长的谈判。

除非公共领域的征用问题能够得到解决,否则真正有用的公共工程项目就难以开工建设,资金将被投在越来越奇怪的项目上。事实上,日本的部分地区可以被描绘成当地居民的独裁领地,而不像是一个民主国家的一部分。这是因为任何民主的决议都可能由于少数受影响的居民的反对而受阻,实际上可能是永久受阻。这种情况迫使那些糟心的企业去别处投资,这反过来又使得当地经济发展更加羸弱。除了提高土地的利用效率、增加员工的带薪假期外,对上述这个问题以快刀斩乱麻的方式加以解决,也许是日本在未来能够做的最为重要的结构性改革。

建筑承包商是唯一应该受到谴责的一方吗？

关于公共工程，就需要稍许提及日本的建筑企业。现在，它们已经被称为企业部门中效率最低的行业了。批评人士称，这个行业有超过60万家企业，雇用了大量的劳动力，但这些企业没能建造出任何像样的东西，生产率很低。但是，我们需要进行更仔细的审查，以确定建筑公司是否应当真正承担这样的指责，或者问题另有其他原因。

仔细审查是必要的，因为在日本的公共工程中，建筑公司几乎没有提高的空间。在大多数公共工程中，每天的工程进度是由政府设定的，甚至规定了要用哪些机器来做什么。总承包商几乎没有任何可以削减成本的空间，而且必须遵守严格的工期约定。另一方面，如果他们提前完工，他们的收入就会被减少。如果一个计划3个月完工的工程在2个月内就提前结束的话，那么承包商只能得到2个月的工程款。因此，企业绝对没有任何动机想尽快完成工期。

相比之下，当1994年1月17日发生在洛杉矶的地震对该市的高速公路造成了严重破坏时，州当局为洛杉矶迅速开展修复工作提供了激励措施。加州的总承包商很快就完成了这项工作，甚至连州政府都深感震惊。因此，即使是在美国，是否有激励措施也会对工程进度产生很大的影响。

在日本，一个大型轿车制造商决定建造一个新厂房，并且要求使用当地一家承包商的服务，由于公共工程项目的减少，这家承包商的业务一直不景气。轿车制造商决定雇用这家专门从事公共工程项目的新承包商来建造新厂房。这项工程计划于3月31日完成，并于12月启用。在最初的几周，工作进行得很快，到1月底工程几乎完工了。当时，他似乎只需要多做几天的工作就可以完成。但从那时起，就没有人来工地了。当公司问承包商为什么工程停工时，承包商说："工程是计划在3月31日完工，对吧？"制造商回答说，不是必须在3

月 31 日完工，而是越快越好。随后，召开了一系列会议，确认承包商实际上可以提前完工而不会受到惩罚。在承包商放心后，他又派工人回到工地，没过多久他们就完工了。这个例子告诉我们，如果公共工程提前完工，承包商会受到惩罚——获得的工程款会相应地减少；承包商没有想到的是，公司实际上希望工程尽快完工。

此外，在日本，一段在其他任何国家一个公司就能完成的公路工程，可能会被分成 10 个子项目，雇用 10 家公司分别施工，以便大家都有口饭吃。虽然如果把工程交给一家公司做，成本会低很多，但日本的体制却不是这样运作的。

日本的承包商在世界各地都做得很好，无论是在中东地区还是在欧洲隧道的运营上。他们在国外极具竞争力，但在国内生产效率如此之低，其原因在于国内的监管环境。问题的关键不在于这些企业的生产效率低，而是这套体制迫使其低效运营。如果这套体制能够通过对承包商提前完工给予激励来提高生产率，而不是通过扣减工程款来惩罚他们，那么，承包商将会尽一切努力提高生产率。毫无疑问，承包商应该因为劣质的工程而受到严厉的惩罚。然而，如果尽可能将私营部门的竞争原则引入该体制，公共工程的成本将会大幅下降。那些能在世界各地生产如此好的汽车和家用电器的日本人，没有理由不能在国内建造像样的道路和建筑。

在建筑行业里的工人与其他行业的工人一样都在努力工作。如果是体制的问题，那么这种体制就应当受到批判，而不是责备这些企业。虽然日本国内外总有很多人"抨击"日本的承包商，声称只有将承包商赶出这个行业，结构性问题才能得以解决，但他们这完全是找错了对象。

完全就业：建筑承包商取消的重要前提

一些人认为，日本要发展经济、发展新产业，就必须削减这些低产出部门，并将人力和财政资源投入新的领域。

由于日本拥有不成比例的大量建筑公司,其劳动力数量在过去10年随着公共支出的增加而增长,很多批评人士认为,任何结构性改革首先必须从缩减这一行业开始。他们认为,如果不能将资源从这个行业中转移出来,新的和有前途的产业就无法获得快速发展。

虽然这是一个非常流行的观点,但人们不能忘记的是,这一观点只有在经济享有充分就业的时候才成立。在充分就业的环境下,根据定义,创造一个新的产业需要从现有的产业中获取资源。在这样的情况下,那些产出效率最低的产业就应当缩小规模,用进口取而代之,以便将其占有的资源能转移到更有前途的行业中。

但是,日本现在远没有达到充分就业,几乎到处都存在着人员、资金和其他资源的过剩。的确,日本的失业人数和失业率都处于历史最高水平,而利率却处于历史新低。换句话说,就资源的可用性而言,日本今天推进新的产业绝对没有受到任何约束。

因此,政策制定者应该问的真正问题是,有这么丰富的资源可用,为什么新的产业和业务没有像雨后春笋般地涌现呢?如果过度监管是造成当下困境的原因,那么,政府应当放松甚至取消这些监管。如果是融资问题的话,那么,政府应当通过修改税法来帮助培育风险投资家。如果是教育体制的问题,使得日本年轻人知道怎么适应社会,却缺乏脱颖而出的创业精神,那么,整个教育体制就必须进行改革。

因此,从政策制定的角度来看,正确的做法是:首先,实施那些鼓励新兴产业诞生的改革;其次,只有在劳动力数量偏紧后,才淘汰那些生产率低下的部门。当经济达到这个阶段时,那些表现不佳的承包商应该被市场出清。

在没有出现新的经济增长点的时候,放任建筑公司倒闭,只会导致经济的急剧收缩,同时增加失业率。这还将加剧幸存的承包商之间的寡头垄断。正如诺贝尔奖获得者约瑟夫·斯蒂格利茨在《全球化及其不满》一书中所表达的那样,由于失业工人的产出是零,因而失业者越多,政府的财政负担就越大,国民收入就会越低。[3]现在以结构性改革的名义淘汰建筑公司的时机还不成熟。

相反，目前只有少数新企业正在启动，而整个经济领域的合成谬误已经导致日本出现了第二次世界大战以后最严重的失业率。保留现存的企业，以尽可能地维持就业和居民收入，直到新兴产业出现，这可以很好地防止财政赤字的增加，保持经济的运行效率。这正是胡佛总统自由放任政策失败的根源所在，也是为什么罗斯福总统积极主动的财政政策成功地使美国经济摆脱了经济大萧条的原因。

当然，衰败的企业必须淘汰。那些私营部门中被相关各方认定毫无希望的企业应当破产。然而，这应该由来自一线的私营部门自主判断，而不是通过自上而下的来自政府的指令或指导来进行。这是因为一线的人很清楚他们的决定可能造成的负面连锁反应的程度。换句话说，这些决策不太可能给整个经济带来太大的冲击。

缺少改革也是导致汇率不稳定的原因

在过去的 20 年里，我一直关注美日两国的关系，包括经济、贸易和安全问题。在此期间，没有什么问题比贸易摩擦和日元汇率不稳定更加令人不安。一旦贸易摩擦问题登上政治舞台，它就会变得如此激烈，以至于不仅会导致货币市场的不稳定，同时也会引发两国的种族歧视问题。而且，汇率不稳定也使得日本国内的经济复苏缺乏一个稳定的宏观经济环境。

在解决了过去 20 年的汇率问题后，笔者认为，这两个国家实际上存在着一种结构，妨碍了日元与美元之间汇率保持稳定。这个结构包含两部分。首先，在制造业生产和出口方面，日本对美国依然具有竞争优势。其次，因为日本的放松管制和市场开放程度仍然较美国低，所以对日本国内外的投资者而言，其吸引力仍不如美国。换言之，包括利率在内的美国的投资回报率永远高于日本。图 11-2 显示了这两个假设的结果。

在这种情况下，日本投资者，特别是像人寿保险公司和投资信托基金等机

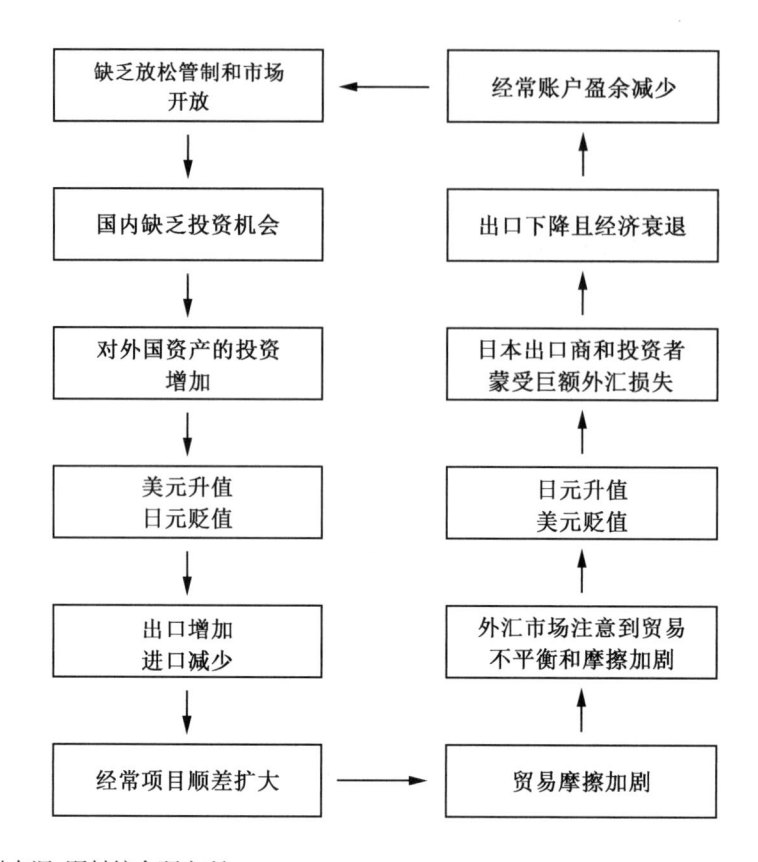

```
┌─────────────────┐      ┌─────────────────┐
│ 缺乏放松管制和市场 │◄─────│ 经常账户盈余减少 │
│      开放       │      │                 │
└────────┬────────┘      └────────▲────────┘
         ▼                        │
┌─────────────────┐      ┌─────────────────┐
│ 国内缺乏投资机会 │      │ 出口下降且经济衰退│
└────────┬────────┘      └────────▲────────┘
         ▼                        │
┌─────────────────┐      ┌─────────────────┐
│  对外国资产的投资 │      │ 日本出口商和投资者│
│      增加       │      │ 蒙受巨额外汇损失 │
└────────┬────────┘      └────────▲────────┘
         ▼                        │
┌─────────────────┐      ┌─────────────────┐
│     美元升值     │      │     日元升值     │
│     日元贬值     │      │     美元贬值     │
└────────┬────────┘      └────────▲────────┘
         ▼                        │
┌─────────────────┐      ┌─────────────────┐
│     出口增加     │      │ 外汇市场注意到贸易│
│     进口减少     │      │  不平衡和摩擦加剧│
└────────┬────────┘      └────────▲────────┘
         ▼                        │
┌─────────────────┐      ┌─────────────────┐
│  经常项目顺差扩大 │─────►│   贸易摩擦加剧   │
└─────────────────┘      └─────────────────┘
```

资料来源：野村综合研究所。

图 11—2　日元兑美元汇率的结构性不稳定

构投资者会继续认为，美国国债比日本国债更有吸引力。当它们决定购买美国国债的时候，日本居民的储蓄却是日元，因此，它们必须首先在外汇市场上卖出日元、买入美元，然后，再用这些美元去购买美国债券或者股票。

这种买入美元、卖出日元的行为，会导致日元供给增加，从而对美元需求增加，由此导致美元升值和日元贬值。当美元升值的时候，美国国债将变得更有吸引力，从而吸引了此前一直对投资美国国债持谨慎态度的其他国内投资者。这反过来又对美元产生了进一步升值的推动力，对日元则施加了进一步贬值的压力。

在这种机制下，当美元升值、日元贬值时，日本出口商在不久之后就会开始增加其向美国的出口,因为与在日本销售同样产品相比,他们在美国可以赚到更多。与此同时,美元升值导致了进口的下跌,因为相比日本国内的产品,美国产品的价格竞争力就下降了。

这时,投资美元的投资者和增加对美国出口的制造商,都因为美元的升值和日元的贬值而赚得钵满盆溢。结果,前者就会在对美国的投资上变得更加积极,后者在对美国的出口上更为踊跃。

但是,日本是全球最大的贸易顺差国之一,出口的不断增长会使得日本与世界其他地区的贸易失衡问题进一步加剧。与此同时,包括美国在内的那些不断进口日本产品的国家,会开始发现其贸易赤字在不断增加,这确实令人担忧。

一般而言,6个月到1年的时间之后,两国的贸易统计才会反映日益严重的失衡问题。再过一两个季度,才会出现美国和其他地区的进口竞争产业及其工人向政府大声求救的情况。很快,这个问题就会以华盛顿方面贸易摩擦的方式爆发出来。换句话说,美国国会和美国贸易代表处此时开始抗议日本的产品,并发起反倾销和其他措施来帮助美国的产业。

贸易摩擦推动日元的升值

一旦贸易失衡成为政治问题,那些买入美元的日本投资者就开始担心汇率风险。这是因为,修正汇率是解决贸易失衡问题最有效、最直接的途径。事实上,每当贸易失衡加剧时,政府官员和政客们必定会出面呼吁美元贬值,尽管那些直接负责汇率政策的官员通常会显得更加谨慎。

当华盛顿传出这种声音的时候,日本的投资者行为就开始有所不同了,正如第四章所述的那样。由于他们可以自由决定是否购买美元,所以他们通常都会通过对冲风险敞口或者卖出美元的方式来规避外汇市场风险。一些人也许会选择抛出美元,先获利了结,同时想着日后在美元更便宜的时候再买回来。这意味着,对美元的需求几乎在一夜之间就消失了。

另一方面,美元抛售必然会继续下去,因为丰田或日产等向美国出口的日本企业需要日元才能在日本支付账单。它们没有任何不出售美元的选择。日本有盈余、美国有赤字的事实意味着,日本向美国出口商必须出售的美元数量,超过了美国为在国内支付员工薪资而向日本出口商必须出售的日元数量。因此,单凭贸易的流动就足以推动美元下跌。

因此,为了防止美元下跌,这一缺口必须由日本投资者来填补——将日元卖给丰田和日产汽车。然而,当那些填补这一缺口的日本投资者停止购买美元时,市场就充斥着美元。这将导致美元汇率下跌,而日元汇率上升。

当日元升值,那些在美元走强时买入美国国债的投资者都会遭受汇兑损失。许多人将被迫卖出美元头寸,要么是为了减少损失,要么是为了对冲剩余的美元敞口头寸。当发生这种情况的时候,美元的抛售将不仅来自向美国出口的贸易商,而且还来自此前已经买了美元的投资者。由于没人买美元,外汇市场就变成美元的熊市,而日元就会迅速上涨。

此外,实际贸易流动需要很长的时间,而贸易统计数据较汇率变动更显滞后,这意味着,即使日元迅速升值,两国公布的贸易统计数据也会继续显示出更大的贸易失衡。这样的过程会使得投资者更为谨慎,因为它会暗示可能需要日元进一步升值才能遏制不断扩大的贸易失衡。这会导致日元的进一步升值。换言之,实体经济中发生的事情(例如,扩大的贸易失衡)与金融市场中发生的事情(例如,汇率的变动)存在着较大的时间滞后性,这就意味着日元的升值和美元的贬值往往会反应过度。

但是,一旦日元升值达到一个极端水平,人们就会开始认为,日本的出口必然减少,而进口必然增加。但是,到那时,日本投资者已经受到日元升值的沉重打击,他们需要时间来独自舔伤。

在日元开始升值后的 6 个月到 1 年,贸易统计数据终于显示,日本的出口的确在下降,进口的确在增加。这就意味着贸易收支开始向平衡状态回归。而且,由于日元的极端强势和出口的下降,此时的日本经济很可能已经陷入了严重的衰退。由于国内投资机会很少(因为在放松管制方面没有太大进展),加之国内的利率仍然很低,日本投资者再一次将注意力投向了美国市场,包括美国国债。

然后,周而复始,美元升值,日元贬值。但是,因为贸易平衡需要一段时间才能对汇率的变化做出反应,所以完全可能在日本投资者对美国国债重新感兴趣的头几个月里,贸易收支在日元贬值和美元升值的过程中逐步趋于平衡。这使得日本投资者对投资美国国债显得更加放心,更多人成为日元的卖家和美元的买家。这反过来又进一步推高了美元汇率,压低了日元汇率。因此,这次波动使得美元过度升值、日元过度贬值。

创造有吸引力的投资机会,有助于减少汇率的不稳定性

需要补充的是,虽然这里用了"过度"这个词,但是,这些"过度"的货币波动却对经济有着重要而真实的影响。例如,当日元在1995年触及80日元兑1美元高位的时候,无数的日本企业都面临着切实的困难。而且,直到那时,政府才意识到市场开放和其他结构性改革的必要性。如果日元只升值到100日元兑1美元,那么企业与政府关系的调整可能就会被推迟,正因如此,才创造了在未来某个时候日元升值到80日元兑1美元水平上的条件。

对日本的贸易伙伴来说,情况也是如此。如果日元一直保持在1美元兑145日元的水平上,美国的贸易赤字将会大到迫使美国采取激烈的行动(譬如1985年9月的《广场协议》),而这可能会导致美元更大幅度地下跌。

过去20年中日元兑美元汇率的历史一直就是这样循环往复的周期史。只要这些经济结构存在,日元兑美元汇率就永远不会稳定。当日元贬值的时候,不断扩大的贸易失衡会导致其下一次升值;而当日元升值的时候,争相购买美国国债的热潮又会引发其下一波贬值。如果一个人对此未有体察,那么,他就会在这个周期循环中虚耗自己的大部分生命。

打破上述循环并使两国汇率保持稳定的最好方法,就是放松日本国内的管

制，从而使其成为对日本投资者来说更具吸引力的投资目标。市场的开放也会使贸易失衡很难持续恶化。

这些变化，再加上前面提到的生活方式和土地使用方面的改革，将使日本经济减少对外国需求和汇率的依赖。这一系列改革将会重构日本经济的重心，并减少对美国经济的依赖。更重要的是，这将极大地提高日本居民的生活水平。

的确，生活在如此狭小的房屋里、如此努力工作的日本人，却把钱借给生活得更加舒适的美国人，这是一件多么荒唐可笑的事情。许多日本基金经理也扪心自问，在日本尚有很大的改善和投资空间——特别是在房地产领域——的情况下，为什么要投资美国国债，同时还要担心汇率波动？他们也是被逼无奈才到海外投资，因为荒谬的管制和税法使得在国内项目上投资无利可图。因此，他们祈祷的答案在于放松土地使用的管制和生活方式的改变，而这两件本应做的事都是姗姗来迟。

"肺炎"和"糖尿病"需要因症施药

从这个角度来看，日本现在需要做的就是通过积极的财政政策来帮助70%～80%愿意修复其资产负债表的企业，使之有足够的收入进行偿债。与此同时，需要实施前瞻性的结构性改革，以创造有吸引力的投资机会，使得那些已经摆脱资产负债表衰退困扰的企业不会染上债务抵触综合征。

前者或许可以更恰当地被称为"修复战争创伤"，而且是不可或缺的；但仅仅如此，也并不能开启未来的前景，或者治愈债务抵触综合征。另一方面，如果只实施后一种政策（即结构性改革），这也许只能帮助20%的企业，而剩下80%的企业所面临的问题却难以解决。但如果80%的经济开始下滑，那剩下的20%也会变得保守和谨慎，整个经济可能就此崩溃，陷入全面萧条。正因如此，政府必须通过双管齐下的方式，以切合实际的速度修复战争创伤，同时尽全力实施真正的结构性改革，这对改善日本经济未来的前景非常重要。

事实上，80%的企业在试图修复自己的资产负债表，但这并不意味着日本经济的80%是有问题的。恰恰相反，这意味着这些企业每天都在变得更加精干和俭省。之所以还有这么多企业正在努力修复资产负债表，是因为这些企业还没有达到它们为自己设定的财务健康标准。

换言之，经济疲软并不意味着企业经营不善。经济之所以疲软，是因为企业都在同一时间试图让自己变得更加精干和撙节。只要经济本身不陷入恶性循环，日本企业最终会变得前所未有的强大和高效。

我们同时拥有宏观经济学和微观经济学的原因是，微观行为的总和并不能解释整体经济的行为。由合成谬误引发的资产负债表衰退就是一个典型的例子。当所有企业都在实现利润最大化时，强大的企业意味着强大的经济。当企业都在最小化其债务的时候，保守的公司就意味着疲软的经济。那些同日本企业竞争的人对此应切记在心，不要过早地断言日本失去了竞争力。

另一方面，那些考虑在日本投资的人可能会发现，现在是一个一生难得的好机会，因为合成谬误已经将日本的资产价格压到了一个异乎寻常的低水平。当然，这样的人必须相信，目前几乎只强调结构性改革的政策将得到纠正，并以切合实际的宏观经济政策取而代之。而且，他们应当相信，切合实际的宏观经济政策会一直持续到合成谬误被彻底根除为止。

也就是说，日本经济现在就像是一个同时患有肺炎和糖尿病的病人。修复资产负债表就像治疗肺炎一样；而克服债务抵触综合征，使日本成为一个有吸引力的投资目的地，就有如治疗糖尿病。

这两类病症可能同时发生。而且两者需要不同的治疗方法。例如，为了治疗肺炎，病人需要摄入大量营养丰富的食物；可是，太多的食物对糖尿病病人来说并不好。然而，任何面对这两种情况的医生，均会将治疗可能致命的肺炎作为优先选项，然后才是治疗糖尿病。这是因为治疗肺炎是一件非常紧急的事情，根本没有时间可以拖延。必须毫不延迟地给病人开出足够剂量的药物，才能治好肺炎。另一方面，治疗糖尿病需要长期仔细的护理，以改善病人自身的身体功能。因此，糖尿病治疗的优先级必须排在肺炎之后。

同样，就像治疗肺炎可能会加重病人的糖尿病一样，资产负债表衰退所需要的财政刺激措施也许会增加自满情绪，并在某种程度上推迟进行必要的改革。但是，这并不意味着病人可以不接受治疗。在这种情况下，确定优先级和治疗顺序极为重要，以便一旦最紧急的问题得以充分解决，就可以将注意力转向其他必要的治疗领域，从而确保病人完全康复。

不幸的是，小泉政府主观地认为日本只有糖尿病，完全忽略了更为严重的肺炎症状。因此，经济和资产价格一直萎靡不振。另一方面，早前的政府非常有效地治好了肺炎，却忘记了还有糖尿病需要诊治。

从数量来看，小泉政府想要帮助的是20%～30%资产负债表健康的企业，而前几届政府则是试图帮助那70%～80%正在努力修复其资产负债表的企业。然而，事实是，两类企业均需要帮助。

总而言之，政府既要通过现实的财政政策维持经济稳定，同时又要推进结构性改革，以便那些顺利修复资产负债表的公司能在国内找到大量的投资机会。政府还必须说服和动员家庭部门，以缩小通缩缺口。为此，政府应该带头创造一种与日本经济发展水平相匹配的生活方式。促进土地的有效利用，也将大大有助于缓解"储蓄过剩"的问题。

在这样做的过程中，政策制定者必须清楚地区分，修复由于泡沫造成的"战争创伤"（例如，财政赤字问题和不良贷款问题）与面向未来、切实需要的结构性改革（例如，更好地利用土地和改变人们的生活方式），两者之间因病施治的方式是各不相同的。后者应当被视为真正的结构性改革，需要进行终极考量[1]，

---

[1] 原文为"The latter should be identified as the true structural reform that calls for top priority…"，经询，作者指出，此处的"top priority"，是指"long-term top priority"，即"长期而言的最高优先级"。为避免误解，此处翻译为"终极考量"。

辜朝明先生在给中文版编辑的回复中进一步指出："当经济处于资产负债表衰退中时，人们必须首先与这场衰退作斗争，因为它可以很快使经济窒息。这是生死攸关的问题。但存活下来并恢复到'稳定状态'，并不意味着完全复苏。全面复苏需要私营部门克服债务抵触综合征，要实现全面复苏，本书中指出的结构性改革至关重要。今天，在这本书的原版出版20年后，那些必要的结构性改革仍未完全实施，结果是，日本企业部门仍处于财务盈余状态，即从总体来看，不借入资金。而与之相伴生的，则是日本有着人类历史上最低的利率、愿意出借资金的银行家，以及最干净的公司资产负债表。因此，今天那些结构性改革，譬如书中提到的更有效地利用土地，确实是日本经济复苏的重中之重。"——编辑注

并全力推进。而前者的执行,应当与当时经济的健康状况相契合。如果能明辨两者的差别并采取适当的行动,那么,日本应该可以摆脱目前的僵局,双手把握住一个崭新的未来,而不仅仅如过去那般苟延。

注 释

① *Nikkei Ryutsu Shimbun*, August 29, 1995.

② Some of these ideas were also presented in Richard Koo, "The Land Factor: An Economic Disaster," in Frank Gibney, *Unlocking the Bureaucrat's Kingdom* (Washington, D.C.: Brooking Institute Press, 1998), pp. 171—177.

③ Joseph E. Stiglitz, *Globalization and Its Discontents* (W. W. Norton & Co., 2002), p. 57.

附录 1

资产负债表衰退概述

本附录总结了资产负债表衰退的特点。以圆圈数字标示的关键条目,也显示在附录末展示的流程图(图 A1-1)中。

资产负债表衰退的根源

- 资产负债表衰退通常出现在全国性资产价格泡沫破灭之后,该泡沫导致大量私营部门的资产负债表需要深度修复①。
- 为了修复资产负债表,受影响的公司被迫将其经营目标从通常的利润最大化转向债务最小化②。
- 尽管偿还债务在个体企业层面上是一种正确且负责任的行动,但是,当每个人都同时朝着这个方向努力时,总需求就会萎缩,经济和资产价格都会恶化③。反过来,这又迫使这些公司更快地偿还债务,从而导致了恶性循环④。
- 这是一个合成谬误的问题,因为个体公司在做正确且负责任的事情,所以无法对它们的行为求全责备,以图改变。但总体而言,它们正在让所有人的境况变得更加糟糕。
- 大量试图同时偿还债务的公司,对拥有高储蓄率的经济体来说尤其麻烦,因为在没有企业借款人的情况下,那些从家庭部门形成的储蓄无法转换为投资,由此最终形成了经济的通缩缺口⑤。
- 这种通缩缺口造成的收入流的漏损,如果没有引起关注,将会持续推动经济走向收缩均衡,直到私营部门因为过于贫困而无法储蓄。这一现象通常被称为萧条。
- 由于在大多数公司摆脱资产负债表问题之前,经济不会进入自我维持型增长,因此,政府的政策必须契合帮助这些公司尽快完成资产负债表修复。

财政政策

- 由于政府不能指示企业不得修复资产负债表,因此,政府本身必须采取与企业相反的措施,并产生需求,以抵消私营部门合成谬误造成的通缩影响⑥。
- 财政政策可以填补资产负债表衰退中的通缩缺口,因为政府可以借入家庭部门形成而企业部门却没有借贷的储蓄,并进行支出。
- 家庭和金融部门都乐于借钱给政府,因为此时政府是经济中唯一剩下的借款人⑦。
- 事实上,尽管财富损失巨大(相当于近3年的GDP),但日本经济之所以能够维持下去的唯一原因是,从一开始政府就实施了财政刺激,以防止开启恶性循环⑧。
- 大多数公司若没有令人满意的资产负债表,经济就不可能由此实现自我维持型增长,因此,在资产负债表衰退中财政刺激是否取得成功,应该取决于其对减少私营部门欠债的贡献度。
- 从这个角度来看,日本的财政刺激措施不仅阻止了日本GDP的崩溃,而且还使得企业通过维持收入来偿还超过120万亿日元的债务,这是一项真正了不起的成就⑨。
- 因此,与10年前相比,日本企业债务大幅减少。然而,由于资产价格下跌幅度过大,因此,企业还需要经过几年的债务削减,才能对资产负债表感到满意。

货币政策

- 当如此多的公司从利润最大化转向债务最小化时,对资金的需求便消失了,从那时起,无论利率水平如何,经济都不再对宽松货币政策做出反应⑩。

■ 然而,随后经济的疲软,促使央行积极放松货币政策,并认为经济在某个时候会对较低的利率做出反应,从而增加流动性⑪。

■ 然而,经济没有反应,这是因为经济体中能对宽松货币政策做出反应的人少之又少。由于经济没有做出回应,央行于是感到恐慌,并进一步降低利率,直到没有更多的降息空间⑫。

■ 来自央行的恐慌反应,创造了一个"流动性陷阱"的世界,即非常低的利率与非常疲软的经济相吻合。然而,事实是,经济之所以失去了对货币宽松的敏感性,是因为企业的经营目标从利润最大化转向债务最小化,而不是因为利率下降到非常低的水平⑬。

■ 在这种环境下,通胀目标制和量化宽松都不会产生影响,因为如果没有实际通胀,而仅仅宣布这些政策,并不会改变那些个体企业正确的偿债行为。

■ 为了让这些政策发挥作用,人们几乎不得不承担借贷双方的犯罪行为。这是因为,必须说服这些人忘记他们的资产负债表问题,放弃偿还债务的努力,在现实仍然是通缩的情况下,押注未来通胀会如期而至。

■ 不太可能有太多的人会采取这种不负责任的行动。但是,如果没有人改变他的行为,那么,通货膨胀就永远不会出现。

■ 因为货币政策在 20 世纪 30 年代最后一次严重的资产负债表衰退中未能发挥作用,那么同样的原因,货币政策也没有理由在今天的资产负债表衰退中发挥作用。

■ 央行过度购买政府债券,将压低收益率曲线,减少银行的关键收入来源,从而削弱银行的实力。

需要积极的财政政策

■ 尽管日本的财政刺激措施一直在帮助企业修复资产负债表,同时保持经济运转,但它从未以积极的方式施行。事实上,每次实施财政政策时,它总是落在正常经济应有的"曲线后面",因为只有在经济表现出明显疲态之后,相应的财政刺激政策才会出台。

- 在资产负债表衰退中,这种保守的财政政策是极其低效的。这是因为,这种保守的财政政策是在经济创伤形成之后才启用,所以导致需要更大的修复成本,同时造成经济缺乏活力。

- 在这种环境下,积极主动的财政政策,在保持经济运转和最小化修复成本(即赤字支出)方面都要理想得多。

- 在资产负债表衰退中,政策制定者最不应该做的一件事,就是过早地终止财政刺激政策。通过我们对 1997 年的日本和 1937 年的美国所做的详细考察,财政刺激政策过早地退出,可能导致经济立即崩溃,由此使得税收收入减少,从而造成财政赤字扩大的局面。

- 一旦资产价格跌至合理水平,持续实施积极的财政政策可以促使经济进入良性循环,并显著地缩短修复私营部门资产负债表所需的时间。

- 尽管日本经济在 1996 年和 2000 年两次进入了这样的良性循环,但在这两次机会窗口之中都遭到了日本大藏省给予的当头一棒。日本大藏省当时决心无论经济状况如何,都要固执地削减预算赤字。

财政政策与货币政策相结合

- 这种由大量实体同时减少债务而引发的经济衰退,在经济学和商业文献中从未被认真对待过。而对这一经济现象所作的阐释,可能填补了凯恩斯主义理论的关键空白,同时澄清了货币主义的局限性。

- 此外,还需要采取积极的财政政策,以防止在资产负债表衰退中的货币供应萎缩。这是因为,在没有私营部门借款人的情况下,货币供应的规模取决于公共部门借款的规模⑭。

- 尽管中央银行可以向银行系统注入任何数量级的流动性,但在没有私营部门借款人的情况下,可以从银行系统中释放出来并进入实体经济的流动性数量,取决于公共部门借款的规模。
- 从这个意义上说,在资产负债表衰退期间,并没有独立的货币政策。货币政策的有效性,在很大程度上取决于财政刺激措施的规模。
- 一旦私营部门的资产负债表得到修复,企业回归利润最大化模式,那么,政府就必须改变路线,开始削减预算赤字,以避免挤出私营部门对资金的需求。
- 这一转变的信号来自市场利率的上升,这是由于私营部门对资金的强劲需求造成的。
- 然而,当公司恢复到利润最大化模式时,"看不见的手"将会努力扩展经济。在这种情况下,政府的规模越小、对经济的扰动越少,对经济就越有利。货币政策也应该足以在这种正常情况下微调经济。
- 不过,当这些公司处于削减债务的模式时,"看不见的手"将会造成经济萎缩。在这种情况下,政府越积极主动地通过财政刺激来弥补通缩缺口,对经济就越有利。不过,在这种情况下,货币政策基本上无关紧要,因为没有人对借钱感兴趣。
- 在这样的一个世界里,政府的财政赤字支出实际上可以通过防止"看不见的手"推动经济陷入萧条,从而提高经济的长期增长率。

资产负债表衰退中的不良贷款问题

- 尽管资产负债表衰退通常会导致银行业出现巨大的不良贷款问题⑮,但必须注意的是,其因果关系是由糟糕的经济和较低的资产价格传导产生不良贷款问题,而不是相反。
- 从大多数资产负债表衰退中观察到的历史低利率现象,可以明显看出这一点。这些低利率,是由多如过江之鲫的贷款机构争夺剩下为数不多的借款人导致的结果。

- 这意味着,在这种类型的经济衰退中,限制经济增长的短板并不在于银行的放贷能力。真正的瓶颈是对资金的需求,而不是资金的供应。

- 在全国性范围内的资产负债表衰退中,资产负债表良好的私营部门投资者是如此之少,以至于政府过快地处置银行不良贷款的努力,将把资产价格压低至难以想象的程度。

- 资产价格的下跌将加剧银行的不良贷款问题,同时使企业离修复资产负债表的目标越来越远,从而对经济造成严重破坏。

- 由于对资金的需求如此疲弱,因此,没有理由对解决银行的不良贷款问题给予最高的政策优先级。

- 除非出现信贷紧缩,否则应将现有的财政资源用于支撑经济,这是防止不良贷款进一步增加的最佳防御措施。

- 这些不良贷款应该以有序和可预测的方式进行处置。处置的速度应由负责监管银行的当局和私人银行共同决定,以确保将对经济造成的通缩影响降到最低。

附录1 资产负债表衰退概述 | 329

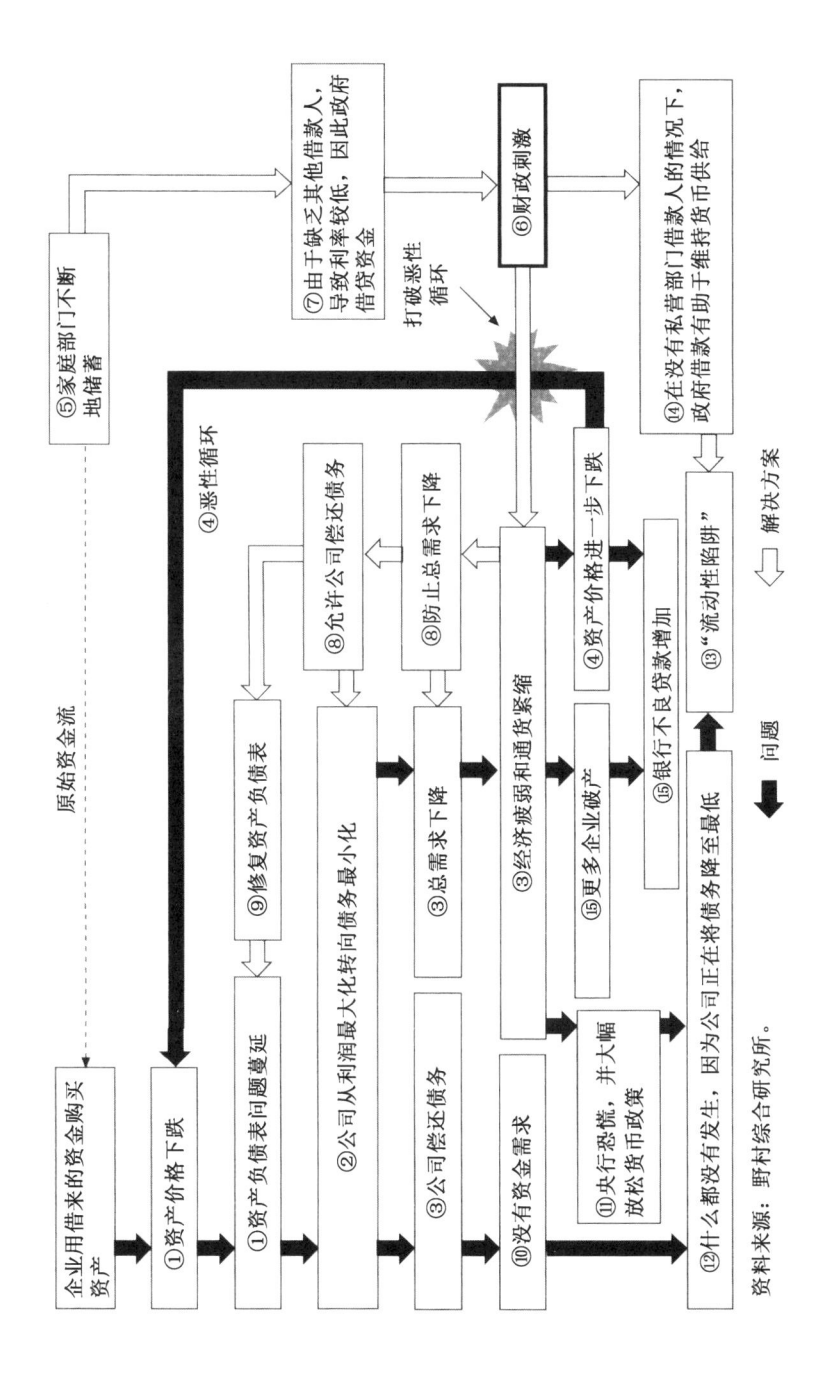

图A1-1 资产负债表衰退的解析及其治理

资料来源：野村综合研究所。

附录 2

重新审视货币供应、高能货币和货币乘数

许多评论日本问题的人士一直在告诉日本货币当局,由于日本的货币乘数正在下降,日本央行必须增加高能货币,以维持货币供应。他们认为,为了做到这一点,日本央行应该增加对政府债券的购买量。尽管这种要求含有严重的误解(正如第三章所指出的那样),但对于那些不熟悉经济术语的人来说,上述论点可能毫无意义。他们基本上是在说,由于货币供应相较于日本央行提供的流动性增长而言显得异常缓慢,因此日本央行应该加快增加流动性,以抵消货币供应缓慢增长的影响。

这里,"货币乘数"一词表示中央银行每提供一个高能货币单位,将会创造多少存款。高能货币,是央行向银行系统提供的流动性,也是所有存款资金的来源。它包括中央银行向私人银行提供的准备金,以及流通中的纸币和硬币。为了简单起见,在下面的讨论中不考虑纸币和硬币,因为它们完全是由央行被动提供的,因此并不是政策辩论的一部分。换句话说,问题在于,央行是否应该向银行系统提供更多的准备金。

在通常的教科书中,高能货币、货币乘数和货币供应是按照以下方式相互关联的。假设中央银行通过从银行购买价值 10 美元的政府债券,向银行系统提供了 10 美元的高能货币。在现代的微观银行体系中,银行在将剩余的存款贷给借款人之前,必须保留一定比例的存款作为准备金。如果本例中要求的存款准备金率为 10%,则从央行获得 10 美元的银行将能够贷出 9 美元。当最初的借款人将借入的银行款项进行支出,而接受者将收益存入银行时,9 美元的贷款最终会回到银行系统。收到 9 美元存款的银行,将能够贷出其中的 90%,即 8.1 美元。这个过程一直持续到中央银行提供的整个 10 美元的高能货币被银行系统"储备"起来,即系统中没有任何超额的储备。

在这个过程中,总共产生了 100 美元的存款货币。这 100 美元的存款货币被称为货币供应量。由于 10 美元最初的高能货币最终产生了 100 美元的总货币供应量,所以由中央银行提供的 10 美元被称为高能货币,在这种情况下的货币乘数是 10,或是存款准备金率的倒数。这就是在任何经济教科书中对货币创造过程的描述。

然而，在日本，如今愿意借钱的公司太少了。银行不能按它们想要的数额放出贷款。因此，日本的货币乘数远低于通常的存款准备金率的倒数。随着日本企业每年偿还高达 20 万亿日元的债务，可以说，(私营部门的)货币乘数正在稳步萎缩。

为了阻止货币供应可能出现的收缩，受过货币主义思维训练的经济学家和评论员一直认为，央行应该提供更多的高能货币，以抵消货币乘数的下降。他们认为，通过高能货币的快速增长来保证货币供应的健康增长，经济最终将做出反应并步入繁荣。

尽管以上是许多经济学家普遍接受的观点，但它实际上包含了严重的问题。特别地，上述观点假设，高能货币和存款货币即便不能完美地转化，也是极为有益的。然而，在现实世界中，没有什么比这种观点更离谱的了。

除了名称有别之外，两者之间的关键区别在于，高能货币不是可以直接支出的钱，而存款货币则是存款所有者可以支出的钱。这些高能货币不能在通常意义上进行使用，因为这些钱是为了给银行创造贷款，而不是为了给银行直接开支。这就像银行不应该花储户的钱来支付员工薪酬，或更新电脑系统一样，银行从中央银行获得的高能货币是用来管理并进行贷款的，而不是用来直接开支的。

而且，银行并没有因为拥有这种高能货币而感到变得更加富有，正如第三章所解释的那样，银行只是将一种资产类型与另一种同等价值的资产做了交换。换言之，除了流通中的纸币和硬币外，经济体中的任何人都不认为高能货币的增加可以被当做他们能够支出的钱的增加。

另一方面，存款货币是存款所有者实际可以支出的钱。如果他想用那笔钱买一辆轿车，他就可以自由地去买。因此，存款货币的增加，是指人们实际上可以支配的钱的增加。

然而，为了增加存款货币，必须有人借到央行提供的高能货币，这样才能开始上述的货币创造过程。在没有借款人的情况下，存款货币就无法增加，任何未贷出的高能货币将只是坐困于银行系统中，期盼下一个借款人的出现。事实上,如果没有借款人,任何没有放贷的高能货币对银行系统或经济都毫无价值。

以上内容的含义意味着,仅仅因为存款货币增长停滞或出现下降,就警示日本央行增加高能货币的供给,几近缘木求鱼。如果存款货币由于缺乏借款人而出现增长停滞或收缩,那么,增加再多的高能货币也将毫无益处。

当然,如果由于银行倒闭或由于其他与供应相关的因素导致存款货币出现增长停滞或收缩,央行应提供所有必要的高能货币来稳定局势。例如,如果银行缺乏存款准备金,央行可能不得不充当最后的贷款人。然而,日本的情况并非如此。如今,日本的大多数银行面对超额储备泛滥手足无措。

如前所述,日本最缺乏的是借款人,不幸的是,却又有着太多的贷款人。这就是日本银行的利率为何如此之低的原因。而那些没有脑子的评论员却认为,如果日本央行继续提供高能货币以增加银行的储备金,经济和价格水平最终就会做出反应。然而,在现实世界中,却什么也没发生,而且理由充分。如前所述,在没有借款人的情况下,高能货币一文不值!为某一对象添加更多毫无价值的东西,有如画饼充饥。这就是过去10年日本货币政策放松后所出现的情况,也是20世纪30年代美国在类似的衰退期间所发生的情况。

当然,如果政府通过向银行出售政府债券来增加借贷,坐困于银行系统中的高能货币就会找到借款人,并能够离开银行体系进入实体经济。随着政府取代缺位的私营部门借款人,我们在一开始提到的货币乘数的创造过程也将开始运行。这意味着随着政府借款的增加,经济和货币供应都将开始扩张(这意味着 IS 和 LM 曲线都将如第五章所示那样向右移动)。因此,当私营部门的借款人相对于经济中可用的储蓄出现严重短缺时,政府必须成为最后的借款人,以使经济和货币供应再次运转起来。

出版后记

野村综合研究所辜朝明先生《资产负债表衰退》写就于20余年前，经历时间的洗礼，其正式提出并详为分析的"资产负债表衰退"概念，已成为宏观经济分析的一个有益的视角和工具。

基于此，上海财经大学出版社将本书引进出版，以为国内经济学者批评借鉴。书中的相关分析，是结合当时背景做出，阅读时应做具体分析。由于本书写作风格通俗易懂，因此，也适合普通读者阅读增益。在本书的编辑过程中，我们对若干术语或名词做了注释，以便于广大读者理解和学习。

本书原版中，在诸如数据使用和机构表述时个别处有误，在出版过程中，结合上下文意，并征询作者意见，做了相应的订正，同时以注释的形式进行了说明。

书中若干机构因改组而变动，如"大藏省"，于2001年改组为"财务省"，并将金融政策制定权移交给金融厅，因此，在中文版中，2001年前日本财政主管部门，译为"大藏省"；之后者，译为"财务省"；不能界定者，均译为"财务省"。

此外，为便于读者对书中所涉日本政界各个时期的时间线有一直观了解，特图示如下：

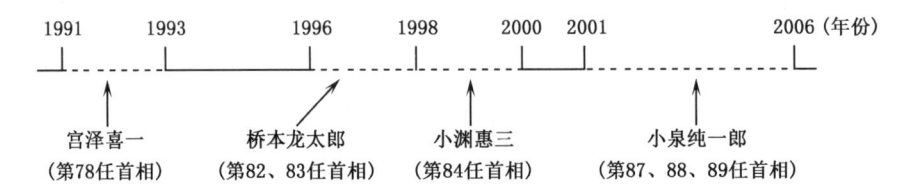

1991	1993	1996	1998	2000	2001	2006 (年份)
↑		↑	↑		↑	
宫泽喜一		桥本龙太郎	小渊惠三		小泉纯一郎	
(第78任首相)		(第82、83任首相)	(第84任首相)		(第87、88、89任首相)	

本书原版封底的推荐人，目前已有故去；为尊重本书原版面貌，亦一并于中文版封底呈现。

本书的前言、第一章、第二章、第五章至第七章、第十章为刘元春教授翻译；致谢、中文版序、第三章、第四章、第十一章以及附录为黄磊编审翻译；第八章、第九章为益智教授翻译。鲁峥对书稿做了初步校订。全书由刘元春教授审订。

上海财经大学出版社
2024年5月1日